新时代外国语言文学
新发展研究丛书

总主编　罗选民　庄智象

专门用途英语新发展研究

杨瑞英　姜　峰　董记华 / 著

清华大学出版社
北　京

内 容 简 介

专门用途英语是在20世纪60至70年代，非英语母语大学生在特定情境下的英语应用需求、语言交际功能观及以学习者为中心的教学观的共同推动下诞生与发展的，如何满足学习者英语语言应用需求是ESP研究和教学实践的出发点和根本目标。本书内容设计与安排立足于我国ESP教学及教师需求，融合定量与定性的研究方法，通过分析与比较，既从宏观视角呈现了21世纪以来国内外ESP研究的发展概况，又从微观视角探讨了近10年国内外ESP的教学实践、评估与测试和教师发展研究。

本书可为高校英语教学管理者、研究者、英语教师以及应用语言学的研究生了解与认识ESP提供参考，也可为教师开展ESP相关研究与教学提供理论和实践指导。

版权所有，侵权必究。举报：010-62782989，beiqinquan@tup.tsinghua.edu.cn。

图书在版编目（CIP）数据

专门用途英语新发展研究/杨瑞英，姜峰，董记华著.—北京：清华大学出版社，2021.11
（新时代外国语言文学新发展研究丛书）
ISBN 978-7-302-57315-9

Ⅰ.①专… Ⅱ.①杨… ②姜… ③董… Ⅲ.①英语—语言学史 Ⅳ.①H310.9

中国版本图书馆CIP数据核字（2021）第005929号

策划编辑：	郝建华
责任编辑：	郝建华　刘　艳
封面设计：	黄华斌
责任校对：	王凤芝
责任印制：	丛怀宇

出版发行：清华大学出版社
　　　　　网　　址：http://www.tup.com.cn, http://www.wqbook.com
　　　　　地　　址：北京清华大学学研大厦A座　　邮　编：100084
　　　　　社 总 机：010-62770175　　邮　购：010-62786544
　　　　　投稿与读者服务：010-62776969, c-service@tup.tsinghua.edu.cn
　　　　　质量反馈：010-62772015, zhiliang@tup.tsinghua.edu.cn
印　刷　者：大厂回族自治县彩虹印刷有限公司
装　订　者：三河市启晨纸制品加工有限公司
经　　　销：全国新华书店
开　　　本：155mm×230mm　　印　张：14.5　　字　数：219千字
版　　　次：2021年12月第1版　　印　次：2021年12月第1次印刷
定　　　价：108.00元

产品编号：088101-01

中国英汉语比较研究会
"新时代外国语言文学新发展研究丛书"
编委会名单

总主编

罗选民　庄智象

编　委

（按姓氏拼音排序）

蔡基刚	陈　桦	陈　琳	邓联健	董洪川
董燕萍	顾曰国	韩子满	何　伟	胡开宝
黄国文	黄忠廉	李清平	李正栓	梁茂成
林克难	刘建达	刘正光	卢卫中	穆　雷
牛保义	彭宣维	冉永平	尚　新	沈　园
束定芳	司显柱	孙有中	屠国元	王东风
王俊菊	王克非	王　蔷	王文斌	王　寅
文秋芳	文卫平	文　旭	辛　斌	严辰松
杨连瑞	杨文地	杨晓荣	俞理明	袁传有
查明建	张春柏	张　旭	张跃军	周领顺

总　　序

　　外国语言文学是我国人文社会科学的一个重要组成部分。自1862年同文馆始建，我国的外国语言文学学科已历经一百五十余年。一百多年来，外国语言文学学科一直伴随着国家的发展、社会的变迁而发展壮大，推动了社会的进步，促进了政治、经济、文化、教育、科技、外交等各项事业的发展，增强了与国际社会的交流、沟通与合作，每个发展阶段无不体现出时代的要求和特征。

　　20世纪之前，中国语言研究的关注点主要在语文学和训诂学层面，由于"字"研究是核心，缺乏区分词类的语法标准，语法分析经常是拿孤立词的意义作为基本标准。1898年诞生了中国第一部语法著作《马氏文通》，尽管"字"研究仍然占据主导地位，但该书宣告了语法作为独立学科的存在，预示着语言学这块待开垦的土地即将迎来生机盎然的新纪元。1919年，反帝反封建的"五四运动"掀起了中国新文化运动的浪潮，语言文学研究（包括外国语言文学研究）得到蓬勃发展。中华人民共和国成立后，尤其是改革开放以来，外国语言文学学科的发展势头持续迅猛。至20世纪末，学术体系日臻完善，研究理念、方法、手段等日趋科学、先进，几乎达到与国际研究领先水平同频共振的程度，取得了令人瞩目的成绩，有力地推动和促进了人文社会科学的建设，并支持和服务于改革开放和各项事业的发展。

　　无独有偶，在处于转型时期的"五四运动"前后，翻译成为显学，成为了解外国文化、思想、教育、科技、政治和社会的重要途径和窗口，成为改造旧中国的利器。在那个时期，翻译家由边缘走向中国的学术中心，一批著名思想家、翻译家，通过对外国语言文学的文献和作品的译介塑造了中国现代性，其学术贡献彪炳史册，为中国学术培育做出了重大贡献。许多西方学术理论、学科都是经过翻译才得以为中国高校所熟悉和接受，如王国维翻译教育学和农学的基础读本、吴宓翻译哈佛大学白璧德的新人文主义美学作品等。这些翻译文本从一个侧面促成了中国高等教育学科体系的发展和完善，社会学、人类学、民俗学、美学、教育学等，几乎都是在这一时期得以创建和发展的。翻译服务对于文化交流交融和促进文明互鉴，功不可没，而翻译学也在经历了语文学、语言学、文化学等转向之后，日趋成熟，如今在让中国了解世界、让世界了解中国，尤其是"一带一路"建设、人类命运共同体构建，讲好中国故事、传递好中国声音等方面承担着重要使命与责任，任重而道远。

20世纪初，外国文学深刻地影响了中国现代文学的形成，犹如鲁迅所言，要学普罗米修斯，为中国的旧文学窃来"天国之火"，发出中国文学革命的呐喊，在直面人生、救治心灵、改造社会方面起到不可替代的作用。大量的外国先进文化也因此传入中国，为塑造中国现代性发挥了重大作用。从清末开始特别是"五四运动"以来，外国文学的引进和译介蔚然成风。经过几代翻译家和学者的持续努力，在翻译、评论、研究、教学等诸多方面成果累累。改革开放之后，外国文学研究更是进入繁荣时代，对外国作家及其作品的研究逐渐深化，在外国文学史的研究和著述方面越来越成熟，在文学理论与文学批评的译介和研究方面、在不断创新国外文学思想潮流中，基本上与欧美学术界同步进展。

外国文学翻译与研究的重大意义，在于展示了世界各国文学的优秀传统，在文学主题深化、表现形式多样化、题材类型丰富化、批评方法论的借鉴等方面显示出生机与活力，显著地启发了中国文学界不断形成新的文学观，使中国现当代文学创作获得了丰富的艺术资源，同时也有力地推动了高校相关领域学术研究的开展。

进入21世纪，中国的外国语言学研究得到了空前的发展，不仅及时引进了西方语言学研究的最新成果，还将这些理论运用到汉语研究的实践；不仅有介绍、评价，也有批评，更有审辨性的借鉴和吸收。英语、汉语比较研究得到空前重视，成绩卓著，"两张皮"现象得到很大改善。此外，在心理语言学、神经语言学和认知语言学等与当代科学技术联系紧密的学科领域，外国语言学学者充当了排头兵，与世界分享语言学研究的新成果和新发现。一些外语教学的先进理念和语言政策的研究成果为国家制定外语教育政策和发展战略也做出了积极的贡献。

习近平总书记指出："要着力推进国际传播能力的建设，创新对外宣传方式，加强话语体系建设，着力打造融通中外的新概念新范畴新表述，讲好中国故事，传播好中国声音，增强在国际上的话语权。"为贯彻这一要求，教育部近期提出要全面推进新工科、新医科、新农科、新文科等建设。新文科概念正式得到国家教育部门的认可，并被赋予新的内涵和定位，即以全球新技术革命、新经济发展、中国特色社会主义新时代为背景，突破传统的文科思维模式与文科建构体系，创建与新时代、新思想、新科技、新文化相呼应的新文科理论框架和研究范式。新文科具备传统文科和跨学科的特点，注重科学技术、战略创新和融合发展，立足中国，面向世界。

新文科建设理念对外国语言文学学科建设提出了新目标、新任务、新要求、新格局。具体而言，新文科旗帜下的外国语言文学学科的发展目标是：服务国家教育发展战略的知识体系框架，兼备迎接新科技革命的挑战能力，彰显人文学科与交叉学科的深度交融特点，夯实中外政治、文化、社会、历史等通识课程的建设，打通跨专业、跨领域的学习机制，确立多维立体互动教学模式。这些新文科要素将助推新文科精神、内涵、理念得以彻底贯彻落实到教育实践中，为国家培养出更多具有融合创新的专业能力，具有国际化视野，理解和通晓对象国人文、历史、地理、语言的人文社科领域外语人才。

进入新时代，我国外国语言文学的教育、教学和研究发生了巨大变化，无论是理论的探索和创新，方法的探讨和应用，还是具体的实验和实践，都成绩斐然。回顾、总结、梳理和提炼一个年代的学术发展，尤其是从理论、方法和实践等几个层面展开研究，更有其学科和学术价值及现实和深远意义。

鉴于上述理念和思考，我们策划、组织、编写了这套"新时代外国语言文学新发展研究丛书"，旨在分析和归纳近十年来我国外国语言文学学科重大理论的构建、研究领域的探索、核心议题的研讨、研究方法的探讨，以及各领域成果在我国的应用与实践，发现目前研究中存在的主要不足，为外国语言文学学科发展提出可资借鉴的建议。我们希望本丛书的出版，能够帮助该领域的研究者、学习者和爱好者了解和掌握学科前沿的最新发展成果，熟悉并了解现状，知晓存在的问题，探索发展趋势和路径，从而助力中国学者构建融通中外的话语体系，用学术成果来阐述中国故事，最终产生能屹立于世界学术之林的中国学派！

本丛书由中国英汉语比较研究会联合上海时代教育出版研究中心组织研发，由研究会下属29个二级分支机构协同创新、共同打造而成。罗选民和庄智象审阅了全部书稿提纲；研究会秘书处聘请了二十余位专家对书稿提纲逐一复审和批改；黄国文终审并批改了大部分书稿提纲。本

专门用途英语 新发展研究

丛书的作者大都是知名学者或中青年骨干，接受过严格的学术训练，有很好的学术造诣，并在各自的研究领域有丰硕的科研成果，他们所承担的著作也分别都是迄今该领域动员资源最多的科研项目之一。本丛书主要包括"外国语言学""外国文学""翻译学""比较文学与跨文化研究"和"国别和区域研究"五个领域，集中反映和展示各自领域的最新理论、方法和实践的研究成果，每部著作内容涵盖理论界定、研究范畴、研究视角、研究方法、研究范式，同时也提出存在的问题，指明发展的前景。总之，本丛书基于外国语言文学学科的五个主要方向，借助基础研究与应用研究的有机契合、共时研究与历时研究的相辅相成、定量研究与定性研究的有效融合，科学系统地概括、总结、梳理、提炼近十年外国语言文学学科的发展历程、研究现状以及未来的发展趋势，为我国外国语言文学学科高质量建设与发展呈现可视性极强的研究成果，以期在提升国家软实力、构建人类命运共同体过程中承担起更重要的使命和责任。

感谢清华大学出版社和上海时代教育出版研究中心的大力支持。我们希望在研究会与出版社及研究中心的共同努力下，打造一套外国语言文学研究学术精品，向伟大的中国共产党建党一百周年献上一份诚挚的厚礼！

罗选民 庄智象
2021 年 6 月

前　　言

近年来，随着《国家中长期教育改革和发展规划纲要（2010—2020）》在大学英语教学改革中的落实，旨在培养学生在国际学术和职场语境下使用英语进行交际的专门用途英语（ESP）课程已在许多高等院校得到了推广。2018年2月，教育部和国家语言文字工作委员会颁布了《中国英语能力等级量表》。该量表将培养学生的学术和职业英语交际能力纳入了高层次英语人才培养目标之中，这意味着我国英语教育领域对专门用途英语的教学需求将进一步扩大，相应地教师队伍也会随之壮大。

然而，我们至今却还没有一本系统论述ESP学科历史、发展轨迹及其核心内容的概论性质的中文著作。清华大学出版社2016年引进的"专门用途英语教学与研究学术文库"填补了ESP教学与学术研究参考书的空白，但这些著作均为国外学者撰写，未涉及国内ESP教学和研究，也未能考虑我国ESP教学和教师的实际需要。本书紧扣"新时代"和"新发展"的丛书主题，在简述专门用途英语60年发展历史的基础上，融合定量与定性的研究方法，通过系统分析与比较，既从宏观视角呈现了21世纪国内外ESP研究的最新发展，又从较微观的视角探讨了近10年国内外的ESP教学、评估与测试以及教师发展研究，对推动我国ESP研究和教学的发展，提升高层次、应用型英语人才培养质量有重要的意义。

本书由7章组成。第1章概述ESP的发展概貌，包括其在20世纪发展的主要阶段和特点以及2000—2019年国内外高水平学术论文所呈现的研究热点和发展轨迹。具体来说，该章采用定量分析与定性解读相结合的方法，对2000—2019年发表在国际SSCI期刊上和国内核心期刊上的ESP论文进行统计分析，并就统计分析的结果进行讨论，涉及该时期ESP持续高频和新增的研究话题、高被引文章和作者、高被引文献以及高贡献度的国家/地区和机构。

第2章聚焦于ESP的理论研究视角及其发展变化，包括语域分析、语篇修辞分析、体裁分析及其流派、批评体裁分析、跨文化修辞分析、语料库研究以及 21 世纪以来出现的语言形式与交际功能深度融合的新视角。

第 3 章论述了 ESP 的主流研究方法并分析回顾了近年来的相关研究，包括基于 CiteSpace 的文献计量研究方法、针对学习者的相关研究方法、针对语篇和话语的相关研究方法、语料库分析及针对身份建构的相关研究方法。

第 4 章首先采用定量研究方法呈现了 2010 年以来国内外的 ESP 教学研究概貌。在此基础上，该章对需求分析和课程设计这两个 ESP 教学关键步骤的相关研究以及 ESP 主要分支的教学模式和教学实践进行了深入的讨论，包括学术英语教学、法律英语教学、商务英语教学、医学英语教学以及高职英语教学。最后，该章介绍了 ESP 的教学和研究资源，包括可开放检索的学术和职场英语语料库以及 ESP 精品课程。

第 5 章采用定量研究方法综述了 2010 年以来国内外的 ESP 评估与测试研究，并对 ESP 测试的主要原则、能力维度、形成性评估方法、测试评判标准以及 ESP 商业化测试等进行了较详细的阐述。与普通英语测试不同的是，ESP 测试专业性强，其测试设计的关键环节需咨询相关专家的意见或者需要相关专家的参与。该章通过对一个 ESP 航空测试案例的讨论，探讨了如何在 ESP 测试设计和实施环节中融合目标领域的专家意见。最后，该章介绍了国际上一些重要的商业化 ESP 测试。这些大规模的 ESP 测试均由专业机构开发，对日常 ESP 教学的测试设计也有一定的启发。

第 6 章聚焦 ESP 的教师发展研究，在概述国外 ESP 教师发展研究热点及其发展变化的基础上，从国内大学英语 EGP 教师转型为 ESP 教师的需求和挑战出发，讨论了如何从知识基础、态度与身份、教学技能与策略这三个 ESP 教师能力的核心要素开展教师教育，并提出了构建专题短训班、线下和线上教师学习共同体的教师发展路径。

第 7 章从信息化时代研究方法的进步和学习需求变化的视角出发，讨论了 ESP 研究未来发展的方向。

当今世界经济全球化和逆全球化相互博弈，国际环境日益复杂，在推动"人类命运共同体"理念和文明互鉴的历史进程中，国家将需要大批能用英语在具体行业领域内有效开展沟通交流工作的专门人才，而这正是 ESP 教学与研究的根本目标。我们希望本书能为我国 ESP 教学和研究的发展做出贡献，能为培养新时代所需的高层次、专业人才添砖加瓦。然而，由于作者学识和能力有限，本书不足之处在所难免，欢迎读者批评指正。

  本书是西安交通大学杨瑞英、吉林大学姜峰和山东大学董记华三位教授通力合作的成果。其中第 1 章、第 2 章、第 6 章的 6.2 节和第 7 章由杨瑞英撰写；第 3 章和第 6 章的 6.1 节由姜峰撰写；第 4 章和第 5 章由董记华撰写。杨瑞英负责统筹全书。西安交通大学博士生徐亮参与了第 1 章的量化数据统计、书稿排版及参考文献核对等工作，花费了大量的时间，特此致谢。

杨瑞英

2021 年 8 月

目 录

第1章 专门用途英语概述 ············· 1
- **1.1 ESP 的定义及主要特征** ············· 2
- **1.2 ESP 学科背景——20 世纪发展历史** ············· 5
  - 1.2.1 萌芽时期（1962—1980 年） ············· 5
  - 1.2.2 理论初创时期（1981—1990 年） ············· 7
  - 1.2.3 快速发展时期（1991—2000 年） ············· 9
- **1.3 2000—2019 年国外 ESP 研究概述** ············· 13
  - 1.3.1 ESP 主要研究话题及其变化 ············· 14
  - 1.3.2 ESP 高被引论文 ············· 21
  - 1.3.3 ESP 高被引作者 ············· 24
  - 1.3.4 ESP 高频引用的参考文献 ············· 25
  - 1.3.5 期刊、科研机构和国家、地区的贡献度分析 ····· 27
- **1.4 2000—2019 年国内 ESP 研究概述** ············· 33
  - 1.4.1 ESP 主要研究话题及其变化 ············· 33
  - 1.4.2 ESP 高被引论文 ············· 37
  - 1.4.3 ESP 高被引作者 ············· 40
  - 1.4.4 国内发表 ESP 论文的期刊情况 ············· 41
  - 1.4.5 国内从事 ESP 研究的科研机构 ············· 43
- **1.5 本章小结** ············· 44

第2章 专门用途英语研究主要理论视角 ············· 45
- **2.1 语域分析** ············· 45
- **2.2 语篇修辞分析** ············· 47

2.3	体裁分析	48
	2.3.1　ESP 的体裁分析	49
	2.3.2　新修辞学派的体裁分析	51
	2.3.3　澳大利亚学派的体裁分析	53
	2.3.4　体裁分析理论视角的总结	53
2.4	批评体裁分析	56
2.5	跨文化修辞分析	57
2.6	语料库研究	59
2.7	本章小结	60

第 3 章　专门用途英语的主流研究方法 …… 63

3.1	ESP 综述研究方法回顾	63
	3.1.1　基于 CiteSpace 的文献计量视角	63
	3.1.2　基于系统性综述的质性解读	71
3.2	针对学习者的相关研究方法	73
	3.2.1　需求分析	73
	3.2.2　学习动机	75
	3.2.3　学习策略	76
3.3	针对语篇和话语的相关研究方法	77
	3.3.1　体裁分析	77
	3.3.2　会话分析	79
3.4	语料库分析	81
3.5	针对身份建构的相关研究方法	83
3.6	本章小结	85

第 4 章 专门用途英语的教学实践 ………………………… 87

4.1 基于 CiteSpace 的文献计量视角 ………………………… 87
4.1.1 国外 ESP 教学研究概述 ………………………… 87
4.1.2 国内 ESP 教学研究概述 ………………………… 91

4.2 ESP 教学研究的质性解读 ………………………… 94

4.3 需求分析 ………………………… 95
4.3.1 国外需求分析研究概述 ………………………… 96
4.3.2 国内需求分析研究概述 ………………………… 97

4.4 课程设计 ………………………… 99
4.4.1 国外课程设计研究概述 ………………………… 100
4.4.2 国内课程设计研究概述 ………………………… 101

4.5 学术英语教学 ………………………… 103

4.6 法律英语教学 ………………………… 106

4.7 商务英语教学 ………………………… 108

4.8 医学英语教学 ………………………… 111

4.9 高职英语 ………………………… 113

4.10 语料库和其他教学资源介绍 ………………………… 115
4.10.1 学术语料库 ………………………… 116
4.10.2 职场语料库 ………………………… 119
4.10.3 自建语料库 ………………………… 122
4.10.4 国内精品课程 ………………………… 123

4.11 本章小结 ………………………… 126

第 5 章　专门用途英语的评估与测试 127

5.1　基于 CiteSpace 的文献计量视角 127
5.1.1　国外相关研究概述 127
5.1.2　国内相关研究概述 131

5.2　评估与测试研究的质性解读 133

5.3　ESP 测试 135
5.3.1　ESP 测试原则 136
5.3.2　ESP 能力维度 139
5.3.3　ESP 评估原则与方法 140
5.3.4　ESP 测试评判标准 143
5.3.5　ESP 商业化测试介绍 146

5.4　ESP 测试个案研究介绍 148

5.5　本章小结 150

第 6 章　专门用途英语的教师发展 151

6.1　ESP 教师发展研究定量分析与评述 151
6.1.1　期刊分布 152
6.1.2　年度分布 154
6.1.3　学科分布 155
6.1.4　地域分布 156
6.1.5　知识基础 158
6.1.6　经典文献 158

6.2　ESP 教师能力框架 165
6.2.1　ESP 教师的知识基础 169
6.2.2　ESP 教师的态度与身份 170
6.2.3　ESP 教师的教学技能与策略 172

    6.3　ESP 教师的发展路径 ·············· 174
    6.4　本章小结 ······················ 176
第 7 章　专门用途英语的未来发展方向 ············ 177
    7.1　体裁语言特征与语境和交际功能的多维度
　　　互动关系研究 ················· 178
    7.2　ESP 体裁的自动分析和写作质量评估与
　　　反馈研究 ···················· 179
    7.3　学科/职场文化及其实践活动的研究 ······ 181
    7.4　ESP 语境下相关口语体裁的多模态研究 ···· 181
    7.5　针对中国学习者的 ESP 教学和学习过程研究 ··· 182
    7.6　中国 ESP 教师的发展研究 ············ 182
    7.7　总结 ······················ 183
参考文献 ··························· 185
术语表 ···························· 207

图 目 录

图 1-1　2000—2019 年国外 ESP 研究话题的词云图 ································ 17
图 1-2　2000—2019 年在 SSCI 期刊上发表 10 篇及以上 ESP 论文的
　　　　国家和地区 ·· 32
图 1-3　2000—2019 年国内 ESP 研究话题词云图 ································ 36
图 1-4　2000—2019 年国内 ESP 重要话题的发展情况 ·························· 37
图 3-1　创建研究空间模型 ··· 78
图 4-1　2011—2020 年国外 ESP 教学研究的总体发展趋势 ··················· 88
图 4-2　2011—2020 年国外 ESP 教学研究关键词共现图谱 ··················· 89
图 4-3　2011—2020 年国内 ESP 教学研究的总体发展趋势 ··················· 91
图 4-4　2011—2020 年国内 ESP 教学研究关键词共现图谱 ··················· 92
图 4-5　基于慕课和"雨课堂"的混合教学模式示意图 ·························· 109
图 4-6　商务英语专业 QFD 教学模型 ·· 110
图 4-7　医学英语翻转课堂教学模式 ··· 112
图 4-8　国家精品课程名称词云图 ·· 124
图 5-1　2011—2020 年国外 ESP 评估与测试研究的总体发展趋势 ········ 128
图 5-2　2011—2020 年国外 ESP 评估与测试研究关键词共现图谱 ········ 129
图 5-3　2011—2020 年国内 ESP 评估与测试研究的总体发展趋势 ········ 131
图 5-4　2011—2020 年国内 ESP 评估与测试研究关键词共现图谱 ········ 132
图 6-1　2011—2020 年发表 15 篇及以上 ESP 教师发展研究论文的
　　　　国际期刊 ··· 153
图 6-2　2011—2020 年国际期刊上 ESP 教师发展研究年度发文量 ········ 155
图 6-3　2011—2020 年国际期刊发表的 ESP 教师发展研究的地域分布 ···· 156

图 6-4　2011—2020 年国际期刊发表的 ESP 教师发展研究的地域分布聚类 ································ 157

图 6-5　2011—2020 年国际期刊发表的 ESP 教师发展研究的文献共被引图谱 ································ 158

图 6-6　2011—2020 年国际期刊发表的 ESP 教师发展研究关键词共现图谱 ································ 163

表 目 录

表 1-1　2000—2019 年国外 ESP 研究发文量 ································· 14
表 1-2　2000—2019 年国外 ESP 高频研究话题 ····························· 15
表 1-3　2000—2019 年国外研究热度保持稳定的 ESP 高频话题 ········ 18
表 1-4　2000—2019 年国外研究热度显著增长的 ESP 高频话题 ········ 20
表 1-5　2001—2019 年国外研究热度显著降低的 ESP 高频话题 ········ 21
表 1-6　2000—2019 年国外 ESP 研究高被引论文 ·························· 22
表 1-7　2000—2019 年国外 ESP 研究高被引作者 ·························· 24
表 1-8　2000—2019 年国外 ESP 研究中的高频参考文献 ················· 26
表 1-9　2000—2019 年国外发表 ESP 研究的期刊及其发文比例 ········ 28
表 1-10　2000—2019 年在 SSCI 期刊上发表 10 篇及以上 ESP 论文的科研机构 ·· 29
表 1-11　2000—2019 年在 SSCI 期刊上发表 10 篇及以上 ESP 论文的国家和地区 ·· 31
表 1-12　2000—2019 年国内 ESP 研究话题分布及其变化 ················ 34
表 1-13　2000—2019 年国内 ESP 研究高被引论文 ························· 38
表 1-14　2000—2019 年国内 ESP 研究高被引作者 ························· 40
表 1-15　2000—2019 年国内发表 10 篇及以上 ESP 论文的期刊及其发文量 ·· 41
表 1-16　2000—2019 年在 CSSCI 期刊上发表 10 篇及以上 ESP 论文的科研机构 ·· 43
表 2-1　三级体裁分类 ··· 55
表 4-1　2011—2020 年国外 ESP 教学研究热点汇总 ······················· 90
表 4-2　2011—2020 年 SSCI 期刊中 ESP 教学研究发文量排名前 5 的国家和地区 ·· 91

表 4-3	2011—2020 年国内 ESP 教学研究热点汇总	93
表 5-1	2011—2020 年国外 ESP 评估与测试研究热点汇总	130
表 5-2	2011—2020 年 Web of Science 数据库中 ESP 测试发文量排名前 10 的国家和地区	130
表 5-3	2011—2020 年国内 ESP 评估与测试研究前沿热点汇总表	133
表 5-4	ESP 测试具体能力维度的组成要素	139
表 5-5	普通语言测试领域制定颁布的 10 项标准	143
表 5-6	物理会议演示评估标准	145
表 6-1	2011—2020 年国际期刊发表的 ESP 教师发展研究的学科分布	155
表 6-2	2011—2020 年国际期刊发表的 ESP 教师发展研究的地域分布	157
表 6-3	2011—2020 年国际 ESP 教师发展研究高被引文献	159
表 6-4	2011—2020 年国际 ESP 教师发展研究转折点文献	161
表 6-5	2011—2020 年国际 ESP 教师发展研究高频关键词及其共现关系	164
表 6-6	ESP 教师能力框架	167

第1章
专门用途英语概述

专门用途英语，即 English for Specific Purposes（ESP），诞生于20世纪60年代。彼时，"二战"以后的世界终于进入了和平发展时期，科学技术和国际贸易也得到了快速发展。基于英国和美国强大的国际影响力，英语在国际交流中的作用显著上升，学习英语的人数也快速增长，而且这些增长大多源自非英语国家的大学生。大多数非英语国家的大学生学习英语的目的是能够阅读英语学术文献，听懂用英语讲授的大学课程，用英语撰写课程作业、学术论文、学位论文，或用英语开展国际贸易和商务沟通与交流等。他们的学习目标与西方传统精英教育中将英语视为提高人文素养的一门外语科目有很大的区别：非英语母语的学生有着更加明确的学习目标，而传统外语教育的学习者目标则比较宽泛。为适应这种变化，多个国家的大学英语教师开始尝试设计能针对学生需求的新的英语教学大纲、编写教学材料并探索更高效的教学方法（Swales，2009）。

在上述社会背景之外，语言学领域也发生了一系列变革。20世纪70年代末，部分学者将语言研究的目标从单纯关注语言形式，扩展到了语言的交际功能，即语言在实际交际中是如何使用的，而不是仅仅关注句法的构建（Hymes，1972）。在该理论转向之下，交际法教学应运而生（如 Munby，1978，1981；Savignon，1983）。由于这种理论视角的转换，教师们开始认识到不同交际场合或情景使用的语言是有区别的。这种不同场合被称为语域（register），如科学技术领域和国际贸易领域使用的英语语言存在诸多不同特征，法律学科与电气学科的语言也具有不同的特征。这种对不同语域的语言使用特征进行的分析被称为语域分析。同时，以学习者为中心的教育观的建立促使英语教学从以语法为中心或以技能为中心转向以学习者为中心（Hutchinson & Waters, 1987）。语言交际功能观和以学习者为中心的教学观与该时期许多非英语母语大学生的特定需求不谋而合，成为推动 ESP 产生与发展的社会背景和理论背景。1980 年创刊的 *The ESP Journal* 的主编 Grace Mancill 在编者按中写道：

> The trend toward learner-centered education has made teachers much more aware of the fact that learners come to the language classroom with differing backgrounds and with varied objectives. The emphasis on communicative language teaching has led to the use of text materials and class activities which are far more realistic and relevant than those which had been in use. (Mancill, 1980: 7)

1.1　ESP 的定义及主要特征

　　如上所述，专门用途英语的诞生离不开"二战"以后英语语言在国际经济、贸易和科学技术领域日益上升的"通用语"角色、语言教学领域从关注语言形式到语言使用的范式转变以及教育心理学领域对学习者的重视。由此可见，社会需求、应用语言学和教育心理学的发展共同催生了 ESP 的诞生。而 ESP 诞生之时的"初心"就是为学习者提供更好满足其英语需求的课程。因此，Hutchinson & Waters（1987）在定义 ESP 之时首先指出 ESP 是一种教学理念和教学思路；Richterich & Chancerel（1977）认为 ESP 是一个致力于通过认真的研究去认识目标学习者群体英语学习需要及其相关语篇特征的教学实践运动；Robinson（1991）则将目标导向和需求分析看作判定 ESP 教学的必要属性。

　　由于 ESP 教学关注目标学习者的交际需要，故其教学内容涉及不同的学科和行业，因而从早期开始就具有跨学科的性质、多元的研究视角和多样的教学方法和形式。Johns & Dudley-Evans（1991）在综

第 1 章 专门用途英语概述

述 ESP 的发展时，提出了定义 ESP 的四项必要属性和两项选择性特征。这四项必要属性包括：课程设计目标为满足特定学习者需要；教学内容或主题与学生需求相关的学科、职业或活动有关；教学聚焦于与上述活动相关的句法、词汇、语篇特征等；与通用英语（English for General Purposes, EGP）教学不同。专门用途英语教学的两项选择性特征包括：聚焦某一项语言技能，如阅读或听力；教学方法灵活多样，并不遵从某种常规的教学方法。他们认为具有这些特征的 ESP 课程将更加切合学习者的需要，将比通用英语教学更加高效。

Belcher（2006）认为 ESP 是一个目标驱动、问题导向的教学思路，并从批判的视角讨论了 ESP 的三大主要特征：需求分析、教学策略及专业知识。其中专业知识，即关于教学内容的"专门性"（specificity）问题，与我国 ESP 教学活动开展过程中遇到的问题高度相关。根据多位学者的研究，ESP 教学涉及的学科或专业知识是阻碍 ESP 课程在我国大学实施的主要障碍之一（蔡基刚，2013），同时也是许多大学 EGP 教师向 ESP 教师转型的主要障碍（高战荣，2012）。毕竟绝大多数英语教师的学科背景是英语语言文学专业，对 ESP 教学涉及的学科和专业内容都比较陌生。那么 ESP 教学中与学习者需求相关的学科或专业内容是怎样的？ESP 课程与专业学院开设的"专业英语"或"全英语课程"相同吗？教师需要具备什么程度的专业知识？这些都是需要考虑的问题。实际上，ESP 涉及的是学科或专业语境下的英语语言运用能力，即交际能力。其概念中所包含的"专门性"是一个由宽到窄的连续体，是随目标学生群体的需求而变化的。Swales（2019：75）列举了学术写作课程内容从相对宽泛到相对具体的递进情况，用以讨论 ESP 教学中所涉及的专门性问题。本文引述如下：

(1) Academic writing
(2) Research writing
(3) Research papers
(4) Empirical research papers
(5) Quantitative empirical research papers
(6) Quantitative empirical research papers in sociology

(7) Quantitative empirical research papers in the sociology of medicine
(8) Quantitative empirical research papers published in the sociology of medicine

上述列举向我们清晰地呈现了教师可以在学生的知识欠缺和学习目标之间选择不同程度的"专门性"教学内容，这个选择同时也涉及课程对教师专门性知识的要求程度，比如针对本科低年级学生开设的学术英语写作在内容上可以选择（1），高年级学生可选（2）或（3），混合专业背景的研究生班可选（3），单一专业背景的学生可根据他们在论文写作的不同阶段选择（4）或者（6）（7）（8）。很明显，这些专业性不同的内容层次对 ESP 教师的专业知识要求也不同。后三项任务需要的专业知识会比较多，可以由 ESP 教师和专业教师合作或由具有专业知识的 ESP 教师承担。总之，专门性是一个由宽到窄的连续体，不同的课程涉及的专业知识程度差异会很大。不能一提到 ESP，就认为其所涉及的专业知识困难到不可逾越，因为 ESP 实质上仍然是语言运用，是帮助学生学习应对未来在学科或职业真实交际情景下的语言交际任务。ESP 教学涉及的专业内容不同于我国大学英语专业所开设的专业英语课，也不同于目前流行的全英文专业课。尽管 ESP 教学内容涉及专业内容，而这些内容与语言运用有关系，教师也需要尽可能对目标学生的学科或行业有一定的了解，但 ESP 教师的教学重点不是解释专业知识点，也不是教授专业知识。他们需要通过学习任务的设计引导学生分析和讨论专业语境与语言表达之间的关系以及语篇的交际目标是如何通过语言运用来实现的（如 Belcher，2006；Hyland，2002；Swales，1994）。简言之，ESP 是学习者目标和需求导向的、关注人类交际基本单位——语篇或体裁——的交际功能和语言表达之间复杂互动关系的教学理念。此外，ESP 教学本质上具有学科交叉的特性和研究的特性。ESP 教师需要明确自己的角色并通过不断学习提高自己对目标语境的了解以及对目标语境下语言使用的理解和把握，这一点我们将在第 6 章讨论。

1.2 ESP 学科背景——20 世纪发展历史

20 世纪中后期，ESP 从萌芽到初具规模经历了大约 30 年的时间。Swales（1990）在讨论语篇社团定义时认为，拥有社团内部大体公认的公共交际目标、体裁和其常规的内部交流平台，如通讯或期刊等，以及内部共享的术语是语篇社团存在的必要属性。ESP 语篇社团孕育于英语语言教学的大社团之中，并于 1980 年拥有了自己的交流平台，即 The ESP Journal (ESPJ)。该期刊的副主编 Karl Drobnic 在期刊第一期的编者按中指出，The ESP Journal 期刊的创刊标志着 ESP 成为英语语言教学领域一个独特的分支（Drobnic，1980）。同年，英国阿斯顿大学建立了 ESP 硕士项目，正式招收硕士生；英国于 1972 年成立了"海外学生专门用途英语教材编写组"（Special English Language Materials for Overseas University Students）（Swales，2009），该编写组召开了系列的 ESP 研讨会。这些学术项目和活动均是 ESP 社团及其研究领域逐渐成为相对独立的应用语言学学科分支的标志。

有鉴于此，我们认为 1980 年是 ESP 作为一个独立的研究领域确立的时间。Johns（2016）在关于 ESP 的综述文章中也将其发展历史分为三个时期：从 1962 年 Barber 发表第一篇关于学术语篇语言特点的文章到 1980 年是 ESP 的萌芽时期，1981—1990 年是其理论初创时期，1990—2011 年是其快速发展时期。

1.2.1 萌芽时期（1962—1980 年）

根据 Swales（2009，2020），ESP 早期教学科研活动产生于基层的教学需求，故早期 ESP 教学与研究的开拓者，如 John Swales、Tony Dudley-Evans、Ann Johns 等，都是在海外大学任教的英语教师，他们的学生均为非英语母语的理工科、经济和贸易等专业的本科大学生。例如，Swales 于 1966—1971 年在利比亚大学工程学院教授英语，他的学生需要用英语完成工学学位所要求的课程及论文。这一时期他的科研成果包括实验室语言特征分析、相关课程设计及为理工科学生编写的写作教材（Swales，1971）。根据 Johns（2016），这一时期出版的具有影响的 ESP 系列教材还包括 *Nucleus*（Bates & Dudley-Evans，1976—1980）和 *A Course in Basic Scientific English*（Ewer & Latorre，1969）。

从事这种教学改革的先驱学者不多，可发生的地域却相当广，包括"二战"后由英国控制的北非和中东一些石油生产国，美国西海岸的华盛顿大学、俄勒冈州立大学，东海岸的美利坚大学，以及巴西、智利的部分高校，因此该领域的学者客观上需要交流的渠道和平台。这一时期的交流形式主要有这些大学英语语言中心出版的 ESP/EST（English for Science and Technology）简讯。根据 Swales（2009，2020），智利、沙特阿拉伯、科威特、苏丹（苏丹共和国）等先后出版过 ESP 的交流通讯，其中美国俄勒冈州立大学 1977 年 4 月开始出版的 *English for Science and Technology* 简讯持续了 8 年，产生了广泛的学术影响。在 1978 年对外英语教学研究会（Teaching English to Speakers of Other Languages）召开的学术会议上，有多场关于 ESP 主题的发言，包括主旨发言、论坛、工作坊等，ESP 已然成为英语作为第二语言教学领域的一场教学改革运动。这场运动的推动力来自于学生需求，由需求推动的 ESP 教学实践继而推动了其理论的创新。美国俄勒冈州立大学 EST 通讯的主编及 *The ESP Journal* 的首任副主编之一 Karl Drobnic 对 John Swales 讲述了 ESP 的意义：

> Persons today would not be aware of the embedded grip Lado-Fries methods and Skinnerian psychology had on the profession, and the struggle it was to break free of that approach. I was involved in contracted programs, such as the Libyan nuclear engineers, and I knew that sponsors were demanding results that stimulus-response language teaching could not deliver. So there was pressure around the world for change, and the profession was responding to it. It was an exciting time to be a language teaching professional. (Swales, 2020: 7)

这一时期发表的论文有 Barber（1962）关于科技英语教材及学术论文中的语法特征。根据 Swales（2009）的回忆录，20 世纪 60 年代他在利比亚大学工学院教授英语。受 Barber 的启发，他和同事通过分析学生教材中的词汇频数编写了满足学生学习需求的单词表，通过分析一年级学生教材中的动词和动词时态确定教学内容，给学生设计合适的练习。这是 ESP 发展初期典型的研究活动。根据 Wyatt（1980），20 世纪 80 年代前的 ESP 研究主要包括特定语域的语篇分析、交际法教学在 ESP 教学中的应用和基于语义功能框架的 ESP 课程大纲设计。除此之外，还有一些探讨 ESP 的定义及其与 EGP 区别的文章（Macky，1981）。这一时期 ESP 研究涉及的学科领域主要是科技英语，属于应用语言学或英语第二语言教学领域下的教学改革。

为加强 ESP 学术交流，推动 ESP 教学质量的提升，位于美国首都华盛顿特区的美利坚大学英语语言研究中心的 Grace Burkhart 教授于 1980 年秋天领导创立了 *The ESP Journal*。该期刊 1986 年由爱斯唯尔出版公司（Elsevier）接管时更名为 *English for Specific Purposes*，2001 年成为 SSCI 期刊。*The ESP Journal* 的创刊，标志着 ESP 已经成长为一个英语语言教学领域内有着相对独特性和独立性的研究领域，也标志着 ESP 以大学学术英语教师为主的从业人员拥有了学术交流和科研成果发表的国际平台。

1.2.2 理论初创时期（1981—1990 年）

这一时期，*ESPJ* 期刊发表的论文数量每年都在增加，且主题范围也在不断扩展，包括教师培训、需求分析、课程设计、课程评估、教材与教材评估、测试以及从修辞和交际功能的角度对硕士学位论文、学术论文、教材语篇、课堂授课等语言特征或语篇结构的分析。这些文章涉及的学科，也可理解为语域，有数学、物理、化学、生物、建筑学、航空、航海、经济、商务、医学与护理、法律以及警察职业英语，投稿来源国家和地区包括中国、英国、美国、阿根廷、阿尔及利亚以及中东地区等。这一时期是 ESP 研究话题和范围得以逐步建构的时期，也是研究视角和方法创新的时期。

该时期 ESP 研究开始从修辞功能的角度描写并解释语篇特征，而不是此前单纯描写语篇特征。Tarone et al.（1981）分析了两篇天体物理学学术论文中主动语态和被动语态的频数、分布及其实现的修辞功能。他们总结了四种被动语态和主动语态使用的情况，大致可概括为当论文作者陈述自己独特的观点、研究步骤时会选择主动语态；当把自己的研究与相关文献进行比较时，会选择用主动语态陈述自己的研究，用被动语态陈述他人的研究；当单独陈述他人研究时，选择主动语态较多。此外，论文要突出的信息焦点和句子长度的考虑也是其是否选择被动语态的一个因素。与 20 世纪 80 年代之前的 ESP 语篇分析仅仅关注某一语言形式的频数和分布相比，Tarone 等人的研究视角更具解释力。这篇文章对此后 ESP 语篇分析研究产生了深远的影响。同时期，以美国华盛顿大学 Lackstrom et al.（1972）及 Trimble（1985）为代表的华盛顿学派从语篇修辞目的的视角研究英语科技语篇的结构、词汇和语法特征。这种新的研究视角可以解释语法词汇选择的动机，很快成为 ESP 语篇特征分析的主流。仅 20 世纪 80 年代，在 Tarone et al.（1981）和 Trimble（1985）等的影响下，就产出了一批研究语言形式与修辞功能的论文，如 Adam-Smith（1983）、Akhtar（1985）和 Malcolm（1987）。Adam-Smith（1983）研究了医学英文论文、案例报告及编者按中作者的评论性观点、推测或评价的语言特征；Akhtar（1985）分析了生物、化学与物理三个学科学术论文中动词形式及其修辞功能；Malcolm（1987）研究了医学英文论文中时态的选择，发现时态的选择受时间因素和修辞策略的共同作用。

另外一篇具有重要影响的研究是 Swales 于 1981 年在英国阿斯顿大学出版的 *The Aspects of Article Introduction*。该书首次以交际目的为单位分析了 48 篇英文学术论文的引言部分，提出了包括四个语轮（move）的引言语篇结构模式。由于此前的语篇分析基本限于句子层面的描写，包括 Halliday & Hasan（1976）、Johns（1980）和 Tarone et al.（1981），Swales（1981）提出的以交际功能为语篇分析的单位可恰到好处地揭示学术论文引言实现其劝说目的的逻辑推进模式、衔接交际目的与词汇语法的运用，即学习者通过语轮可以清楚地理解语篇整体交际目的是如何实现的。虽然这本由阿斯顿大学出版的相当于内部刊物的单行本发行范围和发行量有限，但还是迅速吸引了同行的注意。Wood（1982）即以语轮为单位分析了化学学科学术论文的语篇结构，Dudley-Evans（1986）

分析了硕士学位论文中引言和讨论部分的语轮结构，Hopkins & Dudley-Evans（1988）分析了学术论文和学位论文中讨论部分的语轮结构。1990 年，体裁理论和体裁分析方法的奠基之作 *Genre Analysis: English in Academic and Research Settings*（Swales，1990）由英国剑桥大学出版社发行。体裁理论、体裁分析和英文学术论文迅速成为 20 世纪 90 年代 ESP 领域的高频关键词，持续至今。

20 世纪 80 年代美国写作领域还产生了一部对 ESP 研究具有重要影响的著作——*Shaping Written Knowledge: The Genre and Activity of the Experimental Article in Science*（Bazerman，1988）。该著作不仅研究了英国皇家协会哲学通讯（Philosophical Transactions of the Royal Society of London）从诞生至该书出版的 135 年演变的历史，揭示了影响其变化的学科、社会因素，同时还考察了实验报告（experimental article）这一体裁 300 年来的发展变化以及社会环境、学科知识建构活动和目标读者在该体裁变化过程中发挥的作用。简言之，Bazerman（1988）认为语篇是社会实践的一部分，我们对科学语篇的理解依赖于对其"所作所为"的认识，依赖于对其使用环境及演化发展过程的认识。不难看出，关于体裁的概念及其在专业学科领域的重要性，Bazerman 与 Swales 的观点完全一致。但在学术论文体裁的分析中，Bazerman 更多关注对体裁形成过程及其影响因素的研究，而 Swales 更多关注对体裁信息结构和语言特征的描写（Dudley-Evans，1998）。

1981—1990 年，Bazerman（1988）和 Swales（1990）两部重要理论著作的出版和 ESP 期刊发表的学术论文显示 ESP 研究已经具有相当的规模、清晰的研究对象和系统理论，预示着作为应用语言学学科分支、具有鲜明特色的 ESP 即将进入快速发展时期。

1.2.3 快速发展时期（1991—2000 年）

20 世纪 90 年代是 ESP 快速发展的时期。*ESPJ* 的发文量快速增长，相关研究地域也从前期的以英美国家主导扩散到更多地区，其中东亚地区的研究数量增长显著。这一时期，研究主题和方法更加具体、科学、专业，出现了许多新的主题，如语料库分析、学术论文、访谈、语块、体裁知识、学科写作（disciplinary writing）等。然而，在 20 世纪 80 年代占绝大多数的教学类研究主题，如需求分析、课程设计、教学与课程评估、教材编写、教师培训以及科技英语语篇分析在 90 年代有所降低。教学类研究话题的减少或许表明 ESP 所面临的新问题是如何提高教学内容的针对性，而科技英语研究的减少是因为语篇分析开始针对具体的学科领域，而不是早期的学科大类。此外，以理工科大学生为教学对象的学术英语与科技英语也有多重交叉，因此科技英语作为一个较宽泛的学科领域在 20 世纪 90 年代后出现较少。

诞生于 20 世纪 80 年代的体裁分析逐渐成为 90 年代 ESP 研究的高频话题。体裁分析也属于语篇分析，但在语篇的选择上并非基于较为宽泛的语域，即使用场景，而是基于体裁。体裁是一个包含交际目的、使用场景以及使用者、语篇与语言特征、历史文化背景等的复杂概念（Swales，1990）。根据 Swales（1990），应用语言学领域的体裁是以语言为实现手段的、具有相似交际目的的系列交际事件，该交际事件的实现受学科/职场文化、具体语境、作者和读者背景等多因素的影响；相同体裁的语篇在交际目的、语篇组织以及语言和风格上存在相似的特征。因此，与 20 世纪 80 年代以语言特征及其修辞功能为主的语篇分析相比较，体裁分析更加具体、更加系统，实现了语篇结构描写中语言形式与语言功能的融合。除了 Swales（1990）的专著，这一时期引用率最高的体裁分析研究是 Nwogu（1997），其他非常有影响的研究包括 Bhatia（1993，1997）、Brett（1994）、Holmes（1997）、Kuo（1998）和 Williams（1999）。

基于 Swales（1990）的方法和分析单位，Nwogu（1997）研究了 5 个著名医学期刊中的 30 篇实验性学术论文全文的语篇结构，系统地描写了全文的信息组织模式，这在当时是首创的。Brett（1994）分析了 20 篇社会学期刊论文结果部分的语篇结构。Holmes（1997）分析了 30 篇社会科学学术论文（历史、政治科学和社会学各 10 篇）讨论部分的语篇结构，揭示了三个学科在讨论部分的信息组织结构及学科差异。这些关于学术论文全文或不同部分的研究均在前人研究的基础上优化了分析框架，其研究结果发现不同学科的英文学术论文在语篇组织上既存在共性也存在差异，但共性大于差异。

　　基于语料库的研究是这一时期 ESP 领域出现的新主题。虽然作为电子文本集的语料库在 20 世纪 80 年代已经出现，但直到 90 年代 Sinclair（1991）和 Kennedy（1998）等系列语料库著作的出版方推动了语料库在 ESP 研究中的应用，其具体影响之一是 ESP 语料的采集更加科学，更具代表性。然而，由于 ESP 研究关注的是特定目标的语篇，故 20 世纪 90 年代大多数基于语料库的 ESP 研究仍然以小型特色语料库为主，包括基于语料库的教学和基于语料库的语言特征分析。例如，Stevens（1991）就是关于如何让教师使用索引行编写词汇练习以及如何教会学生使用索引行主动学习词汇和语法。该研究使用的语料库是学生目标学科的教材和转录的课堂讲座。Master（1991）分析了科学新闻中无生命主语＋主动语态动词/被动语态动词的频数，发现科学语篇中无生命主语＋主动语态动词占多数，主要用于表达结果或解释的修辞功能。Green et al.（2000）基于中国香港学习者学术写作语料库（60 万词）和由 LOB（Lancaster-Oslo/Bergen）、Brown 语料库中的英语本族语说明文构成的参照语料库，对比分析句子主位（theme）的功能特征。与 Stevens（1991）和 Master（1991）相比较，Green et al.（2000）的语料库较大，采用了典型的语料库研究设计。

　　上述体裁分析和基于语料库的语言特征分析均聚焦写作的产品（product-based），即文本，另外一类体裁研究关注体裁学习的过程，多采用民族志方法对自然环境下的体裁使用和体验性学习过程（situated learning）开展质性研究。这类研究关注学生或参加培训的教师的学术成长及影响其成长的要素（Belcher，1994；Boswood & Marriott，1994；Holliday，1995；Pedrode，1993），以期了解在学生学术写作成长的环境中哪些要素是有帮助的。Belcher（1994）从三个视角生动地描写了三名研究生的学术写作及其成长。这三名研究生是她本人讲授的论文写作课上的学生，三个视角包括学生的自我认知、导师的指导风格与评价以及学生在写作课上的表现。Belcher 根据学生的作业及面谈反馈，对这三名学生的写作水平以及他们与自己导师相处的情况较为了解。为获得导师对学生的指导情况及评价信息，Belcher 对三位导师分别进行了两次访谈，第一次是学生正在上论文写作课期间，第二次是学生上完课一年以后。通过观察和分析采访结果，Belcher 发现学生的学术写作和成长状况与三个因素有紧密关系：导师和学生对论文写作目的和读者期待是否达成了共识，即学生是否愿意努力使自己的写作满足目标语篇社团的期待，实现其应该达到的交际效果；导师是否持续鼓励学生自己探索、自己尝试解决高难度复杂写作过程中遇到的各种问题；导师与学生的关系是否是研究者之间的平等合作，导师是否对学生的进步表示赞赏。当导师能与学生在研究过程中朝着相同的目标紧密合作时，学生进步最快。

与 Belcher（1994）类似的聚焦写作过程的研究还有 Berkenkotter & Huckin（1995）。他们研究了一个生物学教授与其博士生合作撰写并修改一篇期刊论文的过程。该研究采用了多维度的质性研究方法，包括对实验过程的观察笔记、论文评审专家的评阅意见、作者与期刊主编的信函往来、论文不同版本的修改稿之间的对比，以及对论文两位作者的采访录音等。该研究发现非常丰富，揭示了作者如何根据评审人的意见通过合理引用与评述相关文献突出自己研究的创新性。通过对论文的多次修改，作者也认识到把实验室研究发现转化成一篇成功的学术论文的过程离不开对其所处的学科背景的合理建构。此外，Berkenkotter & Huckin（1995）还包括了几个不同学术语境的案例研究，如国际会议摘要的评审标准，一个新学科的形成与发展及一位一年级博士生学习社会科学学术论文写作的过程等。基于该研究发现，他们认为学术论文体裁的掌握离不开学科语境下的体验式学习。该时期其他有影响的 ESP 著作还包括 *Constructing Experience*（Bazerman，1994）和 *Text, Role and Context: Developing academic literacies*（Johns，1997）。

这一时期，ESP 研究涉及的学科也有所扩大，在体裁分析、语料库研究、体裁写作和阅读过程的研究之外，学科写作和语块研究首次出现，元话语、商务英语和医学英语研究均有较快的增长，基于体裁分析的教学也得到了发展。Swales & Feak（1994）即是一部基于体裁分析研究的、面向美国大学中外国研究生编写的学术写作教材。该教材的教学内容设计以体裁分析研究的结果为基础，同时其学习活动的设计亦引导学生通过探索发现语言使用的规律和特性，包含双重的"研究"要素，代表着 ESP 教材编写的较大进步。简言之，1991—2000 年间，ESP 作为应用语言学的一个分支已经形成了自己的理论体系,通过吸收语料库语言学、美国大学写作研究等诸多领域内写作相关知识,拓宽了研究视角和方法,产出了一批高质量的研究成果,对 ESP 研究和教学质量的提高发挥了重要的作用。

1.3 2000—2019 年国外 ESP 研究概述

进入 21 世纪以来,ESP 研究进入繁荣阶段,研究方法更加精细、多样,研究话题和范围进一步扩大,研究结果的解释力也得到了提高。为更准确地总结 21 世纪以来国外 ESP 研究的发展和变化,我们采用文献计量学(bibliometrics)的方法对这一时期国外 SSCI 英文期刊上发表的 ESP 论文进行了定量分析,分析包括研究话题、高被引的文章和作者以及这些文章中引用的高被引文献。

文献计量学是使用数学和统计的方法,通过研究一个学科或领域已经发表的文献主题、高被引作品、作者等而勾勒出该学科或领域发展变化的研究方法(Lei & Liu, 2018; Pritchard, 1969)。文献计量学的方法可以帮助我们更精细和准确地捕捉目标领域的发展与变化,因此近年来在语言学领域也受到了关注。比如,Liao & Lei(2017)在 *Glottometrics* 上发表的 2000—2015 年语料库语言学发展变化的文章,Lei & Liu(2018)在 *Applied Linguistics* 上发表的应用语言学 2005—2016 年发展变化的文章。本节将应用文献计量学的方法追溯 2000—2019 年 SSCI 英文期刊上发表的 ESP 研究热点及其发展轨迹。

本书用于计量分析的数据均来自 2000—2019 年发表的 SSCI 英文期刊论文,不包括专著和编著。全部论文检索自 Scopus 数据库,检索时间为 2020 年 7 月 7 日,检索的学科范围是 Social Sciences 和 Arts and Humanities,检索的数据类型为文章主题词和摘要,检索词包括:English for Specific Purposes (ESP), English for Specific Purpose, ESP, Needs Analysis, Research Articles, Academic Writing, Genre Analysis, English for Academic Purposes (EAP), English for Academic Purpose, EAP, Business English, Aviation English, Engineering

English, Legal English, English for Legal Purposes, English for Science and Technology, English for Research Publication Purposes, English for Medical Purposes, English for Nursing, AWL, Academic Word List, Swalesian, CARS, IMRD, move analysis, technical vocabulary, academic vocabulary。这 27 个检索词来源于 ESP 领域的代表期刊 *ESPJ* 的办刊宗旨以及在该期刊内所发表的论文的前 10 个高频主题词。由于 *ESPJ* 和 *Journal of English for Academic Purposes* 均是 ESP 领域最具代表性的学术期刊，因此这两个期刊上的所有论文均被视为分析对象。来源于其他 SSCI 期刊的学术论文，如果有两个词与我们的检索词重合，则被自动收录，如果仅有一个词与检索词重合，我们则对其摘要进行人工审核，以确定是否将该论文纳入分析范围。以此为检索原则，我们最终获得的文献数量为 1263 篇。

表 1-1 以每 5 年为一个时间段，统计了 2000—2019 年 SSCI 期刊中 ESP 研究的发文量，可以看出，自 2000 年来，ESP 领域的论文数量一直呈上升趋势。为进一步探索国外 ESP 研究在近 20 年间的发展情况，我们接下来分别对 ESP 主要研究话题及其变化、ESP 高被引论文、ESP 高被引作者、ESP 高频引用的参考文献、ESP 研究的期刊及研究机构和地域分布进行了统计与分析。

表 1-1　2000—2019 年国外 ESP 研究发文量

发表时期（年）	发文量（篇）
2000—2004	182
2005—2009	281
2010—2014	329
2015—2019	471

1.3.1　ESP 主要研究话题及其变化

ESP 领域高频话题的筛选基于入选论文主题词构成的语料库和论文摘要语料库。通过预设话题匹配、从摘要中提取多词词块以及人工筛选三个步骤，我们获得了2537个代表研究话题的词和短语，并计算这些词和短语在论文摘要语料库中出现的频次。借鉴关于应用语言学学科发展趋势的文献计量学研究中高频话题的入选标准（Lei & Liu，2018），我们将本研究高频话题的入选频次设定为30，这样获得了150个候选话题，经过人工筛选判断，即删除意思宽泛的候选项（如"change"、"comprehension"、"development"），合并语义相近的候选项（如"academic speaking"、"academic speech"、"academic spoken discourse"和"academic spoken English"被合并为"academic speech"），最终获得127个ESP高频话题[1]。表1-2呈现了前30个高频话题的总频次及其在各个时间段内的具体频次。

表1-2 2000—2019年国外ESP高频研究话题

序号	话题	频次				总频次
		2000—2004	2005—2009	2010—2014	2015—2019	
1	academic writing	68	83	144	202	497
2	research article	63	104	87	182	436
3	genre analysis	26	49	63	103	241
4	assessment	19	58	49	80	206
5	corpus analysis	14	46	47	85	192
6	feedback	24	17	30	100	171
7	stance	6	29	30	96	161
8	methods section	13	35	42	70	160
9	L2 writing	9	30	60	50	149
10	introduction section	15	34	43	35	127
11	business English	15	23	49	21	108
12	discourse analysis	16	26	23	38	103
13	textbook	19	23	35	26	103
14	case study	18	25	27	30	100
15	pedagogy	12	24	19	41	96
16	AWL	6	25	32	32	95

---

[1] 1.3.1节内的统计均基于此127个ESP高频话题。

（续表）

序号	话题	频次				总频次
		2000—2004	2005—2009	2010—2014	2015—2019	
17	curriculum	9	30	21	35	95
18	voice	22	22	13	38	95
19	attitude	17	21	28	28	94
20	citation	9	17	34	31	91
21	publication	5	17	20	48	90
22	lexical bundles	0	5	34	40	79
23	graduate student	4	18	21	34	77
24	academic literacy	9	28	15	23	75
25	academic vocabulary	0	14	4	57	75
26	word list	1	18	15	40	74
27	engagement	3	18	15	36	72
28	identity	8	21	15	28	72
29	CALL	16	34	14	8	72
30	metadiscourse	6	1	16	47	70

根据表1-2，在论文摘要语料库中出现总频次排名前两位的话题分别是"academic writing"和"research article"。这两个研究话题大体属于EAP，说明EAP研究是ESP领域中较为重要、研究相对活跃且持久的话题。这是因为学习EAP的学生不仅数量较大，分布的地域也非常广。排在第一的"academic writing"一般指大学基础写作，如各类短文、课程论文等，位于第九位的"L2 writing"与该话题内容有一定交叉。排在第二的"research article"为大学高级阶段的阅读和写作的重要体裁之一。位于第三的"genre analysis"可以指理论基础，也可以指研究方法：作为理论基础，它代表以交际功能为主导的研究视角；作为研究方法，它代表以语义功能为单位的体裁结构分析及其语言特征分析。排在第五位的"corpus analysis"既可以指以真实语言使用以及词和短语为语义基本实现单位的语言观，也可以指以使用频数为依据的研究方法；这两个理论和研究方法从20世纪90年代期起深刻地影响了ESP领域和应用语言学领域。

总频次排在第四位的"assessment"一般指形成性评估,说明这是 ESP 教学中使用的主要评估方法。榜上有名的"stance"和"voice"均涉及论文作者态度和立场的表达,这是 20 世纪 80 年代语篇修辞功能研究的发展。此外,与学术论文相关的"method section"、"disciplinarity"和"introduction section"也是榜上有名,热度不减,这说明大学普遍重视培养学生的高级学术写作能力。以上话题大多属于 EAP 的范畴,占据了 2000—2019 年间 ESP 研究的主体。虽然 ESP 领域还包括医学英语、法律英语等分支,但话题总频次排名进入前 30 的只有商务英语(序号 11)。教学法(序号 15)和课程设计(序号 17)也在其中,说明教学相关问题依然是 ESP 研究的重要话题。

图 1-1 显示了国外近 20 年 ESP 高频研究话题的词云图。该词云图生动、直观地显示了表 1-2 的内容,频次最高的话题位于图的中心,且字号最大,频次较低的话题在图中的位置则靠外围一些,字号也小一些。

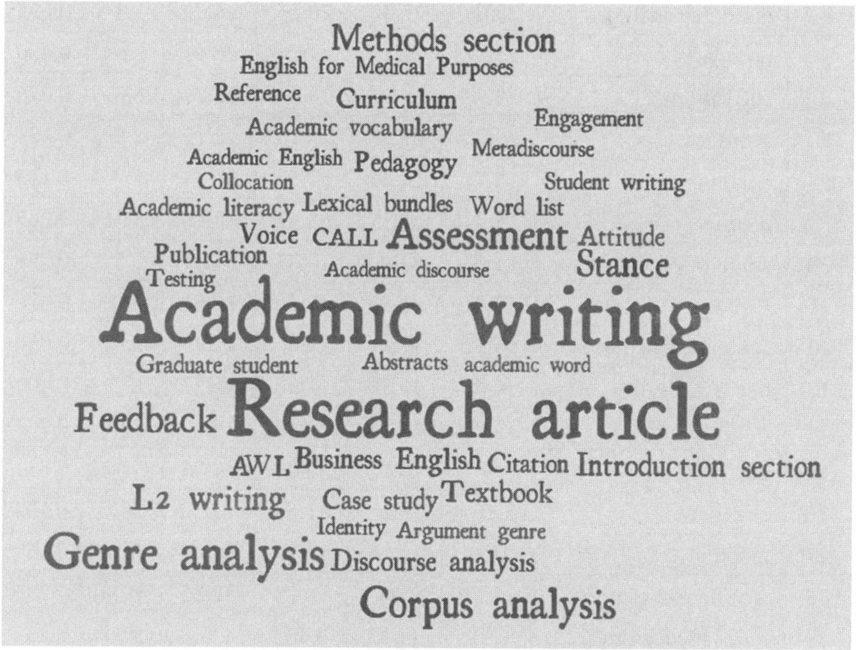

图 1-1　2000—2019 年国外 ESP 研究话题的词云图

上述近20年国外ESP高频研究话题频次的信息没有包括显著性指标。为揭示相关研究话题每五年的变化轨迹，我们对高频话题在各时间段出现的频次进行了标准化处理，并据此得出近20年国外研究热度基本稳定的ESP高频话题，如表1-3所示。根据P值可以看出，这些话题的频次在近20年内虽有一定变化，但其变化不具有统计学上的显著性差异。这些研究话题代表ESP的基本研究范畴，反映了该领域较稳定的研究对象。

表1-3 2000—2019年国外研究热度保持稳定的ESP高频话题

序号	话题	标准化频次				χ^2 value	P
		2000—2004	2005—2009	2010—2014	2015—2019		
1	genre analysis	45.55	52.71	56.58	66.93	4.305	0.230
2	methods section	22.77	37.65	37.72	45.49	7.535	0.057
3	introduction section	26.28	36.57	38.62	22.74	5.782	0.123
4	discourse analysis	28.03	27.97	20.66	24.69	1.440	0.696
5	pedagogy	21.02	25.81	17.06	26.64	2.642	0.450
6	curriculum	15.77	32.27	18.86	22.74	6.874	0.076
7	attitude	29.78	22.59	25.15	18.19	2.942	0.401
8	citation	15.77	18.29	30.54	20.14	5.962	0.113
9	identity	14.01	22.59	13.47	18.19	3.164	0.367
10	student writing	21.02	8.60	14.37	21.44	6.826	0.078
11	testing	14.01	6.45	19.76	17.54	7.055	0.070
12	academic discourse	24.52	17.21	9.88	12.35	7.814	0.050
13	needs analysis	10.51	19.36	17.96	8.45	6.214	0.102
14	motivation	12.26	10.76	11.68	15.60	1.061	0.787
15	postgraduate	8.76	11.83	10.78	14.95	1.727	0.631
16	negotiation	5.26	9.68	11.68	15.60	5.261	0.154
17	qualitative analysis	7.01	17.21	12.57	9.10	5.205	0.157
18	writing instruction	12.26	9.68	10.78	12.35	0.436	0.933
19	linguistic features	8.76	11.83	9.88	12.35	0.788	0.852
20	international students	12.26	6.45	9.88	13.00	2.506	0.474
21	phraseology	7.01	7.53	10.78	13.65	2.945	0.400

排位第一的是"genre analysis",说明作为 ESP 研究理论基础和分析方法的体裁分析具有非常核心的地位。位于第四的是"discourse analysis",ESP 在发展初期即关注语篇,关注特定语域的语篇结构及其语言特征,但该话题在体裁分析理论诞生以后的 20 世纪 90 年代分化为以语篇交际功能为核心特征的体裁分析和以语域为主要特征的语篇分析。这两个受到持续关注的研究话题可以说是 ESP 研究中语言分析的核心基础,因此语篇分析与体裁分析应该成为 ESP 新教师的必修课程之一。

位于第二和第三的"methods section"和"introduction section"均为英文学术论文的一部分。Swales(1990)创立体裁分析理论的著作中即包括对英文学术论文引言结构规律高度概括的"创建研究空间"模型(Creating A Research Space Model,The CARS Model)。该著作激励了一大批针对不同学科论文引言的结构和语言特点的分析。根据表 1-3,针对引言的分析在 2010—2014 年间达到高峰,随后有所下降。研究者的注意力逐渐转移到了学术论文的研究方法部分。位于第五和第六位的话题是"pedagogy"和"curriculum",体现了 ESP 领域对教学的持久关注。"citation"是学术写作区别于一般写作的核心特征,与其后的"identity"、"student writing"、"writing instruction"和"international students"话题表明 ESP 领域对写作教学以及学生身份建构的持久关注。其他话题还包括"testing"、"needs analysis"和"phraseology"等。表 1-3 中基于定量分析所反映出的 ESP 研究持久关注的核心话题与定性分析总结的 ESP 的核心研究主题基本一致,如"needs assessment"、"genre"、"corpus studies"(Johns,2016),但要比定性的归纳总结具体、精细很多。

表 1-4 是近 20 年国外研究热度显著增长的 ESP 高频话题,包括 2000 年及以后新出现的研究话题,如"English as a lingua franca"和"English medium instruction"。这两类研究的出现及增长在一定程度上反映了英语在许多非母语国家的使用范围进一步扩大,其角色从外语或第二语言逐渐变成了通用语。根据表 1-4,针对"English as a lingua franca"的研究在 2010—2014 年间达到了高峰,其后略有下降。这似乎契合了 2010—2015 年间进展迅速的经济全球化与 2015 年之后不容乐观的世界经济形势。关于"English medium instruction"的研究或许与英语作为通用语的角色有一定关系,其研究与通用语的研究几

乎同时产生，但发展却滞后通用语研究约5年。关于作者态度和立场（"stance"）的研究从2000—2019年持续增长，表明ESP在更细微的层面上对交际目的的关注。其他呈显著增长的研究话题还有"lexical bundles"、"metadiscourse"、"argument genre"、"academic English"等。与表1-2所呈现的近20年整体高频的研究话题相比较，2010年以后，新的研究增长点还关注"lexical bundles"。

表1-4 2000—2019年国外研究热度显著增长的ESP高频话题

序号	话题	标准化频次				χ^2 value	P
		2000—2004	2005—2009	2010—2014	2015—2019		
1	stance	10.51	31.19	26.94	62.38	43.005	<0.05
2	publication	8.76	18.29	17.96	31.19	13.390	0.004
3	lexical bundles	0.00	5.38	30.54	25.99	43.864	<0.05
4	graduate student	7.01	19.36	18.86	22.09	8.005	0.046
5	metadiscourse	10.51	1.08	14.37	30.54	32.064	<0.05
6	argument genre	7.01	8.60	12.57	26.64	17.474	0.001
7	academic English	3.50	9.68	12.57	21.44	14.145	0.003
8	English as a lingua franca	0.00	0.00	24.25	13.65	43.828	<0.05
9	secondary school	0.00	6.45	12.57	11.05	12.724	0.005
10	literature review	0.00	4.30	10.78	9.10	11.795	0.008
11	English medium instruction	0.00	0.00	1.80	16.25	41.185	<0.05
12	aviation English	0.00	0.00	7.18	11.05	19.867	<0.05
13	mixed methods	0.00	2.15	3.59	11.05	16.458	0.001
14	data-driven learning	0.00	0.00	2.69	12.35	27.428	<0.05

注：因为P值不可能为0，表内保留三位小数点后数值为0的均表示为P<0.05。

表1-5是近20年来国外研究热度显著下降的ESP高频话题，包括"metaphor"、"biology"和"legal English"。根据我们对该领域的了解，"biology"指学术论文或学位论文体裁分析所涉及的学科领域，20世纪80—90年代有多项研究是关于生物学领域的，如DuBois（1980）

和 Myers（1990）。此后体裁分析涉及的学科领域不断扩大，包括理工学科和人文学科，如社会学（Brett，1994）、政治学、历史学和社会学（Holmes，1997）、计算机科学（Posteguillo，1999）等。"legal English"是 ESP 的一个重要分支，但研究规模一直比较小，其在 2005 年以后的热度下降或许与其研究队伍的自然更替有关。ESP 领域对"metaphor"研究热度的降低可能与其关注点转向如"metadiscourse"、"stance"等的语言交际功能有关。

表 1-5 2001—2019 年国外研究热度显著降低的 ESP 高频话题

话题	标准化频数				χ^2 value	P
	2000—2004	2005—2009	2010—2014	2015—2019		
metaphor	24.52	5.38	5.39	5.20	27.325	<0.05
biology	14.01	7.53	4.49	3.25	9.485	0.023
legal English	15.77	7.53	3.59	1.95	15.822	0.001

1.3.2 ESP 高被引论文

表 1-6 呈现了 21 世纪以来国外 ESP 研究高被引论文，按被引频次排序的前 15 位。被引频次排序前三的论文均由 Ken Hyland 发表，文章内容分别关于词块的学科差异、基于体裁的写作教学以及学术论文中元话语的使用。排序第四位的高被引论文是关于程式性语言提取方法的，发表在应用语言学领域最著名的期刊 *Applied Linguistics* 上，其作者是第二语言习得及语料库语言学领域的学者 Rita Simpson-Vlach 和 Nick C. Ellis。这两位作者还有另外一篇关于第二语言学习者和母语学习者程式性语块使用的文章入选高被引论文（序号 9）。第五篇高被引文章是关于多语作者学术论文发表过程的研究。这些高被引的论文与表 1-4 内位于前列的显著增长的研究话题高度重叠，如"publication"、"lexical bundles"、"metadiscourse"、"academic English"。此外，15 篇高被引论文中有 5 篇是关于学术论文的体裁分析（序号 3、6、8、12、14），这与表 1-3 内研究热度保持稳定的前 4 个高频话题基本一致。

其他高被引论文中，聚焦英语学术论文结构或语言特征的有 6 篇（序号 3、6、8、10、12、14），关于词块的有 2 篇（序号 1、4），语料库及语料库教学研究相关的 3 篇（序号 4、9、15），出版发表相关问题的有 2 篇（序号 5、11），关于 ESP 的研究综述有 2 篇（序号 2、13）。这些高被引论文涉及的话题和持续高频的话题，如 "academic writing"、"research article"、"genre analysis"、"corpus analysis"、"pedagogy" 等与近 10 年显著增长的话题 "stance"、"publication"、"lexical bundle" 等基本一致。

表 1-6 2000—2019 年国外 ESP 研究高被引论文

序号	论文题目	作者	发表年份	被引频次	发表期刊	CBM	FWCI
1	As can be seen: Lexical bundles and disciplinary variation	Hyland, K.	2008	298	ESP	98	7.03
2	Genre pedagogy: Language, literacy and L2 writing instruction	Hyland, K.	2007	278	JSLW	96	4.48
3	Humble servants of the discipline? Self-mention in research articles	Hyland, K.	2001	251	ESP	98	8.85
4	An academic formulas list: New methods in phraseology research	Simpson-Vlach, R. & Ellis, N. C.	2010	237	AL	99	10.13
5	Multilingual scholars and the imperative to publish in English: Negotiating interests, demands, and rewards	Curry, M. J. & Lillis, T.	2004	193	TQ	91	2.83
6	Introductions in research articles: Variations across disciplines	Samraj, B.	2002	190	ESP	96	4.95
7	Is there an "academic vocabulary"?	Hyland, K. & Tse, P.	2007	190	TQ	98	7.69
8	Rhetorical structure of biochemistry research articles	Kanoksilapatham, B.	2005	183	ESP	81	1.49

第 1 章 专门用途英语概述

（续表）

序号	论文题目	作者	发表年份	被引频次	发表期刊	CBM	FWCI
9	Formulaic language in native and second language speakers: Psycholinguistics, corpus linguistics, and TESOL	Ellis, N. C., Simpson-Vlach, R. & Maynard, C.	2008	172	*TQ*	97	5.27
10	Interaction in academic writing: Learning to argue with the reader	Thompson, G.	2001	172	*AL*	94	3.54
11	Seeking acceptance in an English-only research world	Belcher, D. D.	2007	164	*JSLW*	99	8.33
12	Research articles in applied linguistics: Moving from results to conclusions	Ruiying, Y. & Allison, D.	2003	157	*ESP*	87	2.08
13	EAP: Issues and directions	Hyland, K. & Hamp-Lyons, L.	2002	157	*JEAP*	98	8.56
14	An exploration of a genre set: Research article abstracts and introductions in two disciplines	Samraj, B.	2005	155	*ESP*	97	5.59
15	A corpus-based EAP course for NNS doctoral students: Moving from available specialized corpora to self-compiled corpora	Lee, D. & Swales, J.	2006	155	*ESP*	98	7.81

注：CBM—Citation Bench-Marking；FWCI—Field-Weighted Citation Impact；
ESP—English for Specific Purposes；AL—Applied Linguistics；TQ—TESOL Quarterly；
IJCL—International Journal of Corpus Linguistics；LLT—Language Learning and Technology；
JEAP—Journal of English for Academic Purposes

1.3.3　ESP 高被引作者

表 1-7 呈现了根据近 20 年国外 ESP 论文被引频次排序前 30 的高被引作者。我们将作者所有 ESP 相关发文的被引频次相加后由高到底排序，然后再人工找出该作者的 H 指数。如果论文的作者是两人或者两人以上，则只计第一作者的发文量和被引频次。总被引频次居首位的学者 Ken Hyland 在 20 年间发表了 19 篇关于 ESP 研究的论文，被引频次 1795，H 指数 43。Hyland 在元话语、学科词汇和词块差异等方向上引领了 ESP 研究的发展。总被引频次排序第二的 Betty Samraj 主要研究不同学科学术论文摘要、引言等的语篇结构或信息组织上的差异，他的研究深化了研究者对学科差异与学术论文体裁结构特征的认识。Douglas Biber 虽然是一位以语料库为主要研究方向的学者，但他关于学术语域口语和书面语差异的研究极大地推动了 ESP 领域的相关研究以及语料库研究方法的应用。John Flowerdew 和 Diana Belcher 是 ESP 领域的资深学者，他们的研究以帮助英语非母语的学生或年轻学者为出发点，分析他们在学术写作上的困难，探讨在培养和教学方面可采纳的方法或策略。

其他重要的 ESP 学者包括 Stephen Evans、Maggie Charles、Nigel Harwood 等。由于我们仅统计了近 20 年 SSCI 期刊上关于 ESP 的论文，没有包括学术著作，因此表 1-7 不是非常完整，例如为 ESP 理论发展做出开创性贡献的 John Swales 并没有在高被引学者之列。

表 1-7　2000—2019 年国外 ESP 研究高被引作者

序号	作者姓名	发文量（篇）	被引频次	H 指数
1	Hyland, K.	19	1795	43
2	Samraj, B.	8	566	7
3	Biber, D.	4	559	26
4	Flowerdew, J.	10	494	30
5	Belcher, D. D.	3	340	13
6	Evans, S.	8	324	17
7	Charles, M.	6	311	10
8	Harwood, N.	5	300	14
9	Li, Y.	10	292	10

（续表）

序号	作者姓名	发文量（篇）	被引频次	H 指数
10	Cheng, A.	8	284	8
11	Simpson-Vlach, R.	1	237	4
12	Connor, U.	2	234	15
13	Basturkmen, H.	11	231	18
14	Charteris-Black, J.	3	228	16
15	Yoon, H.	2	228	5
16	Flowerdew, L.	8	221	12
17	Knoch, U.	7	218	16
18	Kanoksilapatham, B.	2	214	4
19	Paltridge, B.	4	212	16
20	Ruiying, Y.	2	208	2
21	Martínez, I. A.	5	206	6
22	Curry, M. J.	1	193	11
23	Lynch, T.	4	193	8
24	Abasi, A. R.	2	183	4
25	Ellis, N. C.	1	172	47
26	Thompson, G.	1	172	6
27	Parkinson, J.	8	168	10
28	Lee, D. Y. W.	2	163	6
29	Petric, B.	3	163	8
30	Thompson, P.	2	163	8

注：H 指数是指一个学者（或机构、地区、国家）发表的全部论文中有 N 篇文章被引用次数在 N 以上。

1.3.4 ESP 高频引用的参考文献

我们在上一节讨论了近 20 年国外 ESP 研究高被引的论文和作者，但由于数据获取困难，ESP 相关学术著作、编著书籍中的章节等未包含在内。在此情况下，我们统计了国外近 20 年 ESP 研究论文所引用的参考文献的频次。这种方法可以间接揭示有影响力的 ESP 著作，补充因检索文献不足所造成的遗漏。表 1-8 显示被引频次排序前四位的参考文献分别是 Swales（1990）、Biber et al.（1999）、Swales（2004）、Hyland（2000），排序第六、第七位的分别是 Halliday（1985/1994/2004）和 Nesi & Gardner（2012）。这些位于前列的对 ESP 研究具有重要贡献的均是学术著作。这些著作或创立了语言学和应用语言学领域的新理论、新方法，或集成了 ESP 领域某个主题的重要研究成果。此外，在这些高频参考文献中，我们还发现了两个检索软件，AntConc（序号 5）和 WordSmith（序号 16）。表 1-8 中所呈现的 ESP 论文中的高频参考文献的主题与我们发现的 ESP 领域内的高频研究话题契合度很高，弥补了高被引作者检索源不完整的局限。

表 1-8　2000—2019 年国外 ESP 研究中的高频参考文献

序号	文献名称	被引频次
1	Swales, J. M. 1990. *Genre analysis: English in academic and research settings*. Cambridge: Cambridge University Press.	92
2	Biber, D., Johansson, S., Leech, G., Conrad, S. & Finegan, E. 1999. *Longman grammar of spoken and written English*. London: Longman.	52
3	Swales, J. 2004. *Research genres: Explorations and applications*. Cambridge: Cambridge University Press.	46
4	Hyland, K. 2000. *Disciplinary discourses: Social interactions in academic writing*. London: Longman.	46
5	Anthony, L. 2015. *AntConc*. Tokyo: Waseda University.	36
6	Halliday, M. A. K. 1985/1994/2004. *An introduction to functional grammar*. London: Edward Arnold.	34
7	Nesi, H. & Gardner, S. 2012. *Genres across the Disciplines: Student writing in higher education*. Cambridge: Cambridge University Press.	31
8	Coxhead, A. 2000. A new academic word list. *TESOL Quarterly*, 34(2): 213–238.	27
9	Martin, J. R. & White, P. R. R. 2005. *The language of Evaluation: Appraisal in English*. New York: Palgrave Macmillan.	27
10	Hyland, K. 2005. Stance and engagement: A model of interaction in academic discourse. *Discourse Studies*, 13(2): 173–192.	26

（续表）

序号	文献名称	被引频次
11	Biber, D. 2006. *University language: A corpus-based study of spoken and written registers*. Amsterdam: John Benjamins.	26
12	Biber, D., Conrad, S. & Cortes, V. 2004. If you look at...: Lexical bundles in university teaching and textbooks. *Applied Linguistics*, 25(3): 371–405.	24
13	Lillis, T. & Curry, M. J. 2010. *Academic writing in a global context: The politics and practices of publishing in English*. London: Routledge.	23
14	Hyland, K. 2008. As can be seen: lexical bundles and disciplinary variation. *English for Specific Purposes*, 27(1): 4–21.	22
15	Hyland, K. 2002. Authority and Invisibility: Authorial identity in academic writing. *Journal of Pragmatics*, 34(8): 1091–1112.	20
16	Scott, M. 2004. *WordSmith tools version 4.0*. Oxford: Oxford University Press.	20
17	Dörnyei, Z. 2007. *Research methods in applied linguistics: Quantitative, qualitative and mixed methodologies*. Oxford: Oxford University Press.	20
18	Ivanič, R. 1998. *Writing and identity: The discoursal construction of identity in academic writing*. Amsterdam: John Benjamins.	20
19	Vygotsky, L. S. 1978. *Mind in society. The development of higher psychological processes*. Cambridge, Massachusetts: Harvard University Press.	19
20	Hyland, K. 2005. *Metadiscourse: Exploring interaction in writing*. London: Continuum.	18

1.3.5　期刊、科研机构和国家、地区的贡献度分析

虽然创立于1980年的 *ESPJ* 和创立于2002年的 *JEAP* 是发表ESP相关研究的核心期刊，但由于ESP属于应用语言学领域，其研究可以与第二语言习得、第二语言写作、教育学、语料库语言学等多个学科分支

有交叉，故其研究成果也可根据研究视角和重点的不同而发表在不同的应用语言学期刊上。根据我们的统计，除 *ESPJ* 和 *JEAP* 以外，*Journal of Second Language Writing*（*JSLW*）也是发表 ESP 研究成果的重要期刊之一，因为 ESP 既关注写作又关注英语非母语学习者，研究主题与 *JSLW* 的目标有较大的交叉。此外，ESP 对教学以及对信息技术的应用的关注也与期刊 *System* 的目标较为契合，因此该期刊也是发表 ESP 研究成果的主要期刊之一。表 1-9 列举了近 20 年国外发表 ESP 论文的学术期刊及其发文量。

表 1-9 2000—2019 年国外发表 ESP 研究的期刊及其发文比例

序号	期刊名称	发文量（篇）	所占比例（%）
1	Journal of English for Academic Purposes	406	32.15
2	English for Specific Purposes	333	26.37
3	Journal of Second Language Writing	89	7.05
4	System	80	6.33
5	Assessing Writing	38	3.01
6	ELT Journal	34	2.69
7	TESOL Quarterly	32	2.53
8	International Journal of Corpus Linguistics	30	2.38
9	Language Learning and Technology	24	1.90
10	Computer Assisted Language Learning	23	1.82
11	Applied Linguistics	20	1.58
12	Language Testing	20	1.58
13	ReCALL	19	1.50
14	Language Teaching	17	1.35
15	Language Teaching Research	17	1.35
16	Language and Education	16	1.27
17	RELC Journal	12	0.95
18	World Englishes	9	0.71
19	Canadian Modern Language Review	7	0.55
20	English Today	7	0.55
21	Modern Language Journal	7	0.55
22	International Journal of Bilingual Education and Bilingualism	6	0.48

（续表）

序号	期刊名称	发文量（篇）	所占比例（%）
23	Language Assessment Quarterly	5	0.40
24	Language Awareness	4	0.32
25	Language Learning	4	0.32
26	Lingua	3	0.24
27	Corpus Linguistics and Linguistic Theory	1	0.08

为了解近20年开展ESP研究的机构情况，我们统计了SSCI期刊上发表的ESP论文的第一作者的单位。如表1-10所示，发文量10篇及以上的科研机构共计35所。发文量排名前五的分别是：香港大学、奥克兰大学、香港城市大学、兰卡斯特大学、香港理工大学。ESP发展初期起到领导和推动作用的英国的阿斯顿大学和美国的美利坚大学未进入我们的筛选门槛，其他英美国家的科研机构的ESP发文量排名基本在中段位。一些非英语国家，如瑞典、马来西亚、西班牙的大学在ESP研究上表现也很出色。数据显示，开展ESP研究的科研机构众多，分布的国家地区也很广。

表1-10　2000—2019年在SSCI期刊上发表10篇及以上ESP论文的科研机构

序号	机构名称	发文量（篇）
1	The University of Hong Kong	36
2	University of Auckland	35
3	City University of Hong Kong	35
4	Hong Kong Polytechnic University	31
5	Lancaster University	30
6	University of Melbourne	24
7	Georgia State University	24
8	Northern Arizona University	21
9	Victoria University of Wellington	20
10	Iowa State University	18
11	Stockholm University	17
12	University of Michigan, Ann Arbor	16
13	San Diego State University	16

（续表）

序号	机构名称	发文量（篇）
14	University of London	15
15	Nanyang Technological University	15
16	Macquarie University	15
17	University of Toronto	13
18	University of New South Wales UNSW Australia	13
19	University of Leeds	13
20	University College London	13
21	The University of Sydney	13
22	Pennsylvania State University	13
23	Open University	13
24	The University of Warwick	12
25	National Institute of Education	12
26	University of Technology Sydney	11
27	University of Birmingham	11
28	Oklahoma State University-Stillwater	11
29	Chinese University of Hong Kong	11
30	University of Reading	10
31	University Malaysia Sabah	10
32	Universidad de Zaragoza	10
33	Ohio University	10
34	Hong Kong University of Science and Technology	10
35	Carleton University	10

表 1-11 和图 1-2 均显示了开展 ESP 研究较多的国家和地区。数据显示，美国和英国依然是 ESP 研究的重镇，虽然美国单所大学的 ESP 发文量不及中国香港的一些大学，但其开展 ESP 教学和研究的大学数量多，故发文绝对数量排名第一，比排名第二的英国的 ESP 发文总量高了近 30%。中国香港的大学发文总量位居第三，但香港大学和香港城市大学因有 ESP 领域的领军学者，因此其单个机构发文总量比较集中。中国内地（大陆）近 20 年的发文量上升很快，位居第七，但在院校分布上比较分散，因此，没有大学进入表 1-10 的排名。从数据看，美国和英

国在 ESP 研究中占据核心地位，其次是 20 世纪 90 年代后发展起来的亚太地区和欧洲的一些国家。然而，20 世纪 80 年代开展 ESP 研究的巴西、阿根廷等拉美国家却没有进入表 1-11 的统计行列。图 1-2 是用柱状图呈现的近 20 年在 SSCI 期刊上发表 10 篇及以上 ESP 论文的国家和地区。

表 1-11　2000—2019 年在 SSCI 期刊上发表 10 篇及以上 ESP 论文的国家和地区

序号	国家和地区	发文量（篇）	所占比例（%）
1	United States	287	19.56
2	United Kingdom	221	15.06
3	Hong Kong (China)	124	8.45
4	Australia	103	7.02
5	New Zealand	71	4.84
6	Canada	68	4.64
7	Chinese mainland	66	4.50
8	Spain	58	3.95
9	Taiwan (China)	49	3.34
10	Japan	44	3.00
11	Sweden	31	2.11
12	Iran	26	1.77
13	Thailand	21	1.43
14	Singapore	20	1.36
15	Turkey	19	1.30
16	Malaysia	17	1.16
17	Italy	15	1.02
18	South Korea	15	1.02
19	Israel	14	0.95
20	South Africa	14	0.95
21	France	12	0.82
22	Germany	11	0.75
23	Undefined	21	1.43
24	Other regions	140	9.54

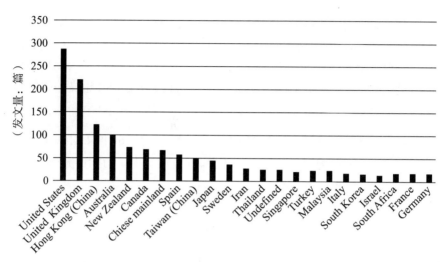

图 1-2　2000—2019 年在 SSCI 期刊上发表 10 篇及以上 ESP 论文的国家和地区

　　以上对 21 世纪以来 ESP 研究概况的分析主要基于 SSCI 期刊上发表的 ESP 论文。虽然我们通过对论文高频参考文献的统计，间接体现了有重要影响的 ESP 学术著作，但在 ESP 高频研究话题、高被引论文、学者、科研机构和论文第一作者所在国家和地区的统计方面依然是以 SSCI 期刊论文为数据源的，没有包括 SCI 期刊，也没有包括 ESP 专著和编著。这种欠缺虽然不会改变总体趋势，但仍然会影响关于个别学者、机构和国家地区的具体数据。比如，我们多次引用的体裁分析、新修辞学派学术写作领域一位非常有影响的学者 Charles Bazerman，他有多篇论文发表在 SCI 期刊上，也有多部著作从不同视角研究体裁的发展和演变（Bazerman, 1988, 1994），对 ESP 学术体裁研究有重要影响（Swales, 1998），但因我们的数据源是 SSCI 期刊论文，故其发表的 SCI 论文和有影响力的著作均未包含在统计中。未能系统地统计 ESP 领域出版的学术著作以及这些作者的影响是本部分关于 21 世纪 ESP 研究概貌的不足之处。

1.4　2000—2019 年国内 ESP 研究概述

国内 ESP 的教学和研究起源于 20 世纪 70 年代末,其标志是多所理工科院校建立的科技英语专业,如西安交通大学、西安电子科技大学、上海交通大学等。根据黄坚(2018)的统计,国内 20 年间共发表 26 篇核心期刊论文,1999 年以前的 ESP 研究以介绍引进为主,其次为理论设计和教学实践。根据我们的统计,2000 年以后,国内中文发表的 ESP 研究论文数量与前 20 年相比在规模和质量上均有很大提高。

1.4.1　ESP 主要研究话题及其变化

为系统了解我国 2000—2019 年以来 ESP 研究发展的情况,我们采用了 CNKI(中国知网)的高级检索功能,按主题检索了所有 CSSCI 期刊。检索词为:ESP、专门用途英语、特殊用途英语、特定用途英语、法律英语、商务英语、医学英语、科技英语和学术英语。这 9 个检索词之间为"或者""或含"的关系,日期范围为 2000—2019 年。我们对 1833 项检索结果进行了人工核查和筛选,删除了一些无关的条目,最终获得 1693 条有效文献。基于这些文献的研究话题提取是通过 CNKI 的高级检索功能,配合人工筛选实现的。CNKI 的高级检索功能可以限定主题和搜索年段。在"主题"栏输入上述 9 个检索词并将时间限定在 2000—2019、检索期刊设定为 CSSCI 后,系统将呈现满足上述条件的文章题目。但这些文章题目中会有不相关的文献。在这个环节,我们通过人工筛选,勾选掉系统产生的不相关的题目。之后,系统会在左侧栏目自动提供所入选文章的主题词及其频数。这些主题词即是所选定文献中包含的研究话题。如此最终获得每个年段的研究话题。2000—2019 年的高频话题是在 CNKI 系统中符合筛选条件的前 30 位话题。

表 1–12 显示了 2000—2019 年每 5 年的 ESP 研究话题分布及其变化情况:2000—2004 年位于前五位的话题分别是"科技英语""商务英语""法律英语""科技论文""专业英语教学"和"修辞手法";2005—2009 年,"商务英语"是最高频的研究话题,其次是"商务英语教

学","科技英语"下降到了第四位,"学术英语"首次出现,位列第五;2010—2014年,"商务英语"研究仍位列第一,"学术英语"跃居第二,其次为"大学英语教学""大学英语""商务英语专业""科技英语"等;2015—2019年,位列前五的ESP研究话题分别是"学术英语""商务英语""大学英语""学术英语写作"和"商务英语专业"。大学英语虽然不是ESP的分支,但国内ESP的发展与大学英语高度相关,因为ESP是大学英语教学改革的主导方向之一,大多数的ESP课程也是针对大学生的,因此2000年以后,"大学英语"也成为国内ESP研究的高频话题。"语料库"作为一个研究话题首次出现在2005—2009年间,此后稳步上升。"学术论文"作为一个研究话题首次出现在2010—2015年间,最近五年,"学术论文"的频数也有大幅增加,"学术词汇"研究首次出现。

表1-12 2000—2019年国内ESP研究话题分布及其变化

2000—2004		2005—2009		2010—2014		2015—2019	
话题	频数	话题	频数	话题	频数	话题	频数
科技英语	13	商务英语	39	商务英语	77	学术英语	99
商务英语	10	商务英语教学	28	学术英语	63	商务英语	47
法律英语	5	法律英语	23	大学英语教学	55	大学英语	41
科技论文	5	科技英语	16	大学英语	44	学术英语写作	41
专业英语教学	4	学术英语	11	商务英语专业	41	商务英语专业	41
修辞手法	4	英语教学	11	科技英语	36	学术英语教学	37
主动语态	3	学习者	11	商务英语教学	27	大学英语教学	36
大学英语教学大纲	3	教学模式	10	学习者	23	商务英语教学	28
教学方法	3	双语教学	8	大学英语教学改革	23	学术写作	28
科技术语	3	商务英语专业	8	需求分析	22	学习者	24
名词词组	3	EGP	7	学术英语教学	17	法律英语	22
科技词汇	2	课程设置	6	专门用途英语教学	17	EGP	21
名词化	2	商务英语翻译	6	学术英语写作	16	实证研究	19
缩略语	2	大学英语	6	EGP	15	专门用途英语教学	19

(续表)

2000—2004		2005—2009		2010—2014		2015—2019	
话题	频数	话题	频数	话题	频数	话题	频数
第一人称	2	语料库	6	EAP	15	语料库	17
商务英语学科	2	法律英语教学	6	语料库	14	商务英语翻译	17
学习者	2	学术论文	5	法律英语	14	教学模式	16
法律英语教学	2	专门用途英语教学	5	课程设置	14	需求分析	16
语法隐喻	2	英语专业研究生	5	大学英语教师	13	大学英语教学改革	16
大学英语教学	2	人才培养模式	5	学术写作	13	学术论文	15
外来语	2	商务英语课程	5	商务英语翻译	13	大学英语教师	14
文体特征	2	复合型人才	5	商务英语学科	13	课程设置	13
商务英语教学	2	大学英语教学改革	5	英语教学	12	EAP	13
欧洲专利系统	2	应用能力	5	教学改革	12	商务英语写作	12
检索工具	2	博士生	5	商务英语教师	11	科技英语	12
专门用途英语	2	大学英语教学	5	基础英语	10	学术英语化	11
外语教学	2	商务英语学科	5	研究生英语教学	10	商务英语学科	11
法律翻译	2	商务知识	4	教学模式	10	教学改革	10
		系统功能语言学	4	商务知识	10	英语教学	10
		全英教学	4	ESP 教学	9	教学内容	9
		基础英语	4	学术论文	9	商务话语	9
				科技翻译	9	商务英语教师	9
				普通英语	9	CBI	8
				高职商务英语专业	9	大学英语课程	8
				学术语篇	8	学术词汇	8

图 1-3 显示了近 20 年国内 ESP 研究的高频话题词云图。虽然"学术英语"在 2005—2009 年间首次出现,但却快速从第五位上升到第一位,处于图 1-3 最中心的位置,这与近 10 年学术研究地位的上升和学

术论文发表要求的提高有一定的相关性。"商务英语"是总体上第二热门的研究话题，曾在长达 10 年的时间里位列第一。这与中国 2001 年 12 月加入世贸以后，国际贸易快速增长的社会需求有关。为适应快速增长的商务人才需求，教育部于 2007 年批准开设商务英语专业，该专业在 2012 年正式进入普通高等学校本科专业目录。目前国内开设商务英语专业的学校数量大约有 400 所，因此"商务英语教学""国际商务英语""商务英语翻译""商务英语教师"等均成为 ESP 领域的高频研究话题。"法律英语"话题的热度虽有变化，但依然是国内 ESP 研究的重要分支。2000 年初还位于第一位的"科技英语"研究热度在其后快速下降，主要原因是教育部在 21 世纪初开始推广"宽口径"人才培养模式，把科技英语专业归属到了"宽口径"的英语专业。科技英语的研究主要围绕科技英语专业，随着该专业的撤销，该研究话题的重要性也随之降低。此外，科技英语的概念与学术英语有交叉，2000 年以后针对理工科学术语篇的研究大多被统计到了学术英语方向之下。总的来说，国内 ESP 研究的发展受人才培养需求的驱动，其课程设置、教学改革、师资培训等都与专业建设密切相关。

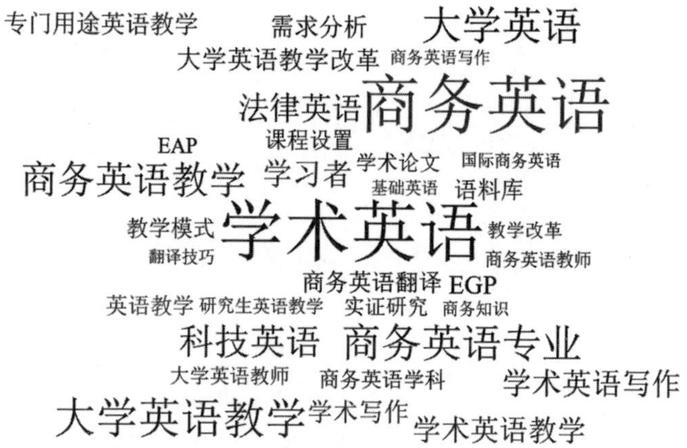

图 1-3　2000—2019 年国内 ESP 研究话题词云图

图 1-4 显示了近 20 年来国内 ESP 研究重要话题发展变化的情况。由该图可见，"商务英语"和"学术英语"研究频数在 2010—2014 年间快速上升，是 ESP 研究的主体。"科技英语"和"法律英语"的研究则规模较

小。2015—2019 年间,"学术英语"研究的增长超过了"商务英语"。

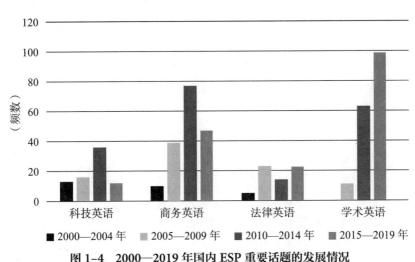

图 1-4 2000—2019 年国内 ESP 重要话题的发展情况

1.4.2 ESP 高被引论文

表 1-13 显示了 2000—2019 年 CSSCI 期刊上发表的 ESP 论文按 CNKI 被引频次排序前 30 的情况[1]。在被引频次排序前 10 的论文中,有 7 篇都聚焦大学英语发展方向、改革或定位,且均为我国应用语言学领域知名专家所发表的思辨性论文。这些论文代表了两种思想:一种提倡以 ESP 为主导方向改革大学英语教学(如蔡基刚,2004;2010);一种提倡通用英语和专门用途英语并重(如王守仁,2011;文秋芳,2014)。被引频次排序前 10 的论文中还有两篇是关于商务英语的,一篇关于学术英语的需求分析。被引频次排名前 30 的论文还包括 ESP 的课程设置和教学、商务英语、法律翻译、高职高专英语课程改革以及为数不多的关于学术语篇名词化和评价策略研究。这些高被引论文较好地印证了图 1-3 所示的近 20 年来的 ESP 高频话题,如大学英语、商务英语和学术英语。

---

[1] 该数据源自 CNKI,因为无法限定引用文献的级别,这里的引用频次包含 CNKI 数据源中所有的期刊,而不仅仅是 CSSCI 期刊。

表1-13　2000—2019年国内ESP研究高被引论文

序号	论文题目	作者	发表期刊	发表时间	被引频次
1	《ESP与我国大学英语教学发展方向》	蔡基刚	《外语界》	2004	1842
2	《输出驱动假设在大学英语教学中的应用：思考与建议》	文秋芳	《外语界》	2013	860
3	《关于我国大学英语教学重新定位的思考》	蔡基刚	《外语教学与研究》	2010	565
4	《关于高校大学英语教学的几点思考》	王守仁	《外语教学理论与实践》	2011	486
5	《解读〈高等学校商务英语专业本科教学要求〉(试行)》	陈准民，王立非	《中国外语》	2009	451
6	《大学英语教学中通用英语与专用英语之争：问题与对策》	文秋芳	《外语与外语教学》	2014	434
7	《学术英语还是专业英语——我国大学ESP教学重新定位思考》	蔡基刚，廖雷朝	《外语教学》	2010	395
8	《"学术英语"课程需求分析和教学方法研究》	蔡基刚	《外语教学理论与实践》	2012	393
9	《ELE还是ESP，再论我国大学英语的发展方向》	蔡基刚，廖雷朝	《外语电化教学》	2010	305
10	《商贸汉英翻译的原则探索》	刘法公	《中国翻译》	2002	302
11	《同济大学ESP教学情况调查》	王蓓蕾	《外语界》	2004	299
12	《名词化在语篇类型中的体现》	王晋军	《外语学刊》	2003	282
13	《商务英语专业本科教学质量国家标准要点解读》	王立非等	《外语教学与研究》	2015	281
14	《关于大学英语课程设置与教学目标——兼考香港高校大学英语课程设置》	蔡基刚	《外语教学与研究》	2011	275
15	《英语学术书评的评价策略——从对话视角的介入分析》	唐丽萍	《外语学刊》	2005	260
16	《英汉法律术语的特点、词源及翻译》	肖云枢	《中国翻译》	2001	255
17	《中国法律法规英译的问题和解决》	杜金榜等	《中国翻译》	2004	243

（续表）

序号	论文题目	作者	发表期刊	发表时间	被引频次
18	《后大学英语教改依据与对策研究》	蔡基刚	《外语电化教学》	2010	242
19	《基于需求分析的大学 ESP 课程模式研究》	蔡基刚	《外语教学》	2012	239
20	《论大学英语与专业英语教学的衔接》	罗毅，李红英	《外语界》	2008	225
21	《误解与偏见：阻碍我国大学 ESP 教学发展的关键》	蔡基刚	《外语教学》	2013	218
22	《国际 MOOCs 对我国大学英语课程的冲击与重构》	马武林，胡加圣	《外语电化教学》	2014	211
23	《内容教学法（CBI）与复合型外语专业教学——以商务英语教学模式为例》	雷春林	《外语电化教学》	2006	211
24	《从通用英语到学术英语——回归大学英语教学本位》	蔡基刚	《外语与外语教学》	2014	208
25	《教育国际化背景下的大学英语教学定位研究》	蔡基刚	《外国语》	2012	208
26	《与时俱进，深化高等职业教育英语课程教学改革——《高等职业教育英语课程教学要求》研究报告》	安晓灿，周龙	《中国外语》	2010	204
27	《英语专业 ESP 课程建设中的问题与对策》	梁雪松等	《外语界》	2006	201
28	《通用英语教学转向学术英语教学的探索——清华大学公外本科生英语教学改革设想》	张为民等	《外语研究》	2011	191
29	《关于学术英语教学的几点思考》	王守仁，姚成贺	《中国外语》	2013	190
30	《我国大学英语教学的未来发展方向研究》	胡开宝，谢丽欣	《外语界》	2014	189

1.4.3 ESP 高被引作者

国内 ESP 研究高被引作者的数据也是从 CNKI 数据库检索得到的。在高级检索窗口，我们输入所有检索词，得到按相关发文量排序的作者，随后在 CNKI 学者库的外国语言文学学科领域的排行榜中查询到相关作者的被引频次、H 指数、G 指数等指标。由于 CNKI 只列举了发文量排名前 300 的学者，所以有部分 ESP 研究学者的信息无法获得。表 1-14 呈现了在发文量排名前 300 名学者中，按其 ESP 论文被引频次排序的前 15 位。由表可见，以第二语言习得研究著称的文秋芳被引频次排名第一，其输出驱动假设和产出导向法对 ESP 研究与教学产生了重要影响。第二位高被引作者是蔡基刚，他是我国 ESP 和 EAP 教学的主要倡导者，在表 1-13 所示的近 20 年来 CNKI 高被引的 30 篇 ESP 论文中，仅他的论文就有 11 篇之多。第三位高被引作者是王立非，他是商务英语方面的重要学者。其他高被引学者的主要研究方向包括语料库、ESP 翻译、学术英语语篇、学术英语教学、学术英语写作等，与 ESP 高频话题吻合度较高。

表 1-14 2000—2019 年国内 ESP 研究高被引作者

序号	姓名	单位	被引频次	H 指数	G 指数
1	文秋芳	北京外国语大学	26 357	51	94
2	蔡基刚	复旦大学	14 979	58	121
3	王立非	南京大学/对外经贸大学	8615	48	86
4	王守仁	南京大学	6312	34	79
5	陈坚林	上海外国语大学	3006	26	52
6	王雪梅	上海外国语大学/曲阜师范大学	2622	33	70
7	张文霞	清华大学	2419	20	49
8	刘永兵	东北师范大学	2417	30	47
9	邓鹂鸣	武汉大学	2082	10	32
10	严明	黑龙江大学	1115	14	32
11	徐珺	大连外国语大学	1014	11	25
12	卫乃兴	北京航空航天大学	993	16	31
13	徐昉	南京大学	935	15	22

（续表）

序号	姓名	单位	被引频次	H 指数	G 指数
14	廖雷朝	云南大学	791	6	17
15	许明武	华中科技大学	762	14	25

注：G 指数指论文按被引次数排序后相对排前的累积被引至少 G^2 次的最大论文序次 G，亦即第（G+1）序次论文对应的累积引文数将小于 $(G+1)^2$。和 H 值一样，G 值越大说明该学者的学术影响力越大、学术成就越高，通常作为 H 指数的补充。

1.4.4 国内发表 ESP 论文的期刊情况

表 1-15 呈现了国内 2000—2019 年间发表过 ESP 论文的期刊及其发文量，包括 CSSCI 期刊、CSSCI 扩展版和核心期刊三类。在 CSSCI 期刊中，上海高校主办的《外语界》和《外语电化教学》发表的 ESP 文章数量明显高于其他期刊，这或许与上海市的国际化程度以及上海市教委于 2010 年制定的以学术英语为核心课程的《上海市大学英语教学参考框架（试行）》有关。在此框架指导下，以及在倡导学术英语教学的重要学者蔡基刚的影响下，上海市高校及其主办的期刊对 ESP 的重视程度较高，该地开设学术英语课程的高校数量以及开设的学术英语课程门类在国内也较为领先，ESP 学术研究与教学实践处于良性互动的状态。此外，还有较多的 CSSCI 扩展版和正式发行的普通期刊发表 ESP 论文，说明 ESP 已经在国内应用语言学领域占据重要的地位。

表 1-15　2000—2019 年国内发表 10 篇及以上 ESP 论文的期刊及其发文量

序号	期刊名称	期刊分类	发文量（篇）
1	《外语界》	CSSCI	122
2	《外语电化教学》	CSSCI	95
3	《编辑学报》	CSSCI	81
4	《中国外语》	CSSCI	75
5	《黑龙江高教研究》	核心	61
6	《外语教学》	CSSCI	61
7	《中国教育学刊》	CSSCI	60

（续表）

序号	期刊名称	期刊分类	发文量（篇）
8	《外语学刊》	C扩	58
9	《外语与外语教学》	CSSCI	56
10	《外语教学理论与实践》	CSSCI	49
11	《教育理论与实践》	核心	46
12	《中国翻译》	CSSCI	46
13	《中国大学教学》	C扩	34
14	《中国科技翻译》	核心	33
15	《外语研究》	C扩	31
16	《科技与出版》	CSSCI	27
17	《学位与研究生教育》	CSSCI	27
18	《上海翻译》	CSSCI	26
19	《西安外国语大学学报》	C扩	24
20	《中国科技期刊研究》	CSSCI	24
21	《解放军外国语学院学报》	C扩	23
22	《国际商务研究》	核心	19
23	《山西财经大学学报》	CSSCI	18
24	《现代外语》	CSSCI	16
25	《外国语文》	核心	15
26	《外语教学与研究》	CSSCI	15
27	《国际经贸探索》	CSSCI	13
28	《高教探索》	CSSCI	12
29	《教育发展研究》	CSSCI	12
30	《西南民族大学学报（人文社会科学版）》	CSSCI	12
31	《现代教育技术》	CSSCI	12
32	《教育探索》	核心	11
33	《外语教育研究前沿》	C扩	11
34	《江西师范大学学报（哲学社会科学版）》	CSSCI	10

注：表内CSSCI期刊、核心期刊（北京大学《中文核心期刊总览》来源期刊）和C扩（CSSCI来源期刊扩展版）期刊的数据截至2020年10月。

1.4.5 国内从事 ESP 研究的科研机构

表 1-16 为 2000—2019 年在 CSSCI 期刊上发表 10 篇及以上 ESP 论文的科研单位。从中可见,国内 ESP 研究单位多集中在我国东南部和北京地区,尤其是上海和北京的高校,这两地在 20 年间共计发文 325 篇。东北和西北地区的高校发表 ESP 研究论文的数量与东南地区和北京差别很大。这种现象一方面说明北京、上海国际化程度较高,英语教育改革力度大,ESP 的教师队伍和研究队伍强大;另一方面也说明学生英语入学水平普遍较高,对学术或职业英语需求要高一些,因此开展 ESP 教学和研究的高校也明显多于其他地区高校。此外,国内发达城市的高校更容易吸引到高水平的师资,这或许也是其 ESP 教学和研究繁荣的原因之一。

表 1-16 2000—2019 年在 CSSCI 期刊上发表 10 篇及以上 ESP 论文的科研机构

序号	机构名称	发文量(篇)	序号	机构名称	发文量(篇)
1	复旦大学	75	17	中山大学	16
2	对外经济贸易大学	62	18	华东政法大学	14
3	广东外语外贸大学	46	19	山东大学	14
4	上海外国语大学	37	20	重庆大学	14
5	上海对外贸易学院	30	21	西安交通大学	14
6	北京外国语大学	29	22	中国政法大学	13
7	南京大学	27	23	武汉大学	13
8	上海交通大学	27	24	北京航空航天大学	13
9	黑龙江大学	25	25	中南大学	13
10	华中科技大学	23	26	浙江大学	13
11	清华大学	22	27	华东师范大学	12
12	吉林大学	21	28	北京理工大学	12
13	西安外国语大学	19	29	山西财经大学	12
14	上海理工大学	17	30	厦门大学	11
15	东北师范大学	17	31	江苏大学	11
16	上海对外经贸大学	17	32	同济大学	11

1.5 本章小结

本章首先回顾了 ESP 的学科历史，其产生的历史背景、不同发展阶段的主要特征等。为了呈现进入 21 世纪以来国内外 ESP 研究的最新发展，我们采用定量的方法分析了 2000—2019 年 SSCI 英文期刊上发表的 ESP 论文和中文核心期刊上发表的 ESP 论文。分析和比较发现，英文和中文 ESP 文献在热点话题、研究视角和方法上存在较大的差别，高被引论文在研究方法上差别也比较大。首先在研究话题上，中文文献呈现的多数高频研究话题比较宏观，具体的话题比较少。根据 Hewings（2002），基于 *ESPJ* 上发表的论文，20 世纪 80—90 年代期间，ESP 的研究话题呈现出从较宽泛的质性教学类研究向定量的具体研究发展的趋势。2000—2010 年中文文献的 ESP 研究话题以质性的教学类研究为主，2015—2019 年新增的研究话题已经显示出具体的、定量的特征，如"实证研究"。这种研究话题发展的趋势与英文 ESP 文献所呈现的发展趋势基本一致，即早期研究以探讨教学类问题为主，此后会有更多研究采用定量的方法，聚焦具体问题。可以预见，随着国内 ESP 教学地位的稳定和规模的扩大，会有越来越多的研究从不同的视角关注中国学习者在具体层面的具体问题，如教学目标领域的体裁结构、词汇、句法、语块、短语框架等，以及与新技术应用有关的 ESP 教学。

关于 ESP 高被引学者和开展 ESP 的地域和科研单位，国内外的发展趋势也有共同之处，即领军学者在推动 ESP 的发展上发挥了不可替代的作用；位于经济、文化发展超前区域的大学发挥了先行先试的带头作用。2000—2019 年 ESP 英文文献发表数量靠前的国家和地区分别是英国、美国、中国香港、澳大利亚、新西兰、加拿大，这些国家和地区在 SSCI 期刊上发表的 ESP 论文数量占该时期发文总量的 60%。在中文文献中，北京和东南地区高校在 CSSCI 期刊上的 ESP 发文量也超过发文总量的 60%。可见 ESP 的发展情况与地区的经济文化发展水平有一定的关系，经济发展水平在一定程度上影响着大学生对英语的应用需求。

第 2 章
专门用途英语研究主要理论视角

如前所述，促使专门用途英语产生与发展的最初动力是 20 世纪 60—70 年代英语作为第二语言教学领域所面临的新挑战。这些新挑战来自学生的新需求，即快速掌握学习或工作领域交际中所需要的英语。为满足不同学生群体（早期的主要学生群体是理工科的学生）多样化的需求，一批英语教师勇敢地接受了挑战（如 Ewer & Latorre，1969；Selinker et al.，1976；Swales，1971），踏上了英语跨学科探索的旅程。这些 ESP 研究的先驱既是英语教师又是研究者。Johns（2016）在回顾 ESP 的历史中指出 ESP 是一个教学实践者推动的运动，主导该运动的核心是学习者的需求。为更好地满足不同学习者群体多层次多种类且不断变化的学习需求，半个多世纪以来，ESP 教师和研究者从认识与描写目标语言特征、学习者特点、学习过程等不同视角进行了不懈的探索，其中较有影响的理论视角包括语域分析、听说读写交际技能、语篇修辞分析、体裁分析与批评体裁分析、语料库分析、跨文化修辞分析等。下文将简要概述这些重要的 ESP 研究视角及相关理论。

2.1 语域分析

在 ESP 领域，语域一般指不同的交际情境；语域分析指不同交际情境下的语言使用。因此，为帮助学生掌握目标情境下的语言使用，必须首先了解该情境下使用的语言具有哪些特征。这种对特定情境下的语言形式特征进行描写的研究即为语域分析（Swales，1990）。例如，Barber（1962），这篇标志着 ESP 研究发端的论文，就选择了三类可以代表学术交际情境的文本作为研究语料：一本大学电子学工程应用教材的节选，一篇生物医学论文，一本大学天文学基础教程中关于仪器使用说明书的节选。基于该语料，Barber 分析了这些文本中出现的句型、动词时态和语态以及词汇特征。在讨论中，Barber 以戏剧文本的句法特征为参照，指出学术文本中陈述句、被动语态、定语从句等的使用显著高于戏剧文本，因此在教学中需要重点关注这些特征。根据 Swales（1990），20 世纪 60—70 年代的语域分析研究包括的学科领域有自然科学、医学、法律和新闻。虽然这些语域分析是对特定情境下文本词汇和语法特征的初级描写，忽视了语篇的交际目的，但其对不同交际情境下语篇形式差异的初步认识对当时的 ESP 教学发挥了一定的作用。

根据高生文和何伟（2015），语域思想可以追溯到 Malinowski，其 1923 年使用情景语境指称语言活动的直接环境并认为话语发生的情境与语言表达的关系不可忽略。后来，伦敦学派的创始人 Firth 吸收并扩展了情景语境的概念，指出语言学的目标是研究语言的意义，而意义就是语言在语境中的功能。系统功能语言学的创始人 Halliday（1985）对情景语境的概念做了进一步概括，提出了情景语境影响语言使用的三个维度：话语范围（field）、话语基调（tenor）和话语方式（mode）。通俗地讲，话语范围就是语篇的内容，话语基调指沟通双方的关系，话语方式指沟通使用的媒介。这三个维度中任何一个维度的变化都会影响真实交际中使用的语篇或话语。

在此后的语言学研究中，语域概念的核心语义基本聚焦语言产生和使用的社会环境，但具体应用比较多样，如 Biber（2006）用语域指大学校园内的口头话语场景和书面语使用场景：口头语域包括课堂教学、课堂管理、课后讨论、小组讨论和校园服务话语；书面语语域包括教材语篇、课程管理、学校文件以及课程论文等。在 Noguera-Díaz & Pérez-Paredes（2019）中，语域被用来指海军潜艇上的英语交际场景，该研究试图通过分析海军潜艇英语交际语言的特点为新学员培训奠定基础。然而，在 Biber & Conrad（2017）中，语域指科技语篇和非科技语篇情境、学术论文和小说情境等，可见语域是一个指语言使用的社会情境的比较宽泛的概念。在 ESP 研究中，由于基于语域差别的语言词汇、语法分析仅可描写部分语言差异，而无法解释差异背后的原因，因此继语域分析之后，ESP 领域又产生了更具解释力的语篇修辞分析和体裁分析。

2.2 语篇修辞分析

鉴于语域分析所揭示的语法和词汇差异仅停留于语言形式层面，对差异的存在原因缺乏有力的解释，20 世纪 80 年代以后的 ESP 研究开始从修辞功能或修辞效果的视角分析理工科语篇中的词汇或语法使用（Hanania & Akhtar，1985；Malcolm，1987；Tarone et al.，1981；Trimble，1985）。在 Trimble（1985）中，"修辞"被定义为作者实现所期待的语篇效果的过程，即为某一特定的读者群和特定的目的选择与组织信息的过程。这种基于修辞功能的语篇分析包括 A、B、C、D 四个层级，下一层级依次实现上一级目标。A 级为语篇的总目标；B 级为实现总目标的次级目标；C 级为较具体的语篇修辞功能，即作者想做什么；D 级为语篇修辞技巧，即作者如何组织信息。其中语篇修辞功能和技巧是语篇修辞分析的核心内容，这两个层次的分析分别以语义段落（conceptual paragraph）和自然段落为单位。语义段落可包括多个自然段落，指实现一个较为宏观的目标所需要的多个段落。根据 Trimble（1985），科技英语的语篇修辞功能包括定义、描写、分类、指示以及图文说明；针对自然段信息组织的修辞技巧包括时间顺序、空间顺序、因果顺序、重要性顺序、比较与对照、类比、举例和说明。在上述两个层次语篇分析的基础上，Trimble（1985）还分析了修辞目的对具体语法和词汇选择的影响，如受修辞功能影响的静态被动式、与时间无关但与修辞功能有关的时态问题等。

与 20 世纪 80 年代以前 ESP 领域所关注的某一交际情境下语篇词汇、语法层特征描写的语域分析相比较，基于修辞功能的语篇分析则聚焦修辞功能在语言形式选择上的作用，拓展了分析的维度，增强了对语言形式特征的解释力，是 ESP 领域研究的一大进步。

2.3 体裁分析

体裁（genre）在应用语言学领域的使用始于 Swales（1981）。在此之前，体裁的概念在文学（Fowler, 1982）、修辞学（Campbell & Jamieson, 1978; Miller, 1984）、民俗学（Oring, 1986）和语言学（Hymes, 1972; Halliday, 1978）中已有应用，主要指根据样式、风格或使用场合对（语言）研究对象的分类。自20世纪80年代起，多位学者对体裁的概念进行了系统的论述并开展了针对不同体裁的研究（如 Bazerman, 1988; Berkenkotter & Huckin, 1995; Halliday & Hasan, 1985; Swales, 1990）。与对不同交际情境下词汇和语法特征描写的语域分析相比较，体裁分析将交际目标置于语篇分析的中心，在描写不同体裁语篇结构特征和语言特点的基础上，力图解释语言使用受交际目标的影响和制约，即不同交际语境下语言表达表现出的差异受交际目标这一主要因素的驱动。Widdowson（1998）指出相对于语域分析，体裁分析是一个显著的进步：

> It is a development from, and an improvement on, register analysis because it deals with discourse and not just text; that is to say, it seeks not simply to reveal what linguistic forms are manifested but **how they realize, make real, the conceptual and rhetorical structures, modes of thought and action** (emphasis added by the cited author), which are established as conventional for certain discourse communities. (Widdowson, 1998: 7)

20世纪80年代对体裁的关注分别发生在 ESP 教学、美国大学写作教学研究和澳大利亚英语教学领域。Hyon（1996）基于外部语境、理论视角和学生群体把应用语言学领域的体裁研究分成了三个学派：ESP 体裁分析、新修辞学派体裁分析和澳大利亚体裁分析。近年来 ESP 的研究已经显示出这三个学派在研究视角和方法上有一定程度的融合。为帮助读者深入理解并在研究中灵活运用不同学派体裁研究的长处，下文将分别论述这三个学派的体裁分析。

第 2 章　专门用途英语研究主要理论视角

2.3.1　ESP 的体裁分析

专门用途英语体裁分析产生于交际功能语言观并根植于英语作为第二语言或英语作为外语的教学传统中，其核心关注点是如何帮助非英语母语的学生尽快提高他们需要的职业或学科领域的英语交际能力。由于学术英语涉及的学生人数最多，故学术英语的研究也相对较多，学术英语也是 ESP 领域最大的分支。Swales（1990）是一部关于 ESP 体裁理论的开拓性著作，其关注的体裁为学术论文，涉及的教学应用对象包括大学生和研究生。这本书回顾了体裁在诸如文学、修辞学等不同研究领域的应用并对其进行了全新的定义。Swales（1990）提出体裁是由人类社会重复出现的具有相同或类似交际目标的系列交际事件构成的，区分不同体裁的最重要的标准是交际目标，独特的交际目标是一个体裁存在的理据；具有相同或类似交际目标的系列交际事件构成一个体裁。同一个体裁的语篇会在信息组织、内容、文体风格和目标受众上显示一定的相似性。下文是 Swales 对体裁的定义：

> A genre comprises a class of communicative events, the members of which share some set of communicative purposes. These purposes are recognized by the expert members of the parent discourse community, and thereby constitute the rationale for the genre. This rationale shapes the schematic structure of the discourse and influences and constrains choice of content and style. Communicative purpose is both a privileged criterion and one that operates to keep the scope of a genre as here conceived narrowly focused on comparable rhetorical action. In addition to purpose, exemplars of a genre exhibit various patterns of similarity in terms of structure, style, content and intended audience. If all high probability expectations are realized, the exemplar will be viewed as prototypical by the parent discourse community. The genre names inherited and produced by discourse communities and imported by others constitute valuable ethnographic communication, but typically need further validation. (Swales, 1990: 58)

除了指出交际目标和交际事件在定义体裁上的核心地位，上述定义还指出生产和消费体裁的群体构成语篇社团，该语篇社团有资深成员，这些资深成员能更好地理解并把握体裁构成的理据。这一观点隐含了体裁具有历史继承性，其父辈成员掌握体裁的理据并对体裁变化的范围有一定的把控。同时，该定义还指出一个体裁拥有很多在使用中产生的语言样本，那些能最大程度实现资深社团成员所期待的特征的样本被认为具有典型性。最后，该定义指出语篇社团对体裁的命名或输入的命名包含重要的人类交际历史的信息，但具体情况仍需要验证。

Bhatia（1993）也对体裁进行了定义。该定义与 Swales（1990）相比，语言表述更具体一些：

> A recognizable communicative event characterized by a set of communicative purpose(s) identified and mutually understood by the members of the professional or academic community in which it regularly occurs. Most often it is highly structured and conventionalized with constraints on allowable contributions in terms of their intent, positioning, form and functional value. These constraints, however, are often exploited by the expert members of the discourse community to achieve private intentions within the framework of socially recognized purpose(s). (Bhatia, 1993: 13)

这两个定义均强调交际事件和交际目标是定义体裁的核心特征，体裁是高度结构化的、具有很高的规约功能，但二者在视角上有所不同。Swales（1990）较多强调体裁的整体性，Bhatia（1993）比较关注体裁的个性，比如，Swales 强调体裁是具有相似交际目标的系列交际事件，而 Bhatia 认为体裁是一个具有其所归属的交际社团所认可的特征的一个交际事件；Swales 指出同一体裁的众多语篇中存在典型与非典型之别，而 Bhatia 则指出语篇社团的资深成员有能力在社团认可的交际目标框架内实现自己的个人意图，既认可一个体裁的语篇既具有共性，也具有个性，资深成员能在实现共性目标的基础上更好地实现个性化意图。这两个定义具有互补性，很好地反映了体裁的共性和特性关系。但是，这个差别似乎导致了两位学者在体裁概念应用上存在的差异。比如，Swales 认为学术论文整体构成一个体裁，而 Bhatia 则把学术论文的摘要或引言都分别看作不同的体裁。或许正是由于看待体裁视角上存在的差异，在 ESP 的研究中，体裁概念的使用存在一定的混乱。我们将在下文对其原因进行分析并提出自己的观点。

2.3.2 新修辞学派的体裁分析

与 ESP 体裁分析关注学术体裁一样，由于其产生的背景是美国大学的写作课，故新修辞学派体裁分析关注的重点也是学术体裁，如学术论文、实验报告、会议摘要等。但是，该学派认为学术体裁的意义离不开其所属的学科知识生产活动，离不开其发展的历史环境，也离不开与作者和读者相关的各种心理因素的影响。因此，学术写作是一个涉及社会、心理、学科传统、语篇和修辞的多维度知识建构活动。学术写作技能的提高离不开对语言与社会活动、语言与学科认识论和知识建构之间复杂关系的理解和体验。有鉴于此，该学派体裁分析研究的重点包括学术论文如何反映特定学科认识论，某一学科学术论文体裁的历时发展、影响其发展的因素及这些因素在语篇结构和语言使用上打下的烙印（Bazerman，1988），科学家的写作过程（Rymer，1988），博士生从做实验到撰写研究论文的过程追踪等（Berkenkottter & Huckin，1995）。基于其对体裁产生过程及其相关影响因素的关注，新修辞学派的代表学者 Berkenkotter 和 Huckin 用以下五个原则定义体裁：

> Dynamism—Genres are dynamic rhetorical forms that are developed from actors' responses to recurrent situations and that serve to stabilize experience and give it coherence and meaning. Genres change over time in response to their users' sociocognitive needs.
>
> Situatedness—Our knowledge of genre is derived from and embedded in our participation in the communicative activities of daily and professional life. As such, genre knowledge is a form of "situated cognition" that continues to develop as we participate in

the activities of the ambient culture.

Form and Content—Genre knowledge embraces both form and content, including a sense of what content is appropriate to a particular purpose in a particular situation at a particular point in time.

Duality of Structure—As we draw on genre rules to engage in professional activities, we constitute social structures (in professional, institutional, and organizational contexts) and simultaneously reproduce these structures.

Community Ownership—Genre conventions signal a discourse community's norms, epistemology, ideology, and social ontology. (Berkenkotter & Huckin, 1995: 4)

上述定义原则上强调体裁是动态的修辞形式，这些修辞形式是其使用者在回应重复出现的使用场景中不断构建的；它会随着使用者社会和心理需要的变化而变化。体裁知识蕴含于使用该体裁的各种活动中，需要在参与这些活动的过程中学习和发展。体裁知识包括对其形式和内容的把握及其适用的目标、场合和时间；体裁具有二重性，其使用者使用体裁规约参与专业活动，而他们的专业活动又同时产生这些规约。体裁规约是语篇功能和形式特征、社团价值观、社会实践惯例、学科认识论等的综合反映。

Berkenkotter & Huckin（1995）的定义与Swales（1990）的定义似乎非常不同，但在实质上是相似的，比如体裁与人类交际行为和交际情境的关系。但是，他们定义体裁的视角有所不同，Swales对体裁的定义是全景式的，其交际事件的思想包含修辞形式、内容及交际语境；Berkenkotter & Huckin（1995）的定义则是从更具体的层面，即从修辞形式出发论述其与内容和使用场景的关系以及如何掌握体裁知识。此外，Berkenkotter & Huckin（1995）更加明确地指出体裁具有动态变化性，学习体裁知识和发展体裁应用能力必须要通过实际的参与，在做中学。这两点差别，加上其教学对象以母语学习者为主，使得该学派在教学中更加关注对体裁交际目的、读者期待和使用语境的分析，而不是对语篇结构和语言特点的分析。

2.3.3 澳大利亚学派的体裁分析

澳大利亚学派体裁分析的理论背景是系统功能语言学，应用背景是帮助小学、初中，尤其是当地土著学生以及英语非母语的新移民掌握体裁知识，提高读写能力。该学派从文化语境的视角定义体裁，文化语境是理解与解释语篇所依赖的环境，是一个高于或大于语域的概念，可由机构环境、交际目标、价值取向、参与者角色、活动组织方式及相关语言构成（Halliday & Hasan，1985）。Martin（1984）则指出体裁是以目标导向的说话者在一定文化语境中开展交往的有步骤的活动。Halliday & Hasan（1985）认为体裁是体裁特有语义潜势的简称，体裁受文化语境的制约，随文化语境的变化而变化，但属于同一个体裁的文本在语篇结构上具有共性。Martin（1989，1992）又进一步强调体裁是系统的图式结构（schematic structure）。Christie（1993）将体裁的概念扩大为任何有结构的有步骤的教学或学习活动。此外，由于面向的学生群体不同，该学派体裁分析更多关注中小学教学体裁，如记叙文、说明文、描写文、议论文等（Hyon，1996）。但是，也有学者以系统功能语法为基础，分析学术论文与非学术论文在主位类型上的差别（Whittaker，1995），工程分析报告中作者如何在语篇中体现真实世界中存在的实体，即主位的选择（McKenna，1997）。综上所述，澳大利亚学派的体裁研究大多以系统功能语法为理论框架，更加注重语篇形式特征的分析。

2.3.4 体裁分析理论视角的总结

通过以上论述可以看出，体裁包含社会文化层面和语言实现层面。交际目标、语境以及语篇与语境各种要素的互动关系是三个体裁分析学派共同关注的体裁核心要素。但是，由于三个学派理论背景和教学对象不同，他们在研究视角、关注的体裁、分析方法及教学应用等诸方面有所不同。专门用途英语与新修辞学派同时关注学术体裁，但前者重视对语篇结构和语言特点的分析，而后者重视社会文化层面，包括交际目的、语境以及理解与产出过程的观察与分析。由于专门用途英语学派和澳大利亚学派均关注英语非母语的学习者，故这两个学派因此都着重于语篇结构和语言特点的分析。在研究方法上，新修辞学派因重视写作过程和语境而更多通过对读者或作者的采访、观察等民族志的研究方法揭示体裁知识。专门用途英语和澳大利亚学派均重视体裁语篇结构和语言特点的分析，但前者着重从交际功能的角度对语篇进行描写，后者多用系统功能语法的框架对语篇进行描写，所研究的体裁包括记叙文、说明文、议论文等，与新修辞和专门用途体裁分析的学术论文、学位论文、摘要、引言、学术发言等区别很大。

体裁到底是什么？为什么 ESP 文献中存在多种不同的应用？为厘清体裁的概念，为今后的体裁研究奠定更好的基础，我们受 Bakhtin（1986）关于基础言语体裁（primary speech genre）和抽象言语体裁（secondary speech genre）的启发，提出根据体裁语言实现层面与社会文化语境下的活动或行为层面的关系将体裁分为三个层级——基础体裁（primary genre）、次抽象体裁（semi-primary genre）和抽象体裁（secondary genre）。基础体裁是语言和行为伴随的体裁，如买卖交易对话（sales encounter）、医患对话；抽象体裁是那些语言层面与行为活动层面高度分离的体裁，即抽象程度高的体裁，如学术论文、学位论文等；介于两者之间的为次抽象体裁，如叙述、说明、解释、过程描写等。抽象体裁中会蕴含基础体裁，就如学术论文中包含说明、议论、过程描写等。但这种蕴含不是简单的叠加，而是依据交际目标的重组与融合。

关于学术论文的摘要、引言等部分是不是一个独立的体裁，我们认为根据 Swales（1990）对体裁的定义，系列的或重复出现的交际事件及其共有的交际目标是判断体裁的可靠标准，学术论文的摘要可以作为一个独立的交际事件存在，故可以被看作体裁。如果根据新修辞学派对体裁的定义，即体裁是使用者在回应反复出现的交际情境过程中形成的修辞形式，那么学术论文的引言、讨论等不同部分就可以是不同的体裁。但是，这种情况会造成体裁概念的泛化。我们认为 Swales（1990）关于体裁是具有相似交际目标的系列交际事件的定义严谨、清晰且易于操作。体裁的概念之下可以包含次级体裁（sub-genre 或 part-genre）（Swales, 2009; Lu et al., 2018）。表 2-1 是我们总结的三级体裁框架，

第 2 章　专门用途英语研究主要理论视角

包括了专门用途、新修辞和澳大利亚学派已经研究过的主要体裁,但没有列出专门用途体裁分析研究过的学术论文引言、文献综述、论文结果部分、讨论部分等,因为它们都归属于学术论文体裁。

表 2-1　三级体裁分类

体裁分类	语篇与交际活动的关系	ESP 体裁分析	新修辞体裁分析	澳大利亚体裁分析
基础体裁	语篇与交际活动同时发生	医患会话 课堂授课 学术讲座		买卖对话 课堂授课
次抽象体裁	语篇与交际活动不同时发生,但语篇结构与交际活动有较强的符合性	职场邮件写作 同伴互评 致谢词 推销信 申请信	同行评审 信函写作	记叙文 描写文 说明文 议论文
抽象体裁	语篇是相关系列交际活动的多维重构	论文摘要 学术论文 学位论文开题报告 立法文件 公司年度报告	学术论文 学位论文 会议摘要	工程技术报告 学位论文

体裁是一个非常复杂的概念,是人类文化高度发展的成果,而构成人类文化生活的基本单位是重复出现的且具有社会影响的交际事件。假设从一个人的人生经历出发,讨论其经历的主要社会交际事件,那么生日庆祝、学校开学、毕业活动、结婚庆祝等是这个人经历的主要交际事件。这里列举的每一个交际事件都是人类社会重复出现的,其活动内容、语言表达、修辞形式、参与者行为等都会受到社团文化、历史和传统积淀的影响。这些交际事件一般有一些共同的交际目标,但围绕共同交际目标,不同参与者也会融入个性化的交际目标。同理,学术社团、行业或专业社团也有其重要的交际事件,具有大体相同的交际目标的交际事件会在交际内容、表达形式、情景语境等多方面呈现相似性,此类交际事件构成一个体裁,故体裁的定义应兼顾交际事件和交际目标两个要素,这样体裁的分类才更清晰与科学。

简言之,体裁是一个高度复杂的社会文化构念。三个体裁分析学派的理论视角、定义和研究方法各有所长，都从不同维度揭示了体裁知识。20世纪90年代起，ESP体裁分析已经开始借鉴新修辞学派常用的实地观察和采访等民族志研究方法以丰富语篇层面的交际功能或语言特征分析（如Lillis & Curry, 2006；Johns & Makalela, 2011；Swales, 1998）。除此此外，ESP体裁分析亦吸收了语料库研究方法和多模态的研究视角，涌现了大量基于语料库对学术论文词汇、词块和句法的研究（如Biber et al., 2004；Cortes, 2013；Coxhead, 2000；Lu & Deng, 2019；Wang & Zhang, 2020）以及多模态体裁分析研究（如Bhatia, 2017；Hood & Forey, 2005；Ventola, 2002）。尽管21世纪以来，体裁分析研究通过不断革新研究方法，积累了大量丰富的关于学术体裁的多维度知识，但是上述研究大多仍聚焦语言表达层，而社会文化层面的元素，如专业实践、职场文化等如何影响语言表达层未能得到足够的重视，不能满足职场体裁分析的需要（Bhatia, 2017）。

2.4　批评体裁分析

Bhatia（2017）指出以高等院校为载体的学术社团与职场专业社团相比有很大差别，关于特定体裁的交际目标，学术社团有较多共识，而职场专业社团则差异性较大，体现出同类之间更强的竞争关系，因此ESP职场英语教学和研究必须更多考虑具体职场专业实践和文化因素。有鉴于此，Bhatia（2017）提出了融合文本、体裁、专业实践和专业文化四个维度的体裁分析模型，即批评体裁分析。

批评体裁分析认为研究体裁不仅是描写和解释语言使用，更是要探索包括专业实践和专业人员为什么及如何创造、扩散和消费专业知识、利用可及的语义资源和交流方式达到公司、企业的交际目标。在这个多维度体裁分析模型中，语言仅仅是体裁分析的一个层面，还有其他文本外要素参与了体裁的构建、理解和使用。

批评体裁分析中的"批评"不同于批评话语分析中的"批评"。批评话语分析关注的是社会现象，如不平等现象或对社会弱势群体的歧视等，如何被包装在话语中进行传播的，其目标是揭露社会黑暗面；而批评体裁分析的目标是试图揭示体裁的复杂性及其与职场专业实践和社团文化之间多维度多层次的复杂关系。这里"批评"的意思是尽可能地"客观",其实现需要依赖严格的分析步骤、多视角的分析方法和多种相关体裁的比较,必要时可以包括对语篇社团专家成员的采访或综合专家成员的建议。总的来说,批评体裁分析试图揭示专家成员是如何建构、解释、使用和利用体裁知识和规约开展自己的日常职业活动的。通过把基于语篇的体裁分析拓展到专业实践,以期更全面深入地解构作为语篇内因素与语篇外因素之结合体的体裁。

批评体裁分析是更全面的体裁分析,分析包括文本、语境和篇际互文性、专业交际目标、相关的体裁系列、话语传统与规范、体裁杂糅、身份建构、模态资源、行业文化等。该分析模式可实现五个目标:解释专业行为和实践,解密专业体裁之间的杂糅,解释专业身份,理解专业交际的实际功能,以及提供基于证据的教学启示。

Bhatia(2017)通过对一个书籍简介的分析说明批评体裁分析是如何操作的。该分析包括书籍简介体裁产生的历史背景、交际目标、话语空间制约、内容本质、使用语境(作者、读者及阅读目的)、传播媒介、写作风格、相关体裁网络等。王琴(2020)在批评体裁分析的视角下研究了微信公众号上的医学科普文章。分析包括该体裁的话步结构,基于读者群和语义模态资源的语篇交际策略、词汇语法手段和认知隐喻的使用,不同体裁边界的突破与杂糅等。简言之,批评话语分析将语篇、语境、话语实践、专业实践纳入同一分析体系中,可以更全面深入地解构和解释职场专业体裁。

2.5 跨文化修辞分析

跨文化修辞分析旨在研究不同文化背景的学习者在写作上存在的差异,其目的是为写作教学提供支持。该理论视角在形成过程中受到Whorf的语言相对论(language relativity)思想和第二语言习得领域语言对比分析研究的影响(Lado,1957)。早在1966年,Robert Kaplan就注意到美国大学中ESL大学生英语作文的语篇结构模式是由英语母语负迁移过来的。他对比分析了本族语为阿拉伯语、中文、俄语、泰语以及英语母语学生作文的段落建构模式，发现英语母语的段落建构模式是线性的，东方文化背景的学生作文段落建构是内旋的，中国学生作文的建构模式是曲折往复的。但是，Kaplan（1966）的研究中并没有包括这些学生母语作文的分析数据，其总结的模式亦有简单化的倾向。然而，在当时语言学和应用语言学领域以句法和口语研究为主的情况下，Kaplan（1966）对第二语言写作中思维与文化的关系的研究是开拓性的，激发了其后一系列关于文化、语篇和第二语言写作研究（Belcher，2014）。

Connor（1996）从对比修辞学的角度开展的关于第二语言写作中的跨文化特征研究为对比修辞分析奠定了理论基础。书中将对比修辞分析看成第二语言习得领域的一个分支，通过对第二语言学习者撰写的英语语篇和其母语相关语篇的比较分析揭示两种不同文化在语篇组织模式和语言特征上的异同，探究第二语言写作中所存在问题的根源，为改进第二语言写作教学提供思路和方法。因此，Connor et al.（2008）和Connor（2011）将对比修辞分析改称为跨文化修辞分析。虽然在对比修辞分析中也涉及文化的概念，但其文化是宏观的、静态的且具有规约性的大文化概念，即国家和民族文化，同时第二语言作者的形象是模式化的、刻板的；分析关注的焦点是文本，而对文本产生的微观语境重视不够。在解释跨文化修辞分析与对比修辞分析的区别时，Connor（2011）指出在跨文化对比修辞分析中的文化的概念是多层次的、不断变化的，包含宏观和微观层面，宏观和微观层面存在相互影响的复杂关系。在微观层面，文化指职业文化、学术文化、校园文化、课堂文化等，且微观文化根植于人的行为和活动之中，而非静止的客观对象，同时语篇产出的语境也往往是此类微观文化环境。在跨文化修辞分析中，语篇和写作都被看作社会实践，分析的焦点包括语篇及其产出和消费的语境，也包括跨文化交际策略。

专门用途英语的教学对象大多为非英语母语的学生，他们的写作会不同程度地受到母语文化习惯和母语语篇建构模式的影响。近年来，有多位学者通过将跨文化修辞分析与体裁分析相结合，开展了学术语篇信息结构和语言特征的跨文化比较。这些研究一般以英语为目标语言，对比的母语语种包括波兰语（Bielski, M. & Bielski, J., 2008）、西班牙语（Martin, 2003; Moreno & Suarez, 2008; Mur-Dueñas, 2008, 2011）、法语（van Bonn & Swales, 2007）、挪威语（Dahl, 2004）、意大利语（Molino, 2010）等。这些研究大多将揭示的英语母语文化的语篇特征视为参照标准，提出的教学启示基本上是加强本土文化语境下的学习者对跨文化语境下英语语篇特征的认识并提高其修辞意识。

然而，Maurenen（2005，2011）及其同事将跨文化交流中广泛使用的英语视为中介语。这种视角的改变打破了第二语言研究和教学中普遍认可的英语母语参照标准。在当前全球化的学术和商务交流环境下，英语越来越多地被不同语言背景的人作为通用语来使用，了解英语作为通用语与标准英语相比具有的特征，对认识第二语言学习者英语水平与真实交际中使用的英语中介语之间的异同以及正在变化中的英语语言具有重要的意义（Maurenen, 2005）。Johns（2016）在回顾专门用途英语的发展历史时指出英语作为通用语的研究是跨文化修辞分析研究领域的一个有意义的新方向。本书第一章也发现英语作为通用语是近10年ESP研究中显著增长的话题之一。总之，跨文化修辞分析作为ESP研究的理论视角之一，具有很大的研究空间和发展潜力。

2.6 语料库研究

语料库研究自20世纪90年代进入快速发展时期以来，对语言学和应用语言学各领域都产生了非常重要的影响。语料库语言学既代表一种独特的语言观，又代表一种研究范式和研究方法。作为语言观，它继承了经验主义的哲学传统，主张通过对真实语言使用，即语言行为的观察揭示和描写语言规律，反对理性主义语言观忽视真实语言使用而仅通过人的心智和内省研究语言。作为一种研究范式和方法，语料库及其检索工具和统计检验方法可以用于研究和验证多方面的语言及语言相关问题，故语料库在语言研究中的应用相当广泛，包括语用学、社会语言学、批评话语分析、认知语言学等（梁茂成，2012）。语料库语言学的语言观与重视特定领域语言真实使用和文本分析的ESP研究有殊途同归之妙，因此，20 世纪 90 年代语料库研究进入 ESP 研究领域以来，就快速成为该领域内非常重要的研究视角和研究方法，在 2000—2019 年 ESP 高频话题的统计中排名第五（见表 1–2）。本书第三章包括了语料库分析作为一种研究方法的介绍，第四章包括了其作为教学资源的介绍。

2.7　本章小结

　　专门用途英语是应用语言学领域的分支之一，其有别于应用语言学的独特之处是其研究和教学服从于特定学生群体的英语学习需求。这就使得专门用途英语在其萌芽阶段即开始聚焦语域和语篇，在这两个框架之下研究词汇、语法、语篇结构、修辞策略等。语域，即一个具体的语言使用场景。这个"具体"或"特定范围"的概念及其内涵在 ESP 的发展过程中不断得到深化。同时，ESP 关注语言应用，语言应用的基本单位是语篇，应用与交际功能和交际事件紧密相关。语篇、交际功能和交际事件推动了体裁分析理论的创立。而 ESP 对交际能力培养的重视使得研究者不得不关注学习者文化背景的影响，跨文化修辞分析的产生与此有关。此外，ESP 在形成的初期就力图摆脱 20 世纪 60 至 70 年代占主导地位的以结构主义为基础、以语法为核心的英语教学模式，并由此形成了重视语言运用、重视文本的特点。这一特点与语料库语言学的语言观有交叉，这或许也是语料库语言学在 ESP 研究中得以广泛应用的原因之一。总之，学习者需求、特定范围、交际功能、特定语篇的结构、词汇、语法特征、修辞策略、学习者文化背景、教学设计等构成 ESP 研究的主线。

　　本章从历时的、中观的视角论述了 ESP 研究理论发展过程中具有里程碑意义的重要理论视角。这些重要理论视角也在持续孕育着新的理论视角，如体裁分析从诞生初期关于特定体裁结构模式的研究扩展到了基于体裁与语料库结合的诸多研究（Ädel & Erman, 2012; Cortes, 2013; Coxhead, 2000; Hyland, 2008a, 2008b; Lei & Yang, 2020; Lu & Deng, 2019）和体裁与信息技术结合的自动分析和自动写作反馈

第 2 章　专门用途英语研究主要理论视角

（Cotos，2014；Pendar & Cotos，2008）等。语域分析也与语料库结合产生了基于大规模语料的更加科学的语言特征分析（Biber & Conrad，2017）。

　　本章概括了 ESP 研究中那些已经形成系统观点、概念体系、研究方法且引领了或正在引领大量具体研究的理论视角。然而，ESP 自从 20 世纪 60—70 年代诞生之日起，就是一个跨学科的快速发展的应用语言学分支领域，其从未停止吸收语言学、应用语言学、社会语言学、教育学、心理学、信息技术等相关领域的新鲜思想以更好地满足不同学习者学业和职业发展地需求。因此，ESP 的理论探索是永无止境的。

第 3 章
专门用途英语的主流研究方法

自 20 世纪 60 年代以来,国际 ESP 教学与研究逐渐发展成为应用语言学领域的一个重要分支,形成了体裁分析、基于体裁的语料库研究等重要理论视角和研究方法。国内 ESP 研究仍处于起步阶段,以质性研究为主。本章将系统概述 ESP 的主要研究方法,包括最新的 CiteSpace 的文献计量方法、基于传统系统性综述的质性解读,以及 ESP 学科关切的针对学习者、针对话语和话语过程以及针对从业者的相关研究方法。

3.1 ESP 综述研究方法回顾

3.1.1 基于 CiteSpace 的文献计量视角

文献计量学是以文献体系和文献计量特征为研究对象,采用数学、统计学等计量研究方法,研究文献情报的分布结构、数量关系、变化规律和定量管理,并进而探讨学科发展特征和规律的一门学科。

1988 年以来,我国文献计量学进入了全面发展阶段,主要特点是理论与应用并重,特别是在科学评价和科技管理方面的应用开始大规模地开展起来,并取得了许多标志性的成果。例如,1987 年赵红州等人利用 Science Citation Index (SCI) 进行统计分析,排出了我国主要大学发表论文的名次,引起了社会各界的强烈反响;中国科技情报研究所建立了"中国科技论文与引文数据库",通过更大范围、更加系统的文献计量统计分析，对我国科技水平在世界上所处的地位以及主要大学、科研院所的科学生产能力和学术水平作出客观评价。2005年，大连理工大学的陈悦和他的导师刘泽渊首次将科学知识地图的概念引入中国，中国的科学知识图谱研究就踏上了征程。其中CiteSpace可视化分析软件作为代表性工具之一，以其独有的特点和优势吸引了大量学者。它不仅在各学科中得到了广泛的关注和应用，而且产生了丰富的研究成果。

CiteSpace是由德雷克塞尔大学计算机与信息科学学院陈超美研发的一款在科学计量学、数据和信息可视化背景下发展起来的多维度、分时、动态的渐进式知识可视化工具和引文可视化分析软件。它主要通过绘制可视化科学知识图谱来呈现学科领域的知识结构、规律以及分布情况等，关注科学分析中蕴含的潜在知识，寻找领域或学科发展中的关键点和转折点，近年来在学术界被广泛应用，是比较有代表性的科学知识图谱绘制工具之一。该软件在文献计量分析、绘制学科发展知识图谱方面具有较强的技术和功能优势，还可用于对学科的热点领域、演化发展历程以及研究前沿和趋势的分析和预测。

CiteSpace是建立在科学而又扎实的理论基础上并经过长时间的积累才被应用于实践，其创始人陈超美和刘则渊及其相关科研团体将CiteSpace的理论基础具体总结为以下五个方面（李杰、陈超美，2017）：

（1）库恩的科学发展模式理论：即科学发展主要经过前科学、常规科学、科学危机、科学革命、新常规科学这五个过程；科学发展的本质就是常规科学与科学革命、积累范式与变革范式的交替运动过程。库恩的科学发展模式理论是CiteSpace软件设计的哲学基础，在其生成的科学知识图谱中得到了应用。

（2）普赖斯的科学前沿理论：在贝尔纳"科学发展模式的网状思想"和加菲尔德发明的"引文数据库"基础上，普赖斯提出了参考文献的模式标志科学研究前沿的本质理论，换言之，这个前沿理论是贝尔纳、加菲尔德和普赖斯三人的结晶。而在CiteSpace绘制的科学知识图谱中主要体现在：创造性地设计了从知识基础到研究前沿的映射。

（3）结构洞理论和克莱因伯格突发探测技术：在弱关系的强度理论的基础上，Burt（1992）提出了结构洞概念。CiteSpace利用这个理论

第3章　专门用途英语的主流研究方法

可以通过节点发现知识网络中关键节点及关键位置，以此可以帮助我们了解某一学术科研领域的重点方向。

（4）科学传播的最佳信息觅食理论："觅食"顾名思义就是寻找食物，所以该理论像人类、动物为了获取食物的道理一样，都是想以最少的成本来换取最大的收益。而CiteSpace软件将该原理融入科学发现中，并从知识转折点及连接角度，开发了一套以最小搜索成本获取最多信息的独特方法和技术。

（5）知识单元离散与重组理论：该理论主要是由我国学者赵红州和蒋国华等人提出的，即任何科学创造的过程都是先将结晶的知识单元游离出来，再用新思维重新结晶的过程。

在上述坚实的理论的基础上，CiteSpace可视化分析软件产生的科学知识图谱还具备一目了然和一览无余的鲜明特征，近年来在众多学科的综述类研究中得到了广泛使用。那么，CiteSpace到底能实现什么样的功能？我国的学者是如何利用CiteSpace软件进行研究的？研究有哪些发现，又存在哪些问题和不足？这些都是值得关注的问题。

基于CiteSpace的核心理念和理论基础，通过软件安装、数据采集、数据处理、参数功能选择、可视化分析与解读这些完整的操作流程即可实现其多样化的功能。具体包括：合作网络分析（包括作者、机构或者国家合作）、共现网络分析（词频、关键词、术语及领域共现）以及共被引分析（作者、机构、期刊共被引）；此外，还有CiteSpace的新近技术扩展功能，如网络图层叠加、结构异变等。

如何合理利用CiteSpace的不同功能来开展一项研究并组织一篇条理清晰的论文，是所有CiteSpace用户都十分关心的问题。如果对照阅读高质量的科研文章，你会发现，虽然不同论文中采用的图谱样式各有不同，但在写作思路和论文框架上却往往异曲同工，一脉相承。在一般的论文写作中，写作思路常常是从宏观到微观，从直观到复杂，从整体到局部，从一般到特殊。具体分析内容包括：学科分析（宏观）、主题词分析（微观和直观）、共被引分析（复杂和整体）、典型聚类分析（局部）和结构变异性分析（特殊）。

首先是宏观层面的学科分析，在学科分析中，可以采用的是简单的学科共现分析；而更高级的CiteSpace版本之后新加入了双图叠加

（dual-map overlay）图谱。在这种图谱中，左侧是施引文献所在的期刊分布，代表了该领域所属的主要学科；右侧是对应被引文献所在的期刊分布，代表了该领域主要引用了哪些学科。前者可以看作是其领域应用，后者可以看作是其研究基础。显然，双图叠加视图所展现的信息比通常所用的学科共现图谱更为丰富。然而就 ESP 领域而言，国内作者往往没有充分利用这一功能。此外，对这一细分学科进行宏观分析时，还需要对发文量、学科分布、相关作者机构期刊等数据进行罗列。马敬想等（2019）绘制了国内专门用途英语研究主要作者和机构的合作网络图谱，揭示出国内 ESP 领域的高产机构和领军人物。李立和官明玉（2018）使用 CiteSpace 软件绘制了国际法律英语研究学科分布网络，其中语言学、语言与语言学、政府与法律及法律是该网络中最大的四个节点，表明这是研究分布最多的学科，且犯罪学与刑法学是语言、法律学科的重要衔接点。另外，该图谱还表明商业与经济领域则与法学联系更为密切。季云飞和姜峰（2020）对国际元话语研究的时间、期刊、学科分布以及国际化合作情况进行了可视化分析，时间分布显示自 21 世纪以来，元话语引起了人们越来越多的关注，对元话语的研究也越来越丰富。尤其是 2014 年至 2019 年，元话语研究进入了繁荣阶段。预计在未来几年，元话语的研究论文数量还会增长，甚至会掀起新的研究热潮。期刊和学科分布也反映出元话语的语言学属性、跨学科属性、专门用途和应用属性以及交际与互动属性。国际合作可视化网络显示出国际 ESP 研究整体相对独立，更倾向于单一作者，而非互相合作。

接下来是主题词的分析。如果说学科分析是宏观的，那么主题分析就是微观的。主题词分析的优点是非常直观，简单易读。而共被引分析则需要手动查询引文的具体参考文献（因为引文节点只显示作者、年份和期刊名称，而不显示引文标题），工作量和解释难度要大得多。因此，在共被引分析之前，优先进行主题分析，是一个高性价比的选择。在实际操作中，主词分析采用的是共词分析方法。由于共词网络通常是相对密集的，它经常需要使用裁剪算法。根据情况使用寻径算法（pathfinding algorism）或最小生成树（minimum spanning tree）可以解决图谱整体结构"一团乱麻"的问题，使主词的分布更加舒展清晰。

第3章 专门用途英语的主流研究方法

马敬想等（2019）为了解当前我国专门用途英语研究热点，绘制了 ESP 关键词聚类图谱，显示出我国当前专门用途英语研究涉及的多个热门主题：专门用途英语、商务英语、自主学习、高职英语教学、现状与问题、法律英语、课程设置、通用英语、高校、应用型本科院校、分层教学、合作教学等。我们将热门话题进行归纳，剔除范围较大的关键词，得出当前研究涉及覆盖学科、现状探究、教学方式、人才培养四类热点话题。王立非和李琳（2014）基于 CiteSpace 软件生成了国外 SSCI 期刊（2002—2012 年）商务英语研究热点可视化共现知识图谱，提取出被引频次大于等于 5 的高频名词主题词。他们发现在 2002—2012 年，国外商务英语研究热点涉及 22 个主题，按被引频次由高到低排序为：话语分析、体裁分析、跨文化交际、国际通用语、会话分析等，进而总结出了国外商务英语研究表现出的五个特点，涉及热点话题、主流研究方法、理论基础、研究对象和研究者的主要分布。金龚华（2020）用 CiteSpace 的关键词共现图谱展示了 2008—2019 年国际语言测试界的研究热点，包括学术写作、语言评价素养、模型分析法、专门用途医用英语测试、第二语言习得、评分员培训、自动评分等。

任何学科的研究主题都会随着研究背景的不断变化而不断发生交替与更迭。主题词分析也经常用到另一种图谱——时区图，即先划分时间段，然后合并起来一起分析，又叫主题路径图。时区图侧重从时间维度上表示知识的演进，清晰地展现知识的更新和相互关系。时区图中的每个时间段均是该时间段的所有新出现的关键词，如果与前期关键词共同出现在同一篇文章中，将会用线联系起来，同时前期关键词频次加 1，圆圈变大，从而生成此图。崔晓玲和李潮（2019）通过对 1992—2016 年国际 ESP 研究每年出现频次较高的关键词进行统计和分类，并生成时区图，发现国际 ESP 研究的主题经历了如下变迁：早期（1993—1999 年）主要关注口语发展、课堂教育、外语习得、话语理念、语言表达等；中期（2000—2009 年）主要关注商务英语、学术写作、学习者态度研究、言语交际和话语概念、学习者身份对外语习得的影响、学术用途英语、话语分析、语言政策研究等；到了近期（2010 年以后），开始关注跨文化修辞、交际能力研究、学术论文学科差异性研究、学术话语、学术写作、教师培训研究、语料库语言学等。

CiteSpace 还可对网络节点进行突发性检测（frequency burst）。首先是对激增文献进行分析，激增文献是指那些被引频次在时间维度上出现突增的论文。突现性高的节点意味着这些文献在相应的时间区间内受到格外的关注，一定程度上代表了该学科在相应时间区间的研究前沿和热点问题。通过对被引激增文献的考察，可追踪某一学科和研究领域的热点及其历时演变（Chen, 2006）。崔晓玲和李潮（2019）对1992—2016年国际期刊发表的 ESP 研究前25位激增文献进行了总结，通过进一步整合分析得到了该时期激增文献主要集中在七个研究领域：体裁研究、语料库研究、学术话语研究、语言权势研究、非母语学者的学术发表问题和语势差异研究、儿童言语损伤研究、通用语研究和功能语法研究。

但要更直观地了解研究热点的动态变化，还需要通过关键词激增图表呈现。突变词是指使用频次突然明显增多，或在较短时间内突然频繁出现的词语，可用于检测某一学科领域研究兴趣的突然增长，辨识和追踪学科领域的研究前沿动态和发展趋势。与一般的高频关键词相比，突变词的动态变化特性使之能更有效地揭示学术研究的动态演绎和发展机制。追踪关键词的频率变化，反映该领域的研究动态变化及该学科的研究前沿（Chen, 2006）。马敬想等（2019）使用 CiteSpace 制作了国内 ESP 研究（1989—2018年）的突变词表，发现"商务英语教学"突变强度大于8且持续时间长达13年，这表明在 ESP 研究领域，商务英语教学研究长时间占据重要地位，成为该领域1997年至2010年的持续研究热点。李立和宫明玉（2018）对国内法律英语研究的有关文献进行了突发性分布检测，发现该网络中包含九个突发性节点。研究分析表明，20世纪90年代以来，学界关注法律术语及法律英语的语言特征，并将通用英语与法律英语区别开来；2012年以后法律翻译研究比重上升。该研究进一步的突发性检测也反映了我国法律英语研究变化主要限于语言学领域的研究，侧重法律英语的本体特征。

此外，CiteSpace 还支持一种新的树状图——概念树，它是基于主题或抽象中的语句，通过提取这些语句的层次结构生成的，这有点类似于"本体"。与共词网络相比，概念树视图还有另一个优势：由于许多国外期刊没有论文关键词，使用简单的共词网络实际上忽略了无关键词

第 3 章　专门用途英语的主流研究方法

论文的存在，而概念树是基于标题和摘要生成的，可以覆盖到所有论文，显然更为合理。我国的相关学者往往使用较早版本的 CiteSpace 软件，使用此功能的较少。所以国内研究者应加大软件的理论和操作学习，尽量使用较新版本的软件，以最大化灵活利用软件功能。

在研究某一学科时，全面而准确地定位学科发展历史中的经典和关键文献至关重要。尤其对初学者而言，能够帮助其迅速定位研究焦点，建立系统框架。CiteSpace 除了可以通过被引频率总结出经典高引文献之外，其共被引分析也是核心的功能之一，这一点从 CiteSpace 的名称上就看得出来。共被引分析也一直是广大学者在应用 CiteSpace 分析时的重中之重。任何一门学科的发展和演变都会经历一些具有重大意义的转折点，在文献共被引图谱中，把握这些转折点对于科学把握学科发展的总体脉络至关重要。这些关键点或转折点在 CiteSpace 中被紫色环包围，表示节点的中介中心性（betweenness centrality）。紫色环越厚，节点的中间性和中心度越高，表明该文献节点在连接整个网络中的一个或多个集群中起着桥梁作用，因此是学科发展中的关键过渡研究。我们发现，崔晓玲和李潮（2019）、闵小梅（2018）都对国际上发表的 ESP 研究的高引文献进行了总结，但对于高中心度的转折点文献，目前还没有看到相关的研究，希望未来的学者能够弥补这一研究空白。

在共被引文献聚类后的网络视图中，聚类的位置和聚类之间的关联性，可以展现科学领域的知识结构，让读者对该领域的全貌有一个整体的认识。共被引聚类图谱是应用 CiteSpace 进行可视化分析时几乎必备的图谱样式（胡志刚等，2017）。在生成共被引聚类图谱之后，将聚类编号作为 Y 轴，引文发表年份作为 X 轴，就可以布局得到共被引网络的时间线图谱。时间线视图可以展现各个聚类（即子领域）发展演变的时间跨度和研究进程。比如，每个聚类所代表的领域都能清晰展现出其发展的时间跨度，且在哪一区间内有哪些重要的里程碑式的成果。在这一方面，国内学者往往采用传统的质性分析，通过人工归类对不同阶段的重要文献进行梳理，较少借助可视化软件进行量化分析。就共被引分析聚类而言，在生成整体视图之后，以聚类为单元，在聚类层面上进行分析，尤其是选取较大的或较新的典型聚类进行分析，是陈超美所强调的需关注的关键内容，也是共被引分析的落脚点。聚类分析可以帮助我们理解知识图谱中包含的主要研究领域。王立非和李琳（2014）通过共被引聚类分析发现，当前国外的商务英语研究的主要领域有五个：企业新闻发布会体裁研究、公司跨文化交际研究、商务语言学科研究、基于语料库的商务英语认知视角，以及英语作为国际商务通用语研究。季云飞和姜峰（2020）绘制了国际元话语研究在1990—2019年不同时间区间内的主流研究领域，发现了各类词汇资源的元话语功能是元话语领域的前沿议题，如元话语名词（Jiang & Hyland，2018）等。同时，元话语的跨文化研究也始终保持着焦点态势，不仅包括国家文化对比，也涵盖学科文化比较。作者与读者的人际互动也成为研究的前沿议题。

通过对近10年的ESP研究现状的分析，我们发现一个显著的特点：国内用CiteSpace对ESP领域进行研究主要基于国际视角，一方面因为国内ESP领域研究还处于相对不成熟的阶段，亟需借鉴国际经验；另一方面CiteSpace对外文数据库Web of Science的支持和兼容度较好，便于国内学者进行定量可视化分析。除此之外，我们对检索的文献资料进行深入剖析后发现：一方面，学者在进行相关课题研究时，大多使用CiteSpace软件绘制作者、机构合作网络图谱、关键词共现、聚类、突变图谱、共被引分析图谱及聚类等对国外ESP领域的作者、机构合作、研究热点、前沿等进行探索；另一方面，如前文所述，国内一些研究中利用CiteSpace绘制科学知识图谱时，对功能的多样化应用、对得到结果的可视化质量，以及解读分析的深度和广度，还需要进一步加强和提高。

综上所述，作为绘制科学知识图谱的代表性工具之一的CiteSpace可视化软件具备坚实的五大理论基础和多种强大功能。2014年，国内用CiteSpace对ESP领域进行分析的论文首次刊登于《中国外语》期刊。此后，有多位研究者对ESP的分支领域，如商务英语、法律英语等进行了探索。然而这些研究大多基于一些固定的套路来使用CiteSpace软件，如绘制作者/机构合作网络图谱、关键词共现、聚类、突变图谱、共被引分析图谱及聚类图谱等。未来研究应重视对软件功能的充分挖掘和利用，以提升研究成果的可视化质量以及质性解读的深度和广度。

3.1.2　基于系统性综述的质性解读

我们在上节回顾了近10年来国内学者使用可视化工具 CiteSpace 对 ESP 研究进行量化分析的实践。然而，CiteSpace 也有其局限性，主要体现在：（1）对于文献数量的要求比较大。对于还未充分发展起来的研究领域，论文数量整体较少，其生成的可视化图谱质量就会有所降低，甚至无法满足科研需要；（2）侧重宏观而不是微观。传统的综述要求研究者对相关领域的文献详细研读之后进行总结评述，是"自下而上"的，而 CiteSpace 往往对大量的文献数据进行分析，一般作者不可能一一研读，而是通过软件处理后看到普遍的规律和趋势的变化。比如近年来国内 ESP 的研究热点之一是"学术英语与通用英语之争"，但在软件里可能只体现出"学术英语"和"通用英语"，如果作者对细微的论辩主题不够熟悉，将无法全面分析出实际的形势；（3）对解读的要求比较高。因为其生成的图表和数据侧重宏观量化分析，研究者势必要对领域内的核心重点文献进行剖析，否则可能会无法解读或者解读偏差。甚至同样的数据由不同的学者进行解读，会看到不一样的内容。由此可以看出，CiteSpace 对于研究者的门槛要求是比较高的，所以短时间内仍然无法撼动传统基于系统性综述的质性解读。这里我们将简要回顾一下近10年来国内 ESP 领域比较有影响的系统性综述及相关研究方法。

ESP 研究在中国展现出了很强的本地化特征，研究关注点主要在于高等学校英语教学的现状、问题和改革路径。近年来大学英语教学中争论最为激烈的问题之一是专门用途英语能否替代通用英语。文秋芳（2014）围绕"替代派"（即 ESP 代替 EGP）和"互补派"（即 ESP 和 EGP 互为补充）的主要分歧展开讨论。全文分为三部分：第一部分分析替代派思想上存在的主要误区，即将通用英语等同于基础英语；第二部分提出了通用英语与专门用途英语互为补充的三个理据；第三部分阐述了互补教学理念及其实施建议。蔡基刚（2013）通过对我国专业英语教学和教材发展的回顾，对 ESP 关键概念的界定以及国外 ESP 教材编写原则和实例的介绍，提出了我国目前出版的专业英语教材并非真正的 ESP 教材，而是类似于双语课程教材的观点，并认为造成这种"伪

ESP 教材"的原因是我国外语界缺少对 ESP 理论及其发展的研究；而反过来，这种冠以 ESP 的教材加深了大学英语教师对 ESP 的误解和恐惧，结果反而阻碍 ESP 在我国的发展。蔡基刚（2015）回顾了中国 ESP 教学发展，在分析我国 ESP 教学问题的基础上，提出了推进 ESP 深入发展的 10 项任务。王丽娟（2016）结合国内外 ESP 教学研究成果，从三个方面探讨 ESP 教学：从理论视角梳理 ESP 教学专门性和通用性之内涵关系、从实践视角厘清 ESP 教学现状和问题以及从研究视角提出基于语言共核知识的 ESP 教学策略，综合探讨如何利用现有资源开展科学有效的 ESP 教学。

2017 年，高等学校大学外语教学指导委员会负责研制的《大学英语教学指南》颁布，首次将专门用途英语正式列入大学英语课程体系。季佩英（2017）重点阐述了《大学英语教学指南》中 ESP 课程的理念、内涵、特点、内容和设置模式等，以帮助大学英语教师更好地理解专门用途英语，为高校建设学术英语课程提供相关建议。文章还介绍了复旦大学学术英语课程设置和教学实践，为《大学英语教学指南》的实施提供实证支持。

2018 年，ESP 引入中国已有 40 年，在我国"双一流"和"一带一路"建设背景下，我国高校英语教育的矛盾已转变为国家要求培养各学科领域里具有国际竞争力的大学生和目前高校外语教学不能充分满足这种需求之间的矛盾（蔡基刚，2018），我国高校大学英语教学亟需从通用英语向专门用途英语转型（吴国玢，2018）。此后，多个学者从不同角度切入，对我国 ESP 教学进行了研究和探索，如分级教学实践（斯琴，田忠山，2018）、选修课程群建构（黄坚承，陈恒汉，2018）、专门用途语料库（张蕾，2019）等。

近年来，随着改革不断推进，ESP 英语教师培养受到了更多的关注，如 TPACK 框架下的 ESP 教师发展（徐小舒等，2020），教师转型探析（郭文琦，2019）等。值得一提的是，蔡基刚（2019）指出，ESP 教师培养应该是部分英语专业的培养目标之一。在新时代，国家经济建设和科技发展需要的"高端英语人才"是跨学科的复合型英语人才，需要用专门用途英语的理论来指导，教学重点应该是让学生掌握特定学科的语篇结构、语言特征和交流方式，以便为特定学科和行业提供专门的语言服务。通过对 ESP 研究的充分分析可以看出，ESP 领域的领军学者往往通过系统性的文献综述，经由深度思考与质性分析，来揭示和引领整个领域的研究趋势和朝向。

3.2 针对学习者的相关研究方法

如前所述，ESP 是以学习者为中心的教学实践，ESP 的兴起与基层的英语学习需求密切相关（如 Belcher, 2009；Hutchinson & Waters, 1987；Swales, 1990），因此与学习者相关的研究是 ESP 领域非常重要的研究主题，这里我们将介绍包括需求分析、学习动机和学习策略的研究及研究方法。

3.2.1 需求分析

需求分析（need analysis）是 ESP 的核心概念之一，其结果对 ESP 教学和课程设计起到决定性的作用。开展对特定学习者群体的需求分析方法包括内省、访谈、观察和问卷等多种手段。Munby（1978）提出了目标情景分析（target situation analysis），他以"交际能力"为理论依据，分析了可能在特定目标情景交际活动中出现的交际变量。在此基础上，Hutchinson & Water（1987）创建了以学生为中心的需求分析方法，这种方法视学习者的需求为英语教学课程设置的重要基础和根本出发点，并将"学习者需求"这一概念分为两大类：学习需求（learning needs）和目标需求（target needs）。学习需求指学习者为了习得与目标情景所匹配的语言交际能力而要努力获取的技能、策略和知识；目标需求指学习者在完成学习任务后能够准确并熟练地掌握并运用所学的知识与技能，成功实现提升语言交际能力的目标。根据学习者在目标情境下所需具备的能力要求，目标需求又可以衍生出三个方面内容：必学（necessities）、想学（wants）和欠缺（lacks）。"必学"即指学习者应该储备的必学知识以应对未来的工作；"想学"指在语言教学或语言课程中，学习者在主观意识上希望学习到的知识，这

73

是学习者内在需求的体现；"欠缺"则指学生当前的知识水平和目标水平之间的差距，也就是我们说的欠缺知识。必学和欠缺是在目标情境中客观的要求，而想学更强调学习者的主观能动性，是通过思考来确定自己需要掌握怎样的知识与技能以完成目标环境下的交际任务，以一种内在自省的方式实现。

Hutchinson & Waters（1987）强调 ESP 教学需求分析首先应明确学习者真正需要学习的知识与技能，通过分析学习者的薄弱项与未来需要来促进学习者语言交际能力的提升。这也直接表明，ESP 需求分析的主要任务就是去尽力发现学习者的目标社团对其英语语言交际能力的预期要求与其现有语言水平的差距，因此能否对学习者的需求进行精准有效分析和预测决定着 ESP 教学的成败。

国内对于 ESP 需求分析的研究中比较具有代表性的包括陈冰冰（2010）、蔡基刚（2012b）和张艳艳（2019）。陈冰冰（2010）提出了大学英语需求分析模型，从学生与社会两方面为 ESP 教学提出建议；蔡基刚（2012b）从实证研究角度对高等教育背景下的 ESP 需求进行了客观的分析评价；张艳艳（2019）开展了基于需求分析理论的学习需求调查与 ESP 课程设计研究。近些年国内对于 ESP 需求分析研究大多专注于高校不同专业学生对于 ESP 课程设置需求，以及现阶段 ESP 教学中存在的供求不平衡问题。众多研究表明，大部分高校学生表示现阶段的大学公共外语课程并不能满足他们的学习需求，虽然他们对 ESP 课程并没有具象认知，但基于就业需求，学生更倾向于在大学外语课程中加入 ESP 的相应知识。在 ESP 教学内容方面，研究中绝大多数受访学生明确表示希望通过提升英语语言水平来帮助自己更轻松地掌握专业技能，最好能做到英语技能与专业知识兼顾平衡；大多数学习者认为授课教师应该作为学习动机的激发者，在课堂上用英文授课的时间至少要占 50%。

总之，需求分析在 ESP 教学活动中扮演着至关重要的角色，处理好学生需求与社会需求二者的统一关系才能真正培养出时代需要的复合型、应用型人才。以需求分析为导向的 ESP 教学符合当今高校大学英语课程改革的趋势，是中国大学英语教学改革的方向与目标之一。

3.2.2 学习动机

如上节所述，ESP 教学建立在学习者需求的基础上，那么明确学生的学习动机是非常重要的。孙耕梅和孙鹏（2018）用需求分析的方法设计问卷，对河北省 26 所高校进行网络与实地调查，以了解河北省 ESP 教学现状、学生学习动机和需求等。该调查发现学生 ESP 学习动机中最主要的是实现从高校顺利毕业与满足就业需要。除此之外，获得等级考试证书和为出国留学做准备这两个学习动机紧随其后。该结果说明当前高校学生对学习 ESP 课程的动机以工具型为主，并没有真正把 ESP 当作一门感兴趣的专业课程加以重视，仅仅将其视为顺利毕业与提高职业竞争力的一种手段。针对学习者这样的工具型动机，ESP 教师在教学过程中不仅要帮助学生利用语言技能拓宽自己的知识面，全面提升其在未来职业生涯中解决问题的能力，更要在学习者的主观层面进行正面引导与创新引领。

在准确掌握学习者学习动机的基础上，我们不能忽视学习者的学习兴趣与学习目标，因为学习兴趣（也可以说是学习者的态度）大大影响着 ESP 教学与学习的过程，而愉快顺利的学习过程最终是为了服务计划目标的完成。在上文提到的孙耕梅和孙鹏（2018）的调研中，至少有 80% 接受问卷调查的学生表示他们希望通过在课堂上引入课外英语讲座、英文歌曲电影等文化鉴赏，以及英语趣味竞赛等活动，在趣味性强的环境中来激发自己的探索热情，提高自己的语言交际能力。

本质上，ESP 教学的终极目的就是为市场、社会提供高素质的创新型复合人才，这也是我国高校英语改革的指导思想。国内高校学生对 ESP 的教育理念的认识普遍不够充分，不大能够真正了解 ESP 和大学公共英语课程的区别与联系，也认识不到 ESP 与各学科专业知识结合所带来的巨大优势。这就需要 ESP 教学工作者帮助学生树立起终身学习 ESP 理念的意识，协助学生培养好用 ESP 知识提高认知，构建知识网络的习惯。

3.2.3 学习策略

现阶段，学术界普遍认为学习策略可指总的学习思路与方法，也包括具体的活动和技巧；既可以是外部行为，也可以是内隐式的思维活动；对学习的影响既可以是直接的，也可以是间接的。对 ESP 学习策略的研究基本可以包括三个方面：认知策略，元认知策略，社会情感策略。首先，在认知策略层面，由于多年学习经验的积累，我国高校内大学生即使在没有接受过专业认知策略指导的情况下，依然能熟练运用够既得的学习方法（主要包括记忆策略和推理策略）解决在 ESP 学习中遇到的问题，做到知识的衔接。但是，他们并没有表现出对元认知策略的青睐，这可能是由于缺少自反性学习理念的引导与习惯的固化造成的。

普遍来看，ESP 课程主要是在高校课堂内由高校教师教授的，学生的学习行为大多是被动接受，简单地完成老师布置的作业，顺利通过考试即被视为达标。这种机械式的学习并不能真正激发学生的自主学习意识，学生也没有对自己的学习进行自我反省，归纳影响 ESP 学习效果的因素并与同伴交流沟通，互助学习。令人欣喜的是，在社会情感策略层面，大部分学生表现出对 ESP 学习的积极情绪与态度，这对学生的学习效果有正面影响。为顺应高校英语课程改革的趋势，高校教师在课堂上也更加重视为学习者提供更多接触与使用语言的机会，这也为学习者创造了良好的社会环境来习得语言。根据观察，高校学生在 ESP 的学习行为上有以下特点：缺乏切实可行的学习计划，这主要由于学生对 ESP 课程及知识缺乏系统全面的认知，不知道从何入手来科学地规划执行学习计划，自然达不到期待的学习效果；学生将大部分精力投入到单词层面，遇到长难句只能通过单词的意思拼凑而不是用英语语言思维与逻辑去理解；虽然学生更希望在 ESP 课程中提高自己的交际能力，但大部分学生的学习仍停滞于阅读层面，缺乏锻炼口语表达的信心，实际情景中的交际能力并不突出。因此，学习策略的指导应与学习动机相结合，学生自主反省与教师反馈相结合，贯穿于 ESP 学习的整个过程中，最终服务于学习目标的实现。

3.3 针对语篇和话语的相关研究方法

3.3.1 体裁分析

我们在第二章已经讨论了体裁分析的三大流派：ESP 体裁分析学派、新修辞学派和澳大利亚学派，以及其各学派对体裁的定义和研究视角。ESP 学派和澳大利亚学派重视体裁语篇结构模式及语言特点的分析，新修辞学派重视分析体裁形成的学科背景、影响体裁的要素、学生学习体裁的过程等。澳大利亚学派体裁研究的主要方法是分析语篇结构和基于系统功能语言学的三大元功能；新修辞体裁分析的主要研究方法是观察、文本分析、参与者访谈等质性分析方法；ESP 体裁分析则形成了独特的语篇分析理论框架和方法，在国内有较大影响，故本小节将聚焦 ESP 体裁分析的研究方法。

虽然 ESP 体裁分析对体裁的定义是具有相似交际目标的系列交际事件，然而，交际目标的实现却是通过语言运用完成的，是固化在语言使用中的（Swales，1990）。因此，ESP 体裁分析立足于从语篇模式和语言选择中揭示交际目的。Swales（1990）提出了语轮（move）和语步（step）的语篇分析单位。语轮是一个可以恰当描述语篇信息推进的语义单位，语步是实现语轮的交际策略。根据 Swales（1990），一个体裁系列交际目标的实现包括多层级的语轮和语步，ESP 体裁分析的方法就是通过对特定体裁的语轮和语步进行分析来揭示该体裁的交际目标是如何实现的。

Swales（1990）通过对英语学术论文引言所包含的语轮和语步的分析构建了"创建研究空间"模型。该模型中的三个语轮和其包含的语步是对典型英文学术论文引言交际目标及实现策略的高度概括（见图3-1）。该分析方法被广泛用于分析不同学科的学术论文和学位论文（如 Brett，1994；Dudley-Evans，1986；Holmes，1997；Samraj，2002，2005，2008；Yang & Allison，2003，2004）并被创造性地用于分析其他职场专业体裁（Bhatia，1993，2017）。

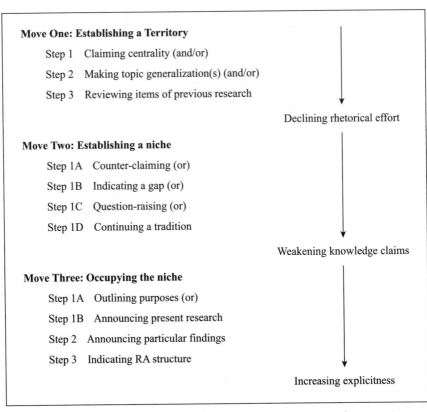

图 3-1　创建研究空间模型（Swales，1990：141）

　　Bhatia（1993）将体裁分析应用于专业职场体裁并进一步阐述了体裁的内涵：体裁是一种可辨认的交际事件，但它不是一般的交际事件，而是一种内部结构特征鲜明、高度约定俗成的交际事件；在建构语篇时，我们必须遵循某种特定体裁所要求的惯例，但即使体裁受到惯例的制约，说话人或作者仍可在体裁规定的框架内传达个人的意图或交际目的。更重要的是，Bhatia（2017）将心理因素，社会文化知识引入体裁分析，构建了融合文本、体裁、专业实践和专业文化四个维度的、更加全面深入的批评体裁分析理论和方法。该方法融合了 Swales（1990）聚焦文本信息结构的分析方法和新修辞学派聚焦语境和体裁多种要素的民族志分析方法，将研究重点从研究话语的信息组织与内容扩展到研究话语社团在特定语境中的交际行为和目的，也就是研究不仅局限在语篇内部的微观内容及形式，而是扩展到探究语篇外部的宏观语境以及语篇内部要素与外部要素的相互影响。

早期体裁分析的研究方法以小规模语料的定性分析为主（Samraj，2005，2008；Yang & Allison，2003，2004）。近20年语料库技术的进步促进了体裁分析与较大型专门用途语料库研究的结合，一些学者开展了对语轮和语步语言特征的定量分析（Cortes，2013）和语轮、语步的自动分析（Anthony & Lashkia，2003；Cotos et al.，2015；Dayrell et al.，2012；Pendar & Cotos，2008）。Bhatia（2017）创立的批评体裁分析也将语轮和语步分析与其相关的交际情境、职场和社会文化结合起来。体裁分析研究理论视角和各种研究方法的日益融合也将带来更加深入、更具解释力的体裁相关知识。

3.3.2 会话分析

会话分析也被称为民族方法学会话分析（ethnomethodological conversation analysis），从名称中我们可以看出会话分析源自于社会学，因为民族方法学即从属于社会学。民族方法主张通过搜集分析人们自然发生在日常中的对话来揭示人与人之间的关系以及社会交往的建构过程，帮助人们透视并了解自身的社会行为。

早期社会学家主要代表 Goffman、Garfinkel 主要从社会学角度探究人们的交际规则和文化支撑。20世纪60年代，会话分析学派正式被开创，主要代表学者有 Sacks、Scheloff、Jefferson 等。他们认为日常会话是有规律和特点的，并尝试用日常交际中的自然材料来还原会话的基本结构和规则，探究说话人完成话语行为的策略以及听话人准确接收并理解这些信息的策略。会话分析的研究内容包括：说话者与听话者交际中的特点与规律；会话人如何控制和调节话题；促成会话交际成功的理论依据与因素等。其中，涉及的主要概念包括：话轮（turn）、话轮转换（turn taking）、序列结构（sequential organization）、会话修正（repair）、邻近对（adjacency pair）、话语空白（gap）和话语重叠（overlap）等。

我国现阶段的话语研究主要涉及两个方向：一是理论会话分析研究，即分析会话的构成成分、组织结构和会话常规等，只注重会话本身而不去探讨社会因素；二是应用型会话分析研究，即探讨会话分析理论是如何被应用到某一社会领域中的。基于 ESP 的基本属性和研究目的，我们可以判断 ESP 话语分析的取向更倾向应用型会话分析，主要涉及的研究领域包括第二语言课堂教学、医患会话、法庭审判等。

在课堂教学领域，研究内容主要包括师生互动、教师身份构建、学习者互动能力。互动话语主要从话轮转换、修正策略、会话结构等方面分析师生第二语言课堂中的互动规律、语言特点和交际策略。兰良平和韩刚（2013）为探究不同会话策略的选择对教师不同的身份建构所产生的影响，采取对比研究的方法来观察两个课堂上的师生互动的不同情况。高君和赵永青（2019）通过对比英语本族语者语料，从话题延展和听者反馈两个方面探讨中国英语学习者异议话语的互动能力特征，并发现中国英语学习者异议话语具备基本的三语步异议序列特征，但他们在争论的把持和拓展方面还有待加强，话题延展深度不够。

医患会话研究者在会话模式、沟通障碍、信息传递方式等方面显示出更大的研究兴趣与潜势。陈海庆和郭霄楠（2011）指出医患会话的三种模式：结构型、交流型、引导型。他认为医患之间存在的权势不平等程度会因结构模式的不同而有所变化。在医患交际过程中，交际双方会根据交际目的能动地运用三种会话模式，进而实现医生和患者之间的顺利交流。牛利（2019）利用会话分析理论来研究真实情境下医患会话语料，并考察门诊医患沟通障碍的表现形式，在分析障碍存在的原因后提出相应的对策，以提高医疗服务质量和改善医患关系。

法庭会话分析研究强调话轮转换规则，语言特色，会话策略等。王子莹（2019）研究发现，在庭审会话中，法官、律师、被告人之间的权利分配存在明显的不平等，法官权利最大、律师次之、被告人拥有的发话权最少。法官和律师会采取多种言语策略实现对被告人的言语操纵和权利控制。但是，通过对他们之间的会话进行言语策略的深入分析发现，三者对话语权的争夺很激烈，被告人会采取如模糊性回答、回避型回答、对抗性回答、沉默等言语策略来争取更多的主动权（李滨、杨跃，2006）。许群航和严禛（2015）从"话轮转换""会话序列""会话修正""合意"四个角度对法律英语会话语言特点进行分析和总结,为专门用途英语特定的语境——法庭会话的研究分析提供了新的研究范例和启示。

3.4 语料库分析

随着计算机技术的发展与成熟,计算机辅助的研究方法成为热门。语料库作为语言研究不可或缺的工具日益渗透在 ESP 的研究中,为研究 ESP 提供了丰富、直接的材料。Sinclair(1991)指出语料库是自然发生的语言文本汇集,用于描写某种语言的状态和变体。换言之,语料库可以为 ESP 的研究提供大量的语言实例,帮助我们捕捉到 ESP 语言的使用规律及特点,并使研究结果更具客观性、普遍性与可靠性。

ESP 语料库研究主要有两种研究范式:基于语料库的研究范式和语料库驱动的研究范式。基于语料库的 ESP 研究把语料库当作一种数据搜集的工具,提供大量真实可靠的 ESP 材料与事实依据来帮助验证、解释已经存在的理论,而不是通过观察语料来发现未曾涉猎的理论。姜峰(2018)认为当前语言研究很大程度上都是在已有理论框架下开展的,研究者们并不需要过多专门的训练就可以操作基于语料库的研究范式,因此基于语料库的研究范式似乎更能为学科背景各不相同的研究者广泛所接受与操作。而语料库驱动的研究范式是根据语料库所提供的大量语言实例,对语言进行整体全面的描写和反映。这种"自下而上"的研究路径要求研究者客观、公正、全面的对语言现象进行归纳,从语言现象中发现规律。语料库驱动的研究范式并不是机械的,而是研究者面对大量的语言事实,发挥主动性,经过观察形成假设,再观察更多的语言事实,对假设进行修正和调整,直至最后的理论概括和统一(梁茂成,2016)。

国外较早将语料库引入 ESP 研究的是 Flowerdew。早在 1998 年,她就在 *System* 上发表了利用语料库作为工具来研究语言的文章。Flowerdew(2005)讨论了如何用语料库来识别源于 ESP 的修辞结构,并反击了关于语料库语言学手段过于低端的观点。值得一提的是,

Flowerdew 给出了一些被学生过度使用的句式结构，并阐述了这些现象与学生所接受的 ESP 课程之间的关系。近 10 年来，ESP 领域应用语料库方法研究的话题还包括学术词汇、词块、程式序列语、元话语、词汇复杂度、句法复杂度等。

相较于国外的 ESP 研究，国内研究相对起步较晚，最早一篇相关文章出现在 2000 年。陈明瑶（2000）探讨了语料库作为描写 ESP 的工具性作用，提倡国内开展语料库建设以服务于 ESP 教学。在 CNKI 数据库上，我们以 ESP 语料库为主题进行检索，发现 2000—2019 年间共发表 259 篇相关研究，经过归纳总结，大致概括出国内的几个主流研究方向：ESP 语料库与教学模式的结合、不同类型 ESP 语料库的建设以及基于语料库的 ESP 语言特点分析等。整体上看，我国 ESP 语料库研究正处于初级阶段，主要表现在五个方面（王立非，2019）：（1）选题比较窄，只关注大学英语教学，对 ESP 语言特点和体裁特点的描写远远不够。可以观察到，国内从元话语（修辞、模糊限制语、立场与态度词等）、语篇分析、第二语言写作、互文性等角度来描写 ESP 语言使用规律和特点的研究文章数量并不充足，而这些角度是近些年国际上已迅猛兴起的 ESP 研究视角；（2）ESP 语料库的建设相对落后，至今还没有出现包含多学科领域的大型 ESP 综合性语料库；（3）语料库方法在 ESP 研究中的应用还有待于深入，除研究词汇外，许多研究句法、语篇结构、语用语义的语料库软件和工具，都没有得到成熟开发与应用；（4）多语种 ESP 语料库建设和研究几乎还是空白，国内 ESP 语料库研究主要涉及英汉两种语言。在我国"一带一路"发展倡议下，应建立多语种 ESP 语料库，以更好地开展跨民族跨文化的交际活动和相关研究。最后，与国外情况相似，国内的 ESP 语料库研究也侧重学术英语、商务英语等领域，艺术、历史、法律、新闻、理工、农林、医药等 ESP 领域的语料库建设和学术发表相对薄弱。

专门用途英语不同于通用英语之处在于它更具专业性、目的性。语料库研究方法对深入认识 ESP 语言特征和辅助 ESP 教学均有很大的应用潜力。例如，在进行 ESP 课程设计中，基于语料库的研究可以清晰明确地为教师提供语言信息。以 ESP 专业术语为例，相关专业词汇是 ESP 教学上的重点，同时也是影响学生阅读、写作、交流的重要因素，教师可利用语料库中的丰富语言素材对高频词进行检索，选出具有典型性的范例来帮助学生在真实语境中加深对词汇的理解与掌握，这种方式不仅可以提高学习效率，还能提高学生对语料库的认知与学习热情。此外，ESP语料库在教材编写、教学技能研究、核心词表研发、体裁分析方面均可有所贡献。

3.5 针对身份建构的相关研究方法

由于学术研究独特的严谨性，传统观点认为学术语篇的语言应确保客观、中立，避免写作者个人立场的表达和情感的渗入，即学术语篇的要求作者尽量"失语"。然而，近年来的诸多研究表明，学术写作不是一成不变的，而是随学科规范、文化期待以及写作者的职业和经验逐渐发生变化。学术语篇的实践过程同时也是语篇作者恰当地建构身份的过程（Hyland，2002a）。Hyland（2013：232）从学术话语中的"作者声音"（author voice）与论文作者的身份相关联，提出了"学术身份"（disciplinary identity）的概念，认为学术话语中的声音是作者身份在文本书写中的体现。声音体现发言权和交际者听说的方式，语言是身份建构的主要媒介，在身份研究中占据中心位置。从介入系统角度看，作者是通过"收缩"（contraction）和"扩展"（expansion）两个声音控制机制，传递自己的态度、立场和观点，将读者带入学术语篇中。这一观点将介入系统与学术话语中的声音联系在一起，为学术语篇的研究提供了新的研究思路。

身份建构研究的哲学基础是社会建构理论（Social Constructionism Theory），该理论强调身份是一个动态变化的过程。这一理论的提出严重地冲击了本质主义（essentialism），本质主义则是强调世界的本质是静态不变的，先天的某一些特征决定了人们在社会生活中的身份和地位，这样的定位是固有存在的，不会随着社会因素的变化而变化。然而作为一名研究者，我们应当培养自我批评意识，认识到一个人的身份是会随着社会的变化而变化，是话语建构的过程。

社会建构理论还和很多其他的身份研究论述相关，基本可概括为：

（1）语言与身份的关系。语言除了作为人们认识世界的工具，还是社会与文化的产物，语言作为一种动态的形式，同样会参与到社会身份建构的过程中。

（2）权利与身份的关系。身份存在于权利中并且通过权利来获得，二者的关系是相辅相成的。

（3）话语与自我身份意识的关系。人们通过对自我身份的阐释来维系或者增强其身份的存在，以区别于其他人。

身份建构的类别是从个人所表现出的话语形式、所建构的身份类型以及研究类型、研究视角来区分的，主要包括以下几类：

（1）从话语形式上来看，可分为新闻语篇、政治话语、演讲、军事、外交话语，上述分类属于不同的体裁，需要不同的分析方法。

（2）从所建构的身份类型来看，可分为性别研究、国别区域研究、跨文化身份研究、民族身份等。在中国逐步走向世界的进程中，我们更要关注一些少数民族的语言濒危以及身份危机等问题。

（3）从研究问题上看，身份问题的研究可与下面的意识形态和思潮进行融合，种族、国家、战争冲突等问题属于跨学科的研究，需要政治学、语言学等相关学科的很好的合作。

（4）研究视角上也可以从批判话语分析、社会语言学等视角，从不同角度服务于我们的研究问题。

近年来，身份问题越来越多地受到不同学科学者的持续关注。随着身份研究的不断推进，越来越多的研究者接受社会建构观，认为身份并非本质而是建构的过程。Bucholtz & Hall（2010）指出，身份并不是一种稳定的连续体，在不同的情境中也会产生不同的人际关系。陈新仁（2014）在他的"语用身份观"中指出，身份是交际者用于达成其交际目的的一种资源，随着话语的开始产生，也随着话语的结束而消失，当然也可以根据交际的需求重新激活之前的身份，之前的身份或建构其他的身份。

越来越多的学者（如Hyland, 2002a; Myers, 1989）认为，在学术写作中，作者不仅在客观呈现自己的观点和研究发现，也在与读者进行社会化的互动交际。正如Bucholtz & Hall（2010）指出，即使是传统上被认为是独白的体裁，本质上也是与他人的交际。虽然学术论文看似是作者的独白，但读者存在于作者的心中（姜晖、成晓光，2009），因此作者不管是在回顾他人的研究，还是在汇报自己的发现，或是为以后的研究提供建议，都是在与其他成员进行互动。基于此，越来越多的学者认为学术写作与作者身份建构紧密相连，并开始探讨学术写作中的身份建构（如 Hyland，2002a；Ivanič & Camps，2001），Hyland（2000）更是明确指出学术语篇是作者身份建构的重要场所。

3.6 本章小结

本章首先探讨了可用于文献综述类研究的定量研究方法 CiteSpace，并对其优缺点进行了分析。传统型文献综述多采用质性分析方法，其优点是可以对单个问题或现象进行深入的剖析和探讨。然而，质性分析难以摆脱研究者个人的经验和视角，致使分析结果难免带有一定的主观性。基于 CiteSpace 文献计量学的方法不仅可以提高文献综述研究的速度和效率，还能提高其分析结果的深刻性和精确度。但是，这种计量分析结果的呈现在某种程度上是"碎片化的"，需要通过对重点文献的人工分析和对学科概况的把握方能正确解读。因此，可靠的综述研究需要将量化分析与质性解读有机结合。在介绍定量和质性研究方法之外，本章还概述了 ESP 领域针对学习者、体裁、身份、话语等的研究方法，并结合相关文献进行了讨论，以期为研究者开展 ESP 研究提供一定的方法论指导。

第4章
专门用途英语的教学实践

专门用途英语教学已经成为当前大学英语教学改革和高层次英语人才培养的重点关切之一。本章主要通过文献计量视角，概述近10年（2011—2020）国内外 ESP 教学研究的主要理论探讨和教学实践，并系统分析国内外 ESP 教学研究的主题特征。此外，本章对 ESP 教学中的需求分析、课程设计及其主要分支，包括学术英语、商务英语、法律英语、医学英语和高职英语教学研究领域的最新进展进行了较为详细的分析和讨论。在此基础上，本章系统介绍了 ESP 的学习和研究资源，包括开放使用的大型语料库、自建语料库的方法及原则，以及国内开发的 ESP 精品课程，以期为 ESP 教学实践提供系统参考和借鉴。

4.1 基于 CiteSpace 的文献计量视角

4.1.1 国外 ESP 教学研究概述

由于 ESP 研究涉及多个学科和领域，我们使用 Web of Science 核心合集数据库的高级检索功能，以 *The Handbook of English for Specific Purposes*（Paltridge & Starfield, 2016）中列举的与 ESP 相关的关键词（English for medical purposes，English for nursing，Thesis dissertation writing，English for research publication purposes，English for academic purposes，English for science technology，English in the workplace，Business English，Legal English，Aviation English，Professional English，English for specific purposes，ESP）为检索条件一，以 teaching 和 instruction 为检索条件二，按主题检索 SSCI 核心集上发表在 2011—2020 年的研究论文。具体检索式为 TS=（English for medical purposes OR English for nursing OR Thesis dissertation writing OR English for research publication purposes OR English for academic purposes OR English for science technology OR English in the workplace OR Business English OR Legal English OR Aviation English OR Professional English OR English for specific purposes OR ESP）AND TS=（teaching OR instruction），共筛选出相关文献 1965 篇。

为能更准确地聚焦语言学领域的 ESP 教学研究论文，我们将研究选题设定为"语言学"，对文本进行二次筛选后共得到相关论文 699 篇，并统计出每年的发文量，如图 4-1 所示。可以看出，国际 SSCI 期刊 10 年间 ESP 教学研究的发文量总体呈上升趋势，并可划分为两个主要发展阶段：2011—2017 年，ESP 教学的发文量稳定上升；2017 年后，发文量快速增长，并在 2020 年达到发文量的峰值 129 篇。由此可见，国外 ESP 教学研究近年受到了越来越多研究者的关注和重视。

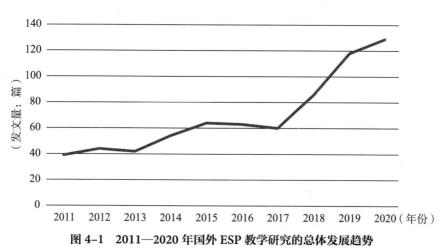

图 4-1　2011—2020 年国外 ESP 教学研究的总体发展趋势

图 4-2 是使用 CiteSpace 对所检索到的 ESP 教学研究论文进行关键词共现分析后得到的知识结构图谱。由该图可见，近 10 年 ESP 教学研究的热点话题呈现出错综复杂的图谱结构，以"English"和

"language"为核心关键词,同时也表现出对"education"、"student"、"identity"、"learner"等热点话题的关注。

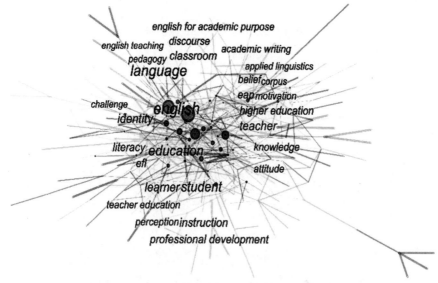

图 4-2　2011—2020 年国外 ESP 教学研究关键词共现图谱

表 4-1 汇总了国外近 10 年 ESP 教学研究领域的热点词汇。由该表可见,国外近 10 年 ESP 研究的第一大关键词是"English",其相关研究频次为 153 篇,中心值为 0.14。CiteSpace 分析的中心值是衡量图谱网络结构中节点重要性的指标,根据 Chen(2006),中心值超过 0.1,即可认为该节点在网络结构中起到重要作用。"English"和"language"在 ESP 教学研究图谱网络结构中的中心值分别为 0.14 和 0.15,说明英语语言及其特征是国外 ESP 教学研究关注的焦点。中心值大于 0.1 的关键词还有"education"、"student"、"classroom"和"EAP",表明在 ESP 教学领域,学术英语占据着核心地位。其次,高频词"student"和"classroom"表明针对学习者和教学过程的研究是 ESP 当前的关切。"education"与"instruction"的主要区别在于前者从宏观视角关注人的成长,后者则关注较微观的课程实施过程。在图 4-2 所示的教学研究热点图谱中,"education"处于图谱的中心位置,这说明国外 ESP 学者

更多从宏观的、学生长期成长的视角探索 ESP 教学问题。表 4-1 内的高频词"student"和中心值较高的"identity",在一定程度上也验证了这一观点。

表 4-1　2011—2020 年国外 ESP 教学研究热点汇总

序号	关键词	频次	中心值
1	EAP	28	0.17
2	language	105	0.15
3	English	153	0.14
4	classroom	33	0.13
5	student	66	0.12
6	education	77	0.10
7	identity	45	0.08
8	knowledge	24	0.08
9	instruction	35	0.07
10	literacy	33	0.07

表 4-2 展示了 2011—2020 年 ESP 教学论文发文量排名前 5 的国家和地区。在 CiteSpace 分析中,我们将时间设定为 2011—2020 年,并以每年为一个时间切片,在分析中选取题目、摘要、作者、关键词和关键词等附加信息,并选取论文第一作者所在的国家、地区和高校作为功能参数。随后,我们在节点类型(Node Type)上选取前 50 作为功能参数,提取每个时间切片内频次排名前 50 名的国家、地区和高校并使用 Cosine 算法计算网络连接强度。

由表 4-2 可见,美国在国际 ESP 教学领域的发表量和中心值均居第一,表明其 ESP 教学研究在影响力和数量方面均居世界领先地位。中国的 ESP 教学研究发文量仅次于美国,表明我国的 ESP 教学研究发展蓬勃,在国际上具有较高的影响力。发文量排名第三的是西班牙,但其发文的中心值和美国等同(均为 0.23),表明西班牙在国际 ESP 教学研究领域表现出较高的影响力。发文量位居其后的是英国和澳大利亚,且这两个国家 ESP 教学研究的中心值基本持平,且均大于 0.1(分别为 0.10 和 0.11),说明英国和澳大利亚在 ESP 教学领域也具有一定的影响力。

表 4-2　2011—2020 年 SSCI 期刊中 ESP 教学研究发文量排名前 5 的国家和地区

序号	国家和地区	发文量（篇）	中心值
1	美国	39	0.23
2	中国	18	0.11
3	西班牙	15	0.23
4	英国	13	0.10
5	澳大利亚	8	0.11

4.1.2　国内 ESP 教学研究概述

在分析国内期刊发表的 ESP 教学领域相关文献时，我们采用 CNKI 的高级检索功能，检索发表在 2011—2020 年的核心期刊和 CSSCI 期刊论文，检索词为：专门用途英语、ESP、医学英语、护理英语、学术英语、研究出版英语、科技英语、职业英语、商务英语、法律英语、航空英语、职业英语、职场英语、专业英语、专用英语和教学、培训。检索得到 1550 篇文章，人工剔除不相关的文献后，共得到相关文章 1446 篇。图 4-3 为我国近 10 年 ESP 教学研究的总体发展趋势。

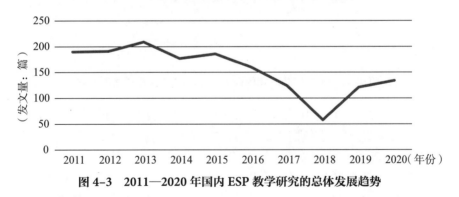

图 4-3　2011—2020 年国内 ESP 教学研究的总体发展趋势

由该图可见，国内期刊近 10 年的 ESP 教学类论文发表数量总体呈先降后升的趋势，具体表现为：2011—2013 年，ESP 教学文章维持在较高的发文量，并在 2013 年达到了近 10 年发文量的最高值 209 篇；

随后在2013—2015年间相关发文量呈现稍微下降的趋势；2015—2018年，我国ESP教学研究的发文量大幅下降，且在2018年降至近10年的最低值58篇；2018—2020年，国内ESP教学发文量显现上升趋势，并在2020年达到发文量134篇。

图4-4展示了使用CiteSpace对所检索论文进行关键词共现分析得到的近10年ESP教学研究热点话题的知识结构图谱。由该图可见，我国近年来ESP教学研究全面、多样的发展态势，主要以"专门用途英语""商务英语""学术英语"为核心，出现了如"人才培养""课程设计""学术英语教学""商务英语专业"等热点话题。

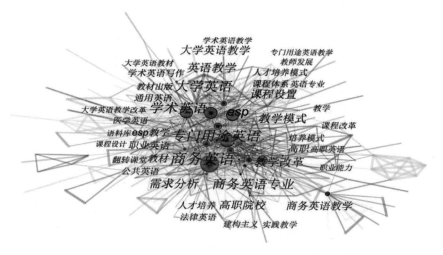

图4-4 2011—2020年国内ESP教学研究关键词共现图谱

表4-3展示了近10年国内ESP教学研究热点。可以看出，热点词谱中呈现出的中心值高于0.1的关键词有"商务英语""专门用途英语""学术英语""大学英语""ESP""商务英语专业""教学改革""英语教学"和"商务英语教学"。其中，与商务英语相关的热点词有三个，体现了国内ESP教学研究中对商务英语分支的重视。"学术英语"是另外一个重要分支，与此同时，"大学英语""教学改革"和"英语教学"的中心值也较高，说明这些热点词在ESP教学研究的网络结构中起到了同样重要的作用，体现出国内近10年来大学阶段英语教学内容多元化

第 4 章　专门用途英语的教学实践

的发展趋势。此外,对关键词"专门用途英语"的进一步分析发现,我国 ESP 教学类的文章大多以概括和阐述为主,ESP 教学研究也主要从理论方面探讨教学模式。同时也有针对不同教学理论和教学技术在学术英语教学中应用的探讨,相关研究为 ESP 教学提供了重要的理念和路径,但未来研究还需深化针对具体教学内容、方法、学生需求、教学效果等具体问题的探索。

表 4-3　2011—2020 年国内 ESP 教学研究热点汇总

序号	关键词	频次	中心值
1	商务英语	166	0.30
2	专门用途英语	110	0.27
3	ESP	78	0.22
4	学术英语	101	0.19
5	商务英语专业	68	0.16
6	大学英语	96	0.14
7	教学改革	49	0.14
8	英语教学	49	0.14
9	商务英语教学	31	0.11
10	需求分析	45	0.09

通过与国际期刊发表的 ESP 教学研究热点词进行对比,我们发现国内 ESP 教学研究的热点话题大多关于"教学模式""学术英语""商务英语""课程设置"等,而国外相关热点话题更注重具体教学内容和教学实践,如图 4-2 高频词热点图谱中出现的"language"、"identity"、"learner"、"student"等。这些关键词没有出现在我国 ESP 教学热点话题图谱中(见图 4-4)。对近 10 年的国外和国内 ESP 教学研究的分析还显示学术英语教学研究过多地关注学术论文,对其他学术体裁,如学术讲座、学术演讲、论文答辩等的关注较少。同时,国内 ESP 教学研究仍处于比较宏观的概述式理论探讨,需要加强面向学习者、教学过程、任务设计等具体问题的研究,以提高研究的针对性、提升 ESP 教学质量。

4.2 ESP 教学研究的质性解读

如前所述,以开展 ESP 教学为主要特征的大学英语教学改革是国内 ESP 教学领域的热点话题之一。文献检索显示,近 10 年国内发表的 ESP 教学改革的论文大多集中于对 ESP 教学改革的理论思考。例如,蔡基刚(2010)围绕我国大学英语教学的定位进行了探讨,并提出了 ESP 教学改革的具体建议和实施方案。同时,殷和素和严启刚(2011)在探讨通用英语和专门用途英语之间关系的基础上,提出了新一轮大学英语教学改革发展的具体建议。马亚伟和廖芸(2017)探讨了 ESP 视角下大学英语的教学改革与实践,并对改革过程中的 ESP 教学方法,以及 ESP 教学与基础英语和专业课双语教学的关系进行了深入探讨。

此外,教学模式和课程设置也是近 10 年国内 ESP 教学领域的热点话题。刘凌燕(2014)和任冰(2016)分别探讨了针对非英语专业研究生的 ESP 教学模式,其中包含课程设置、教学方法、教师协作和教学评估等;栗欣(2016)探讨了理工类院校研究生 ESP 课程的设置和教学模式;陈金诗(2011)以自主学习理论和交互式阅读教学观为理论基础,讨论了自主学习环境下的 ESP 阅读教学模式和基于"法律信息处理系统语料库"的语篇信息教学实践。

相比之下,近 10 年国外期刊发表的 ESP 教学论文关注的主题更加具体,其中一个重要的主题是利用语料库的方法分析教学效果或探讨语料库的教学应用。例如,Csomay & Petrovic(2012)基于语料库的分析发现通过观看法律专业电影或电视剧,可以提高第二语言学习者法律词汇知识的掌握程度和法律词汇的使用能力;Chen & Flowerdew(2018)汇报了数据驱动学术英语教学的大规模具体实践,包括课程设计、教学过程和课程评价。国内 ESP 教学研究也开始表现出对语料库教学实践的关注,如单宇和张振华(2011)探讨了语料库驱动的教学模式在科技英语教学上的应用,冯正斌和王峰(2016)研究了财经新闻语料库的设计方案及其在词汇教学上的应用。

语料库在 ESP 教学中可以发挥类似"母语交际环境"的作用。首先,语料库可以为英语教学提供翔实、有针对性的教学资源。如果将代表目标场景语言运用的语料融入教学设计中,并通过适当的练习引导学生对目标场景的语料和语言形式进行学习,可以提高学生对目标场景英语知识的掌握程度,并可以有效避免学生课堂所学知识与将来目标场景的任务需求之间的脱节。其次,语料库检索可以为 ESP 教学提供大量真实样例和学生动手分析检索的机会,通过分析所检索的语言现象可以锻炼学生的归纳能力和自主探索能力。然而,基于语料库的 ESP 教学对教师和学生的语料库技术水平和语料库平台的开发也提出了较高的要求。因此,为有效提高语料库在 ESP 教学中的应用,有必要加强对教师的针对性培训,提高 ESP 教师对语料库技术的掌握程度以及基于语料库或语料库驱动的课程设计能力。

通过梳理与比较国内外期刊发表的 ESP 教学研究,我们认为国内 ESP 教学研究总体上需要更加深入、更具针对性。信息技术的应用是新时期教学研究的一个重要方面,国内 ESP 的相关教学研究已经开始关注现代信息技术的应用,但对技术应用的探究还不够深入,基于技术应用的实证研究以及对教学效果的验证研究仍需进一步加强。

4.3 需求分析

需求分析与 ESP 教学有着很深的渊源,是 ESP 课程设计的基石(Dudley-Evans & St. John,1998),前期学者从不同方面和不同角度对需求分析进行了界定和诠释。例如,Brown(2002)将需求分析(也称为需求评估)视为收集信息的活动,可以为满足学生特定学习需求,并为相关课程设计奠定基础。Dudley-Evans & St John(1998)指出需求分析是提高特定学习群体的语言学习和技能学习效果的有效路径(Dudley-Evans & St John,1998)。需求分析可以准确地挖掘、确定学生未来工作情景中的具体语言和技能需求,从而有效地提高学习内容的针对性。束定芳(2004)指出,需求分析的开展和实施不仅可以为外语教育政策和外语课程设置提供依据,而且能够为课程设计、实施、教学目的和教学方法的确定提供依据,为课程的检查和评估提供参考。

常用的 ESP 需求分析取样方法有三种:方便取样法(convenience sampling)、分层随机样本法(stratified random sampling)和目的随机样本法（purposive random sampling）。需求分析最常用的调查方法是问卷调查，包括封闭式和开放式问卷（closed and open-ended questionnaire），结构化和半结构化访谈（structured and semi-structured interview）。此外，现场观察（onsite observation）和非参与者观察（non-participant observation）等也是开展需求分析的常见方法。

4.3.1 国外需求分析研究概述

近10年，国外需求分析呈现出调查设计信息来源多元化、调查对象多元化和专业化的特征。例如，在关于马来西亚工程专业在校大学生的特定英语需求研究中，Kassim & Ali（2010）的问卷设计信息来源包括工程单位的工程师和人力资源管理人员、相关学院专业教师和英语教师。该研究的调查对象是10个跨国公司的100位在职工程师，这种多元的信息来源可以更好地保证调查问卷的效度。此外，该研究从学生未来可能从事的职业角色倒推学生当前在校英语学习需求的研究方法也具有较强的借鉴意义。该研究发现跨国公司工程师使用英语开展的口语和书面语系列交流活动，包括电话会议、口头发言、技术问题沟通、人际沟通、撰写信函、会议纪要、项目报告等。其行业交流需求的重点为英语口语，而非书面语。此外，该研究发现拥有流利的英语交际能力能够让工程师更加有机会与国际接轨。该研究结果不仅为高校工程类专业大学生英语课程设计的改革带来了重要启示，同时也有助于增强院校对培养学生专门用途英语交际能力的重要性的认识。Lambert（2010）在研究日本大学英语专业学生的学习需求时，采用的问卷调查对象的来源也较为多元，包括毕业5年和毕业25年以上的英语专业毕业生。除此之外，Basturkmen（2012）指出对专家话语（specialist discourse）的分析也是了解目标场景交际需求的重要方法。

然而，需要注意的是，单纯从职场从业人员处获取的需求信息有可能忽视目标学生群体的学习需求及其当前水平，因而单一的基于目标场景从业人员的需求分析对设计高质量的ESP课程是不够的。Chostelidou（2010）使用了封闭式和开放式问卷对会计专业的学生进行了问卷调查和半结构化的访谈，从学生的视角认识他们在语言技能方面的不足、对未来职业英语需求的认识、对英语教师角色的偏好及对 ESP 教学的建议等。该研究对了解学生群体的需求具有一定的借鉴价值。Antic & Milosavljevic（2016）在研究医学专业本科生的学习需求时，调查对象既包括医学专业的学生，也包括临床医生和教学助理，从多维度揭示当前和今后的医学英语需求。

综上，近 10 年 ESP 的需求研究取得了很大的发展。多元化的信息来源和多样化的研究方法有助于研究者更加全面地了解学习者和目标交际情景的需求，从不同角度对所分析的数据源和需求进行比较评估和三角测量（triangulation），从而为相关课程设计提供更翔实的参考和依据。但是多元的资源考察和设计一般也需要更多的时间和精力投入，这也为研究者带来一定的挑战，因此研究者在进行需求分析方案设计时，需要根据自己的研究目的和研究条件综合考虑。

4.3.2 国内需求分析研究概述

通过对我国近 10 年来 ESP 需求分析相关研究的梳理，我们发现国内核心期刊上发表的需求分析文章大致可分为三大类。第一类是需求分析的理论探索与引介。例如，程晓堂和孙晓慧（2011）从英语教材设计和分析角度引进了国外需求分析的理论框架，并建议考虑教师、教材、教学条件和教育环境等多方面因素，根据特定的需求开展相应的教学设计和教材分析。

第二类是关于学术英语的大规模问卷调查，调查对象以学生为主。例如，蔡基刚（2012a，2012b）采用问卷调查法分析并探讨了上海四所高校的大学生的专门用途英语和学术英语的课程需求以及课程定位、教学模式、教学规范等方面的内容。蔡基刚和陈宁阳（2013）对上海某高校的学生、大学英语教师和学科专业教师进行了针对性强的专门用途英语需求分析。

第三类是以大学英语教学改革为目标开展的行业英语需求研究，其调查对象以行业从业者为主体。例如，黄萍和郭峰（2011）开展了针对国际物流服务行业话语能力的需求分析实证研究。该研究采用定性与定量分析相结合的方式，基于 Bhatia（2004）提出的话语能力的三个层次（文本能力、体裁能力和社会能力），以就职于成都、重庆两地的三家国际物流企业的非英语专业大学毕业生为调查对象，分析他们在实际工作中对这三方面话语能力的需求。定量分析采用封闭式量表问卷，根据 Bhatia 的话语能力分类、ESP 教材内容、问卷预分析和企业员工的沟通及讨论确定了问卷内容。在定性分析部分，该研究根据问卷结果随机选取五位毕业生开展半结构化访谈。结果显示，文本能力最为重要，尤其是翻译技巧；体裁能力方面，他们对读写方面的体裁能力需求要比听说方面的更强；社会能力方面，用人单位更重视应聘者在应聘工作时的表现。综上所述，毕业生在实际工作中更多地使用实用型英语，与大学英语课堂中的教学内容存在较大差异。该研究建议大学英语教学应根据实际需求进行改革，以目标情境为导向，以文中所提到的三方面话语能力为指导，开展更加实用、有效的教学实践来提高学生行业英语学习的积极性。

余樟亚（2012）采用定性与定量分析相结合的方式，调查了电力能源行业的英语需求。该研究涉及行业岗位招聘、岗位职能和企业培训三种目标场景下对英语的需求。定量分析部分对行业代表性工作岗位人员进行了问卷调查，定性分析部分对相关部门的行业人士进行了半结构化访谈并查阅解读了电力能源行业的相关政策、规定等文件。调查结果显示，在岗位的招聘、职能、培训三方面的需求中，除基本的听、说、读、写、译之外，实际工作中的不同岗位会有相应更加明确、具体的英语要求；在英语实际使用层面，一线员工与管理层的感受存在差异，员工的个人发展需求也因人而异。该研究结果认为在电力能源行业这样一个大的行业范围内，对英语的实际需求具有复杂多样性。最后，该研究建议在学生的职业选择尚不明确的大学英语阶段，ESP 教学应该以通用学术英语或通用职场英语为主体。

我们在 4.3 节已经讨论的需求分析研究基本是围绕某一时间段开展的静态的需求分析。然而，职业情景下的交际需求是变化的，会随着使用者角色和职务的变化而有所不同。Chan（2019）指出需求分析要具有系统的和发展的视角，方能为培养具有领导力的精英人才奠定基础。

该研究利用较为开放的半结构性访谈（即不带作者预设的开放访谈问题），邀请三位香港金融领域高级管理者讲述了他们在 20 多年的职业生涯中使用英语开展的工作和任务，即围绕英语使用的职业发展"故事"。该研究根据受访者的职业发展故事分析了金融领域的英语交际需求以及伴随受访者职务变化而产生的英语需求变化。该研究视角新颖，既考虑了当前目标职业需求，又考虑了其动态变化，对设计面向领袖人才培养的金融行业系列课程具有重要参考价值。该研究所采用的动态和系统的研究视角，对将来 ESP 需求分析研究也具有重要的借鉴意义。

通过对近 10 年 ESP 需求分析的主要研究进行比较，我们发现国内（尤其是内地）的需求分析研究以大学英语教学改革为主要目标，其研究方法大都以基于现状的问卷调查和访谈为主，问卷的信息来源相对较少，针对行业英语交际需求的调查在设计上也略显宽泛。相比之下，我国香港学者的需求分析研究设计更注重挖掘细节，很有特色。因而该领域的研究有必要借鉴国际期刊上发表的高质量的需求分析文献，丰富需求分析的设计理念和方法，为 ESP 教学和课程设计提供更坚实的基础。

4.4 课程设计

课程设计是通过对各种相关信息和素材进行解释和加工，从而构建综合的、各部分有机联系的教学活动，其目标是引导学生掌握特定的知识和技能（Hutchinson & Waters, 1987）。课程设计是 ESP 教学成功与否的关键，其核心环节和步骤包括了解需求、设定目标、制订大纲、组织内容、选择方法、确定评估方法等。在这些核心步骤中，需求分析是第一步，也是 ESP 教学核心理念产生的基础。在许多情况下，需求分析的结果甚至决定着是否需要设计一门新课程，因此我们将需求分析的讨论置于课程设计之前。

在以上关键步骤之外，所有课程设计都离不开语言学理论、语言习得理论以及心理学、教育学等理论视角的指导，正如 ESP 的诞生离不开教育学中以学生为中心和应用语言学领域交际法教学思想的推动。Woodrow（2018）在其 ESP 课程设计导论中论述了基于体裁、基于语篇和基于语料库的当前三大主流课程设计理念。其中，基于体裁的课程设计一般围绕学生在学术或职业情景下需要掌握的体裁组织课程内容，其教学重点是构成体裁的功能特征和语言特征。根据该视角设计的课程注重引导学生通过学习任务了解构成体裁的语步、语言特征以及这些特征与其交际功能、使用者期待、交际语境等多元交际要素的相互影响。基于语篇的课程设计是包含多种语篇分析方法的高度概括的理论视角，如会话分析、语用分析、词汇语法分析、跨文化修辞分析、批评话语分析等。无论基于何种语篇分析的视角，其课程设计的主体是目标情境下的典型的口头和书面语篇，教学内容为语篇的结构特征、词汇语法特点、修辞特征等。基于语料库的课程设计离不开电子化的语篇文本，其教学重点是语法、词汇使用规律，主要特点是引导学生通过语料库进行语言特征的学习以培养其观察和发现语言使用规律的能力。这些贯穿课程设计底层逻辑的理论视角在应用于具体课程时会有所融合和交叉（Woodrow，2018）。此外，ESP 教学与专业学科或职场相关的特征也促使其在课程设计上借鉴其相关专业学科的教学方法或任务类型，如基于问题的教学法（problem-based learning，PBL）和案例法（case-study approach）。本节将围绕国内外 ESP 课程设计的主要文献探讨近 10 年课程设计研究呈现的主要特征。

4.4.1 国外课程设计研究概述

课程设计，作为 ESP 教学的核心，是包含多要素的复杂工程。上节讨论的需求分析是设计一门新课程的基础。除此之外，需求分析的结果如何在课程设计中体现，如何设计一门适合目标学习者的 ESP 课程，还是充满了挑战。

国外近 10 年的 ESP 课程设计实证研究相对较少，其中代表性研究为 Wingate（2012）。该研究报告了三种不同的学术英语写作课程设计思路。第一种是针对管理学科本科生的线上学术写作课，是没有与专业课教学交叉融合的独立的写作课程。该课程由英语教师主导，但专业课教师也参与了该课程设计过程。该课程教学目标是培养学生开展其专业写作任务应具备的文本能力和批判意识。课程设计主要采用了建构主义的学习理论，即通过学习任务和活动来启发学生自主认识英语学术写作的原则和标准，而非由教师教授这些原则和标准。该课程内容包括期刊论文文本分析和学生的课程论文分析。有些学生的课程论文以案例的形式出现，启发学生比较自己此前的写作经验与当前写作经验的不同，分析学生自我期待与教师期待之间的差距，教师反馈对学生自我身份的影响等。

第二种教学模式是写作与专业课合二为一的综合模式。该课程的专业课载体是本科生的应用语言学课程，写作教学融于专业内容的教学过程中。其理论基础是写作能力的发展离不开分析性和批判性的阅读，故基于专业内容的阅读构成了写作任务的基础。该课程写作教学内容包括期刊论文、学生基于阅读的总结以及课程论文，其教学方法是支架教学法，通过系列的任务和教师指导帮助学生发展学术写作技能，如怎样在文献中寻找并利用相关信息用于自己的写作。

第三种教学模式是基于体裁的教学模式，其教学对象是应用语言学的硕士生，教学内容是课程论文及学位论文的写作，教学方法是基于系统功能语言学理论的体裁教学法，具体步骤包括解构、合作建构和独立建构三个环节。解构环节指样文分析，分析的重点是样文的交际功能及实现不同交际功能的语言资源等；合作建构指在教师指导下的学生写作活动；独立建构则指学生独自完成一项写作任务。

为评估这三种教学模式和课程设计的效果，Wingate（2012）在每一种教学设计实施中都引入了课程评价环节，评价方法包括问卷、访谈、教师面谈、学生的写作文本对比分析等。毫无疑问，该论文呈现的不同教学模式、详细的课程设计过程和要素、对课程实施环境和支持条件的分析及其评估方法等对 ESP 课程设计研究有重要的借鉴意义。

4.4.2　国内课程设计研究概述

近 10 年来，国内的 ESP 教学研究虽然相对较为宏观，但已有的相关研究仍表现出丰富的理论和实践探索的特点。周梅（2010）提出以建构主义理论为基础，以学生为中心的体验式、互动式的课程设计，并建议应尽量保证学习任务的真实性、多样性和实用性。孔繁霞和王歆（2015）融合内容依托式教学理念和基于"产品"的项目教学理念，提出了基于"6T"路径的工程英语课程设计。"6T"即主题（theme）、课文（text）、话题（topic）、线索（thread）、任务（task）和过渡（transition）。根据该研究的课程评价和学习者完成的作业，基于"6T"路径的 ESP 工程英语课程设计实现了语言与专业的融合，提升了学习者对专业内容和语言学习的重要性的认识，取得了良好的教学效果。王宇等（2019）以产出导向法（production oriented approach，POA）为基础，针对一所重点高校的"IT 行业职场英语"课程进行了优化设计，提出了 POA-ESP 课程设计和教学设计框架。该课程经过三轮实践，取得了满意的教学效果。严玲和李烨辉（2018）讨论了大数据背景下的 ESP 课程设计理念，提出了基于大数据精准定位的需求分析、学习内容设计、风格自适应型学习过程设计和全信息可视化学习评价设计的崭新思想。赵珂和王志军（2015）以上海财经大学为例，探讨了其"商务英语沟通"课程的设计原则以及课程考核方式，并通过问卷调查等方式探讨了该种课程设计在学生的商务沟通能力、高阶思维能力以及商务英语学习认识观等方面的作用。

引介国外 ESP 先进的课程设计理念（张琳琳，2010；邹文莉，2013）以及介绍校本 ESP 教学模块设计和课程设计（张为民等，2015）是近 10 年国内课程设计研究的重要方面。例如，邹文莉（2013）介绍了我国台湾高校专业英语课程的实例，并且探讨了如何将该教学实践范例应用于大学英语课程的教学实践。张为民等（2015）介绍了清华大学的学术英语课程，并将其与通用英语和专业英语进行对比分析。崔校平等（2013）介绍了山东大学的大学英语课程体系，并从课程设置、教学模式、教学评价、学术英语师资培养以及已经取得的成就等方面详尽地介绍了山东大学大学英语"EGP + ESP"的课程建设与实践。叶云屏（2013）针对北京理工大学工程专业人才培养目标、教学实践和英语课时分配等因素进行分析，把该校拔尖创新型人才培养计划的英语课程定位为通用学术英语，并通过四个阶段循序渐进地发展学生的学术英语能力。

Chan（2018）以香港某大学本科生商务会议模块的课程开发为例，详细报告了课程开发过程中所涉及的需求分析、教学大纲设计、课程实施、教学法和课程评估等多要素的贯通研究。以往 ESP 教学研究或以需求分析为主，或以课程设计为主，这种贯通的研究非常缺乏。贯通研究的优势是可以深入地探讨需求分析的结果是如何在大纲设计、教学方法确定以及评估考核环节实现的。例如，Chan（2018）发现目标学生群体的需求是主持与参与商务会议及应对人际关系的交际策略和语言资源。在随后确定教学目标时便将会议相关的人际关系处理和协调能力培养作为课程的优先目标，并确定采用体验式学习、学生自我反思以及聚焦语言的设计思路。在课程评价环节，该研究采用问卷调查和学习者的反思数据分析，证明了该课程在提高学生人际交流能力和商务英语水平方面的有效性。该研究对需求分析和课程设计研究均有重要的借鉴意义。

综上所述，2015 年以前国内的 ESP 课程设计以引介国外的相关理念为主，2015 年以后的课程设计已经展现出融合不同理论并提出创新思想的趋势，但大多数课程设计研究仍然比较宽泛。课程设计是 ESP 教学的核心，关乎教学是否能满足学生的实际需要，未来针对国内学习者的 ESP 课程设计的研究需要更加具体、深入。

4.5　学术英语教学

学术英语最初是为国际留学生开设的预科英语强化课程，其目的是帮助学习者用英语进行专业学习和从事专业研究活动（Dudley-Evans & St John，1998）。随着高等教育的国际化和英语作为学术通用语地位的逐步上升，学术英语教学不断扩大到许多英语非母语国家和地区的大学英语教学。本节将主要概述近 10 年国内外学术英语在教学模式和教学实践方面的探索。

学术英语教学研究是 ESP 领域规模最大、最活跃的部分。近 10 年学术英语的教学研究热点包括基于体裁分析的教学模式、语料库驱动的教学模式、线上线下混合教学模式、词汇教学和写作教学等。例如，Cheng（2015）深入探讨了启发式体裁分析方法在学术英语写作教学中的应用，指出体裁分析方法不仅可以帮助学生了解宏观语篇结构、微观词汇语法选择及其修辞功能三者之间的互动关系，而且可以增强学生的元语篇知识，使之从仅关注文章内容的阅读模式转变为兼顾语篇交际目的、读者期待等更全面的体裁阅读模式。这种转变对于学生理解和评价他人以及自己的交际意图及修辞选择，进而提高自己的写作能力至关重要。此外，基于在教学中对比分析 ESP 学者发表的论文和学生写作的经历，该研究认为体裁分析的教学模式还可强化教师自己的体裁知识并促使其不断深化对学生所在学科学术论文的认识。Chen & Flowerdew（2018）展示了数据驱动的学术写作教学模式的大规模实施，内容包括课程设计理念、教学目标、教学方法、教学任务的设计理念与样例、教学步骤、教师与助理的角色、学生在课堂上的学习情况以及教学评价的手段和效果。该研究发现数据驱动的教学模式对学生借助语料库自主探索学术语篇的词汇、语法特征及用法具有重要价值，该文也对教师开展数据驱动的学术写作教学具有借鉴意义。王奕凯和刘兵（2019）探讨了线上线下混合教学模式，并以 519 名非英语专业研究生为研究对象，开展了为期 15 周的混合教学实践。研究发现，该教学模式可以有效提高学生的自主性，提升其学术写作水平。郑咏滟（2019）分析了 SPOC（small private online course）的教学模式，并将该教学模式应用于英语专业大四学生学术英语写作课的教学中。研究通过实验前后对比发现该教学模式可以有效提高学生的体裁知识运用能力。

  学术词汇和短语教学也是国内外近 10 年学术英语教学的重点之一。例如，Cotos（2014）探索了语料库驱动方法在连接副词教学中的应用。该研究使用定性和定量分析方法，并通过前测、后测和问卷方法检验了学术英语教学效果。结果表明，该教学方法有助于提高学生使用连接副词的频率、多样性和准确度。刘萍和刘座雄（2018）以 Coxhead 的学术词汇表为基础，对农学专业的学生进行了为期一学期的基于语料库的词汇教学，并通过实验教学对比方式检测了词汇教学的效果。该研究结果表明，实验组产出文本中学术词汇的使用量、多样性和覆盖率均高于对照组；和传统的词汇教学方法相比，基于语料库的学术词汇教学有利于提高学生对目标词汇的形式、意义和用法等方面的掌握。在短语教学方面，AlHassan & Wood（2015）开展了程式化短语的显性教学，研究发现显性教学不仅可以提高学习者的程式化短语习得水平，还能够促进

第 4 章　专门用途英语的教学实践

学生在学术写作中对程式化短语的应用，提高学生的写作水平。陆小飞和刘颖颖（2019）揭示了程式化短语在语言习得中的作用，梳理了不同种类程式语的定义和提取方法，并从语料库研究的视角探讨了学术英语程式语教学资源的建设成果及其应用。

基于语料库的学术写作教学是学术英语教学领域非常重要的研究主题。Flowerdew（2015）探讨了科学和工程专业学生学术论文讨论部分的写作，并将索引行阅读的方式融入教学活动。在教学活动的开展中，学生首先分析论文中讨论部分的样例，并确定该部分典型的语篇结构；在基于体裁的分析之后，学生进行自下而上的语料库检索，并讨论语篇组织的词汇语法模式。研究发现该教学模式有利于学生掌握讨论部分的框架结构和语言表现方式，提高其学术论文的撰写水平。同样，Poole（2016）从修辞功能视角为美国大学的国际学生提供了为期 16 周的基于体裁和语料库的 EAP 写作课程，该研究采用了对比方法让学生分析索引行及其语言实现形式，研究表明索引行的阅读有助于提高学生对语言和语篇结构的了解和掌握。Dong & Lu（2020）探讨了语料库在学术英语语篇框架写作中的具体应用，并把 AntConc 和 AntMover 软件应用于语篇教学。该研究发现语料库的方法和语篇框架结构写作可以增强学生的学术写作意识，提高学生恰当使用体裁框架结构表达语言资源、谋篇布局的能力。

基于语料库的教学方法可以提供有针对性的学习材料，帮助学生更好掌握目标语言的使用情况，因而可以满足学生在语言学习过程中的专门化的需求。同时，基于语料库的检索和分析符合建构主义理论关于语言习得的过程，有助于帮助学习者从大量的语言使用中探索语言使用的规律，培养学生的自主学习能力。

综上，近 10 年国内外学术英语教学研究取得了突出进展，从不同角度探索了学术英语的教学模式和方法。但是，研究大多关注学术英语写作和词汇教学，对学术口语和学术听力的教学研究相对较少。此外，在教学辅助方法方面，研究发现基于语料库或语料库驱动的学术英语教学可以产生多方面的良好的教学效果，SPOC 等线上教学平台也可以作为课堂教学的有效补充，但未来相关研究还需要探索更多具体的应用方法，并对其教学效果进行验证。

4.6 法律英语教学

法律英语教学是 ESP 教学领域的一个重要组成部分，其主要目标是培养"具有国际视野、通晓国际规则、能够参与国际法律事务和国际竞争的国际化人才"（张法连，2019：4）。屈文生（2017）指出法律英语教学旨在培养能用英语从事法律和法律语言服务的复合型人才。我们以"法律英语教学"（"Legal English Teaching"）为关键词进行检索发现，国内近 10 年发表在核心期刊上的相关论文共有 26 篇，而国外 Web of Science 核心合集的相关文章只有 10 篇。本节主要对国内外近 10 年法律英语教学研究进行概述和讨论。

首先，由于法律英语的高度专业化，在教学中如何解决内容与语言的矛盾，或者如何兼顾学生群体的专业需求和语言技能发展需求是法律英语教学关注的重点之一。面对该挑战，Baffy（2017）创造性地提出了"框架转换"教学模式。作者基于美国大学面向国际学生法律硕士项目开设的法律学术英语课程，提出了在法律教学框架和英语教学框架之间转换的"框架转换"教学模式。该课程的学生具有提升自己法律知识的强烈动机，但他们的英语知识和技能又不能满足其专业学习的需要，因此法律学术英语课程便具有双重目标，由一位资深语言学教师和一位法学教师合作进行教学。Baffy（2017）使用录制的课堂互动数据，研究该课程教师和学生如何在"法律教学"和"ESL 教学"之间切换的框架转换教学模式。该课程评估表明，两个框架之间的交替转换有助于同时满足学生的专业和语言需求，也有利于依托法律知识促进英语语言知识的掌握。该研究提出的"框架转换"教学模式对法律英语课程和其他专门学术英语课程均有重要的借鉴意义。

其次，法律英语教学领域探讨了一些新的教学理论和教学方法的应用。例如，张清（2019）基于以内容为依托的教学法（content-based instruction，CBI），以美国合同法为例，阐述了法律英语教学模式的具体内容和开展方式。该研究指出以内容为依托的法律英语教学内容主要包括限制性输入假说、输出假说以及认知语言能力。依据这一框架，法律英语教学应该遵循"限制性输入—目的语输出—认知学术语言能力发展"的教学模式。其中，限制性输入指教师用英语讲授美国合同法的背景知识和内容，帮助学生更好地理解合同法的内容；目标输出指组织学生用英语交流所得。该环节结合法律学科常用的案例教学法，组织学生开展互动交流活动并同时检测学生的理解程度。CBI教学法可以很好地契合法律英语教学的特点和需求，既强化学科专业知识，又可以帮助学生提高对法律学术语言的运用能力。其他教学方法在法律英语教学中的探讨包括案例教学法的应用（叶盛楠、张法连，2011），产出导向法在法律专业研究生ESP教学中的应用（刘凌燕、杜珺，2018）。袁传有（2010）提出在法律英语教学中实施"多模态信息认知"的教学理念和教学模式，通过多模态信息的输入、加工、贮存、输出的认知心理过程，调动学生运用多模态认知和处理信息的能力。

法律人才的培养问题和课程体系建设也是我国法律英语教学界关注的问题之一。例如，张法连（2018）建议要建立科学完善的人才培养课程体系，鼓励学校根据校本培养目标和教学目的开设法律英语专业课程，完善课程体系。在法律英语教学中，张法连（2018）强调要突出法律英语的交际能力，处理好语言知识教学和法律知识教学的关系，将语言技能的增长和法律知识的学习进行有机结合，不能片面强调法律知识而忽视语言技能。同时，也要有意识培养我国学生的跨文化交际能力和法律意识，增长其法律知识、提高其法律交流的能力。李凤霞等（2015）提出"多点发展、长线发展"的法律英语人才路径。多点发展，指针对人才培养的规格设计多方位的着力点，提高学生的综合素质和专业素养；长线发展，主要是从时间维度上规划人才培养过程，将学校教育与继续教育相结合的长线设计思路。程强（2016）建议在法律英语教学改革中，从法律英语的学科定位、跨学科和超学科发展等视角，通过跨学科发展进行更高程度的学科合作，整合多学科的数据、技术、工具、观点、概念和理论，使用多学科的解决方案解决当前法律英语教学中存在的问题和不足。

此外，围绕某一具体能力维度开展教学实践也是近年来该领域学者关注的主题之一。例如，在法律英语词汇教学方面，孟超和马庆林（2019）以美国联邦最高法院判决意见语料库（Corpus of US Supreme Court Opinions）为课堂教学工具，围绕词汇教学模型开展实证研究，构建在线语料库法律英语词汇教学模型，并通过课堂实践验证该模型在帮助学生提高法律英语词汇学习中的作用。该研究发现，在课堂教学中使用语料库检索的实验组学生在法律英语词汇的认知、词汇区分识别和搭配等方面均取得了明显进步。同时，也有学者开展法律英语阅读教学研究，例如陈金诗（2011）以自主学习环境中的交互式 ESP 阅读教学为例展开了基于语料库的语篇信息教学实践探索。

此外，也有学者通过综述国外法律课程的教学模式和教学方法对国内法律课程的教学提出建议。例如，刘凌燕（2014）介绍了英国法律课程的教学形式、教学内容和授课方式，如课堂讲授（lecture）、讲习课（workshop）和辅导课（tutorial）及课程评价。该研究通过对诺丁汉大学中国留学生和授课教师的访谈调查了他们对该教学模式的评价，结果发现该课程不仅有助于学生了解英国的法律体系和法律知识，同时也能够提高学生在法律领域的英语听、说、读、写能力。在此基础上，研究建议在我国的法律英语教学中借鉴该教学模式，精确定位我国法律英语的课程属性，创新法律英语的授课模式，丰富法律英语课程的教学内容，完善法律英语的课程评价方式。

虽然，近 10 年的法律英语教学已经取得了很大的发展，但对相关文献分析显示，已经开展的法律英语教学大都是基于法律英语课堂教学展开，尚未发现关于法律英语培训等方面的相关研究。此外，法律英语教学具有很强的专业性，需要加强对法律英语教师的培养、探索英语教师和法律专业教师合作教学的模式和更加高效的法律英语人才培养机制。

4.7　商务英语教学

商务英语主要与国际商务、国际贸易和经济等学科相关联，是英语与商务交叉产生的新学科。商务英语教学主要培养精通英语、通晓相关商务专业知识、熟悉相关国家文化与国情且能用英语开展多种商务活动的复合型人才（王立非、李琳，2011）。本节主要对近 10 年商务英语的教学模式和教学实践等方面进行概述和讨论。

近 10 年，国内外学者在商务英语教学模式和教学理念方面进行了多方面的探索，其中一个趋势是信息技术的应用。例如，陈曦蓉

（2019）采用以内容为依托的教学理念，探究基于慕课和"雨课堂"的线上线下混合的教学模式，如图4-5所示。该教学模式有效地把语言教学建构在商务知识教学之上，有利于提高学生在跨文化语境中的商务交流能力，有效实现课程教学目标。同时，基于慕课与"雨课堂"的混合式教学模式有利于充分发挥线上和线下教学的优势，拓展教与学的时间和空间，提高学生的积极性，从整体上促进外语教学的改革和课程质量的提升。朱慧芬（2019）提出了"互联网+"背景下的高职商务英语专业的"O2O"混合教学模式探究，并指出从教学团队、教学内容、教学环境和考核形式等方面着手构建高职商务英语专业课程群"O2O"混合教学模式。梅明玉和朱晓洁（2019）探讨了虚拟技术在沉浸式教学方式中的应用，并将该教学方式和教学技术应用于商务英语教学实践中。

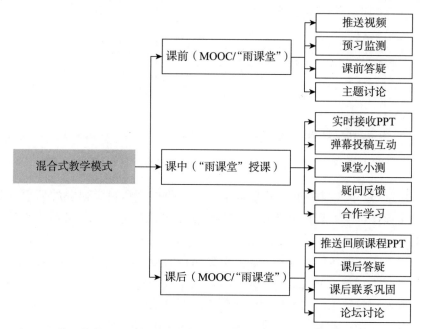

图 4-5　基于慕课和"雨课堂"的混合教学模式示意图（陈曦蓉，2019：131）

籍红丽和谷峪（2018）创造性地将工业制造领域的质量功能配置理论（Quality Function Deployment，QFD）引入商务英语教学改革，并提出了商务英语专业QFD教学模式，如图4-6所示。该教学模式的核心要素是 QFD，即将人才市场对学生能力的需求和学生对教学的需求用矩阵量化为不同重要性的能力维度，然后围绕 QFD 设计教学内容、教学形式、评价形式和资源分配。在教学评价方面，根据不同评价方式在相对总体中的重要性等级确定分值比例。在图 4-6 所示的模型中，教学主要环节均以 QFD 为核心设计。在教学实施方面，该研究建议利用慕课资源，加强学生对人文科学和语言文学知识的学习；针对实践性较强的商务知识，建议采用小组讨论、商务模拟以及案例分析的"实战型"教学模式。

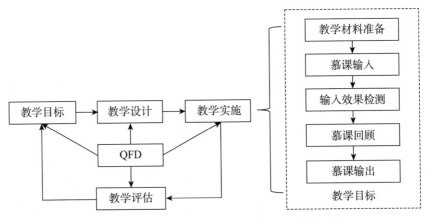

图 4-6　商务英语专业 QFD 教学模型（籍红丽、谷峪，2018：87）

　　近 10 年，商务英语教学也不断地吸收应用语言学研究的新理念，将多模态框架、以内容为依托的教学法和案例法等融入商务英语教学。刘欣等（2015）围绕听觉模态、视觉模态、触觉模态、文化模态以及各个模态之间的协作和互补关系，对如何在商务英语教学中开展多模态教学进行了讨论。研究还对 100 名学生进行了为期一年的实验对比研究，结果显示商务英语的多模态教学模式能够有效提高学生的商务英语学习效能。王薇（2015）在商务英语课堂上采用以内容为依托的教学理念，并探究其实施效果，发现学生对采用该教学理念的课程总体满意度较高。刘菁蓉（2013）将案例教学法融入商务英语写作教学中，对比分析了学生的案例写作和问卷调查，得出学生对商务英语学习和对商务英语写作较高的满意度。Chan（2017）将商务英语真实工作场所的谈话记录融入商务英语口语教学,并结合研究型教学理念,针对香港大学生的两门商务英语课程进行调查分析。研究发现该教学方式有助于提高学生对工作场所话语特征的认识,提高学生对礼貌策略和人际语言等商务交流话语的认识。该研究同时也加强了商务英语中研究与教学的联系。

综上,国内商务英语教学研究在教学模式和教学实践探讨方面取得了一定的进展。但是,该领域研究的广度、深度以及研究设计的精细化程度上仍需进一步提高,尤其是需要进一步探讨如何将商务英语教学模式与具体的商务英语实践相结合来加强学生在商务英语工作环境中的交际能力。

4.8 医学英语教学

随着 20 世纪末英语逐渐成为国际医学领域通用的交流语言,非英语国家医学英语教学的重要性日益凸显。作为 ESP 的重要分支,国内的医学英语教学在 20 世纪 80 年代已经开展,如一些医科大学设有医学英语专业、高年级本科生和研究生的医学英语系列课程以及临床医生赴英语国家留学深造的英语培训课程,故国内的医学英语教学具有较长的历史。本节主要介绍国内外近 10 年医学英语教学领域开展的相关研究。

首先,日新月异的信息技术对医学英语教学模式的改革产生了积极影响,如关于翻转课堂模式的教学实践(刘冰,2016),日本牙科英语培养计划中建议的混合教学模式以及基于计算机的在线学习(Rodis et al.,2014)等。刘冰(2016)构建了医学英语翻转课堂教学模式并讨论了该教学模式在改革教学内容、教学方法和教学评估等方面的优势。如图 4-7 所示,基于该教学模式,学生可在课下完成语言输入环节,且学习不受时间、地点的限制;课上教学时间可用于师生互动,以加强语言输出性练习。该模式较好地贯彻了以学生为中心、教师为主导的教学理念。教学内容的设计也可以更好地利用医学电子资源,基于学生在线学习行为的形成性评估信度也更高。该研究表明翻转课堂教学模式有利于培养学生自主学习意识,可以更好地将学生的英语学习和专业知识相结合,有效提高学生的医学英语交际能力。

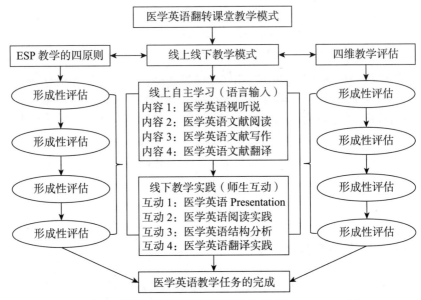

图 4-7　医学英语翻转课堂教学模式（刘冰，2016：63）

Rodis et al.（2014）探讨了日本口腔医学英语教学的核心课程设置。该文指出，日本共有29所口腔医学院，这些学院均开设有医学英语课程，但却没有针对口腔医学英语教学目标、核心课程、教学方法等统一的指导性文件。2011年，Rodis等人通过问卷和论坛的形式搜集了29所口腔医学院的英语需求和课程设置建议，最终形成了具有指导意义的口腔医学英语核心课程方案。该方案包括不同难度级别的牙科英语术语、口腔病理学等理论课程，同时也包括提高医生与医生之间、医生与患者之间的交际流能力的英语实践类课程。该方案建议的授课方式包括混合教学、在线学习、小组讨论、角色扮演、模拟病患训练等。该核心课程方案对其他语境下的医学英语培养方案设计具有重要的借鉴意义。

在上述研究的基础上，Rodis et al.（2019）报告了旨在改变日本学生被动学习习惯的三类积极学习活动，即日本学生与外国学生合作开展主题讨论（international group discussions）、学生授课以体验教师的授课过程（student-teacher experience）和角色扮演活动（role play activities）。研究结果表明这三类积极学习活动可以极大地激发学生的学习兴趣，从而提高学习效果。

第 4 章　专门用途英语的教学实践

医学英语词汇因其术语繁多、冗长，一直是该领域教学研究关注的焦点之一。朱午静和李晓丽（2013）尝试将认知语言学的概念整合理论应用于医学英语词汇教学中。研究通过具体实例分析，提出通过词汇记忆词汇，逐步激活新创结构；采用多种输入方式，充实加固新创结构的医学英语词汇教学新模式。该研究突破了以往词汇教学研究囿于记忆方法、教学策略的传统，提出了基于理论的新思路，有较高的借鉴意义。

除上述讨论的翻转课堂教学模式、核心课程设置、词汇教学新方法等研究之外，近 10 年医学英语教学领域还有一些其他的探索，如体裁教学法在医学 SCI 学术论文写作教学中的应用（曹秀平、岳晓龙，2017）、学科内容和语言技能融合的教学思路与方法（Mungra，2010）、合作学习理念在医学研究生专业英语教学中的应用（郭书法等，2011）、多模态教学模式在医患交流课程中的应用（Franceschi，2018）以及阅读课教学中专业教师与语言教师的认知和实践差异研究（Atai & Fatahi-Majd，2014）等。

综上，近 10 年国内外医学英语教学均取得了一定的发展，呈现出从不同视角追求更高教学质量的努力。但是，通过比较本节所概述的国内外相关文献，我们发现目前国内医学英语教学仍缺乏统一的质量标准或宏观指导，所开展的教学研究需要更科学的设计和数据支撑。医学领域的英语交际能力不仅关乎从业人员吸收新知识的能力，而且关乎医疗质量的提升。因此，需要大力加强医学英语教学研究，构建适合中国学生特点的医学英语教学体系和课程质量标准。

4.9　高职英语

随着我国高等职业教育的发展，国家和社会对高职人才的培养也提出了新的要求。2010 年，教育部出台了《高等职业教育英语课程教学要求（征求意见稿）》，建议将高职英语分为基础英语阶段和行业英语阶段，并就行业英语教学的培养目标和方案提出了具体的建议。许多高职院校纷纷尝试开设 ESP 课程，并将其作为高职英语教学的一个重要突破口和发展途径。高职 ESP 教学的主要目的是培养学生的英语应用能力，帮助学生实现未来职业领域内的交际目标，为其将来的职业活动做好准备。

本章主要概述我国高职英语教学中近10年的发展趋势和特征。我们以"高职专门用途英语教学"或者"高职ESP教学"为关键词在CNKI上进行检索，发现发表在核心期刊和CSSCI的期刊的相关文章共有31篇。通过分析，可以发现该领域的研究呈现出如下发展特征。

第一，目前高职院校的英语教学主要集中于教学现状分析和教学改革探索。例如，李思阳和陈悦（2013）对我国高职院校ESP导向的高职英语教学模式进行了探索；李勇军（2007）在分析我国高职院校ESP教学现状的基础上，针对目前ESP教学中的问题，从思想认识、师资力量和教材改革等方面提出了应对策略；张天华（2011）对高职院校学生的ESP学习需求进行了问卷调查，发现学生普遍认为有必要开展ESP教学，且学生对课程的教师和教材等方面具有较高的期望值。余萍（2011）结合高职英语教学实践，探讨了ESP课程的需求分析、师资建设、教材开发、课堂教学等方面存在的问题，并提出了要打造有高职特色的ESP教学模式，以更好地推进高职英语教学的改革和发展。李志萍（2016）从课程设置、需求分析、教材开发、师资队伍建设、教学评价体系及ESP课程学习平台搭建等方面，阐述ESP课程建设的探索与实践研究。研究建议对高职英语ESP教学进行实践，不断改进教学方法，优化教学手段，研发满足职业需求、学生需求的ESP教材，构建科学的教学评价体系以培养既有扎实的专业功底又能满足特定行业需要的复合型人才。但总体而言，现阶段我国所涉及的高职ESP具体学科门类比较欠缺，对ESP和具体学科门类的英语教学特点和教学模式的探讨，仍需进一步加强。

第二，对高职院校ESP的研究呈现出专业化倾向。例如，李思静（2014）结合物流英语课程的教学定位，从学生、师资、教材、教法和考核等方面，对高职院校物流英语的现状进行了剖析。该研究建议高职院校的物流英语的课程应加强师资队伍建设，改革陈旧的教学模式，丰富教学手段，采用科学的考核方式，培养符合社会发展需要的专业人才。

上述针对高职ESP教学研究的分析显示，我国高职ESP教学研究大多停留在理论探索方面，而实证研究欠缺。目前已经开展的研究针对高职 ESP 教学的一些实施方案和改革措施进行了探讨，并对高职 ESP 教学的定位和教学现状进行了分析，而针对具体的教学模式和教学实践的实证研究相对较少，因此未来研究有必要在加强 ESP 理论指导的条件下，开展包含需求分析、课程设计、教学方法、评估考核的系列研究，构建适应性强的高职英语核心课程体系，提高教学质量。

4.10 语料库和其他教学资源介绍

由于 ESP 教学不可避免地涉及纷繁复杂的学科、专业和职业，在有些情况下教师难以找到涉及某一领域的词汇、短语等用法的参考书，或者即使有参考书，获取查阅也可能有一定的困难。在这种情况下，如果有合适的语料库可以检索，则既可以节省时间，又可以快速获得基于真实语料的相关信息。此外，ESP 教学中有时需要特定话题或体裁的真实语料，语料库也可以提供真实的语料。一些免费的语料库，如 MICASE（Michigan Corpus of Spoken Academic English）和 MICUSP（Michigan Corpus of Upper-Level Student Papers）中的语料可以免费下载，用于非商业性的教学活动。

基于语料库或语料库驱动的 ESP 教学也是激励自主探索、培养学生自主学习和终身学习的资源和工具。有学者围绕这一工具或方法进行了有益探索。例如，Chen & Flowerdew（2018）面向香港博士生的数据驱动的学术写作教学就利用了 BNC（British National Corpus）学术语料子库。总之，教师可以通过检索合适的语料库获取一般参考书中可能找不到的具体语境下的检索项及其用法；学生可通过检索语料库自主探索目标语言使用特征，验证与扩展所学知识，培养独立解决问题的能力。总之，语料库工具的应用有利于满足教师和学生的个性化需求，因而是 ESP 教学中一个非常重要的资源和工具。

有鉴于此，本节将简要介绍国际上主要的英语学术和职场语料库，并介绍自建 ESP 语料库的原则和步骤。此外，为方便读者系统了解 ESP 教学的可用课程资源，本节还将简要介绍国内建设的 ESP 线上精品课程。

4.10.1 学术语料库

1. DEAP 学术英语语料库

DEAP 学术英语语料库（Database of English for Academic Purposes Corpus，DEAP）是由北京外国语大学许家金牵头，联合国内多所高校研究人员共同创建的学术书面文本语料库。该库为开放式多学科学术英语语料库，采用共建共享模式建设，即每所高校负责建设某个学科的学术英语语料库，整合后构成超一亿词次的 DEAP 学术英语总库。该语料库目前涵盖 24 个学科，具体为农学、艺术学、生命科学、化学、土木工程学、经济学、教育学、环境工程学、地理学、信息科学、语言学、文学、材料科学、数学、医学、军事科学、新闻传播学、哲学、物理学、政治学、心理学、船舶工程学、社会学、统计学。学术写作样本均来源于发表在高影响力国际期刊上的文章，包括研究类文章、评论类文章、综述类文章、观点类文章以及致编辑函、短讯、快报等。其中，艺术学、生命科学、化学、土木工程学、经济学、教育学、环境工程学、地理学、信息科学、语言学、文学、材料科学、医学、新闻传播学、哲学、政治学、心理学、社会学、统计学学科语料库可通过精确选择实现对不同体裁的检索。

DEAP 总库规模目前超过 1.2 亿词，其中每个学科语料库规模基本平衡，均为 500 万词或 600 万词。该语料库代表了高影响力国际期刊英文文章的学术英语写作特点，包括不同学科的学术写作样本，因此可用于分析不同学科学术文本写作的学科特点并进行学科差异对比。

相对于通用语料库来说，DEAP 语料库的优势在于它是一个分学科的学术英语语料库，可以按照不同学科进行检索。教师和学生可以在语料库中检索学科专业术语和特定词汇，在检索项中寻找有益的例子，并结合上下文进行分析，在上下文中理解其特定含义（该语料库提供了较长篇幅的上下文），能够帮助使用者把握专业术语含义、用法以及一些词汇在特定学术语境中的特殊含义。学生在写作中对某些表达或者用法有疑问时，也可以在 DEAP 语料库中进行检索，从而判断表达的恰当性，并对不确定的细节进行修订，提高写作的准确度。此外，通过提取关键词表，可以用数据呈现所研究学科领域的重点关注内容。通过

DEAP 语料库还能整理类似写作模板的表达，学生可以先研究所在学科领域期刊的经典论文，熟悉论文整体架构中的必要部分，找出各必要部分常用的句式及词汇；随后在学科语料库中进行检索，整理出适合自己研究类型的英语论文写作模板。教师在学术英语教学中，对专业词汇在特定语料库中进行检索，一方面可以提取索引行作为例句示范，另一方面也可以对索引行中的搭配进行分析和梳理，观察在实际运用中的语言现象等。该语料库对国内学术英语教学与研究的开展具有较大的学术价值和应用价值。

已建成的 DEAP 语料库可通过 BFSU CQPweb 网站在线检索单词、短语，以及生成词频表和关键词表等，具体操作步骤可参考其使用手册。

2. 英国学术书面英语语料库

英国学术书面英语语料库（British Academic Written English Corpus, BAWE）是当前影响力较大、使用面较广、包含多学科学生写作的学术书面文本语料库。该语料库是由英国经济及社会研究理事会（Economic and Social Research Council）资助，由华威大学、雷丁大学和牛津布鲁克斯大学合作创建的学生写作语料库。该语料库涵盖 35 个学科，包含艺术与人文、社会科学、生命科学和物理科学四大学科领域的本科生和硕士研究生的 2 761 份学术写作样本。

该语料库按照 TEI（Text Encoding Initiative）格式进行文本注释，并对每个文件的标题、文本作者的性别和出生年份等方面信息进行了标注。该语料库代表了英国本族语学生的学术英语写作特点，包括不同学科、不同体裁的写作样本，可用于分析不同学科学生写作的异同。该语料库可免费下载，方便教师和研究人员在下载文本之后对语料进一步分析，也可通过牛津文本档案库进行访问和下载，同时也可以通过 Sketch Engine 网站进行在线检索。

3. 英国学术英语口语语料库

英国学术口语语料库（British Academic Spoken English Corpus,

BASE）是华威大学和雷丁大学合作开发的基于学术讲座、研讨会音频和视频转录的英语学术口语语料库。该语料库有约175万词，收录有1998—2005年的学术讲座和研讨会，音视频根据TEI指南转录和标注为文本。该语料库涉及四个学科领域：艺术和人文学科、生命与医学学科、物理学科、社会研究和科学，每个领域包括40个讲座和10个研讨会。BASE Plus版本包括BASE转录文本的原始视频和音频，以及关于学术成果的采访记录等。BASE语料库可免费在线检索，音视频也可以在项目网站上向相关人员申请。该语料库可用于对其收录的学术口语体裁进行语篇分析、语用分析和多模态分析，也可用于英国英语与MICASE收录的美国英语学术口语之间进行比较研究，其音视频也可用于学术英语听说课的教学资源。

4. 密歇根高年级学生论文语料库

密歇根高年级学生论文语料库（Michigan Corpus of Upper-level Student Papers，MICUSP）是Ute Römer博士及其团队在收集整理美国密歇根大学生和研究生课程论文的基础上建立的跨学科学生写作语料库。该语料库包含密歇根大学学生在校期间期间撰写的829篇学术文章（约260万个单词），涵盖人文与艺术、社会科学、生物和健康、理学四大学科领域共16个学科、7个体裁的学术写作文本。该语料库对文本作者的母语背景，即本族语和非本族语作者以及文本作者的年级进行了界定，便于研究者从多方面不同角度考察学生的学术写作特征。该语料库支持在线检索和免费下载，方便教师和学生对语料做进一步分析或用于学术写作教学的范例。

5. 密歇根学术英语口语语料库

密歇根学术英语口语语料库（Michigan Corpus of Academic Spoken English，MICASE）是根据密歇根大学的面授课、学术演讲、学生小组讨论等体裁的录音转录而建成的口语语料库。MICASE涵盖四个学术门类，包含人文与艺术，社会科学，生物与健康科学以及物理学科的15种不同类型的演讲样本。MICASE中的文本在长度和形式方面具有很大的差异，演讲时长从19分钟到178分钟不等，转录后的语篇包含有

152 个转录演讲（共 1 848 364 个单词）。该语料库根据交际事件或体裁、学科、讲话者母语背景、单独演讲或互动演讲等分类，可选择不同参数进行检索，也可下载需要的文本用于教学。

6. 奥克兰学术写作语料库

奥克兰学术写作语料库（Academic Writing at Auckland，AWA）由新西兰奥克兰大学教师 Neil Matheson 建立，该语料库以奥克兰大学的大学生和研究生所撰写的课程论文为基础，涉及人文与艺术、商务、教育、法学、医学和理工等七个大领域中的 27 个学科。该语料库在不断更新中，目前版本包括的体裁有：评价文体、研究报告、案例分析、研究设计等 13 种学术文体的写作样本。该语料库还对语篇结构和语步进行了标注和划分，有助于了解不同学术语篇的文本框架结构，也为基于语步的教学活动设计提供了数据参考的便利。同时，该语料库具有便捷的在线检索界面。

4.10.2 职场语料库

香港理工大学英语专业交流研究中心创建了一系列的职场语料库，包括香港工程语料库、香港金融服务语料库、香港预算语料库、香港企业管理报告语料库、香港反腐语料库等。同时，该中心还提供了便捷的语料库在线检索界面，有利于研究人员和学生开展在线检索和查询。上述语料库的简要介绍如下。

1. 香港工程语料库

香港工程语料库（Hong Kong Engineering Corpus，HKEC）由香港理工大学英语专业交流研究中心开发。该语料库包含香港工程领域常用的业务守则、通函、会议记录、咨询文件、常见问题解释、指南手册以及媒体发布等工程领域常用的文本。HKEC 也在不断更新中，当前版本包含有 31 个子语料，共计 9 224 384 词。该语料库对工程专业的教学和科研人员提供了重要的参考。

2. 香港金融服务语料库

香港金融服务语料库（Hong Kong Financial Services Corpus，HKFSC）由香港理工大学英语专业交流研究中心开发，涵盖香港金融服务行业最常见的工作场所话语。该语料库包含年度报告、宣传册、通函、资金说明、公司公告、基金报告等香港金融服务行业最常见的工作场所专业体裁。语料库定期更新，目前使用的版本包含 7 341 937 词。

3. 香港预算语料库

香港预算语料库（Hong Kong Budget Corpus，HKBC）由香港理工大学创建，包含香港财政司司长从 1997 年至 2020 年发表的财政预算方案演说。演说在香港政府网站上发布，在收录进语料库时删除了其最初发布的书面标题。该语料库目前有 324 334 词。

4. 香港企业管治报告语料库

香港企业管治报告语料库（Hong Kong Corpus of Corporate Governance Reports，HKCCGR）包括在香港联合交易所上市的 217 家公司的治理报告。这些公司代表了该交易所中的四个主要行业，即金融、公用事业、房地产以及商业和工业。语料库以构成公司治理的报告为基本语料来源，并根据每个报告编制了 25 个子语料库。HKCCGR 中目前有 1 034 673 词。

5. 香港反贪污语料库

香港反贪污语料库（Hong Kong Corpus of Corruption Prevention，HKCCP）包括香港廉政公署预防贪污咨询服务的 49 份文件，相关文件旨在为香港各类组织和机构提供预防腐败培训资料。该语料库包含 27 份最佳实践清单，4 个工具包，13 份预防腐败指南和 5 份针对香港不同行政职能和运作的行为准则样本，共有 567 599 词。该语料库包含《防止贿赂条例》、英国《反贿赂法 2010》和《联合国反腐败公约》的文本。

6. 香港测量及建筑工程语料库

香港测量及建筑工程语料库（Hong Kong Corpus of Surveying and Construction Engineering，HKCSCE）由香港理工大学英语专业交流研究中心开发。该语料库主要涵盖测量与建筑工程领域的语篇，包含新闻稿（2 037 472 词）、宣传材料（614 928 词）、产品说明书（682 717 词）、项目摘要（567 950 词）和报告（1 092 597 词）等测量和建筑工程领域内常见的体裁。该语料库可通过英语专业交流研究中心（Research Center for Professional Communication in English，RCPCE）网站公开获得。

7. 英国法律报告语料库

英国法律报告语料库（British Law Report Corpus，BLaRC）是基于英国法院和法庭于2008—2010年间发布的司法裁决条文而建成的语料库。该语料库由西班牙穆尔西亚大学 LACELL 研究小组的法律英语讲师 Maria Jose Marin 博士创建。BLaRC 包含 1 228 项司法裁决中产生的共计 885 万字的法律裁决条文。BLaRC 包括五个主要部分，分别反映了英国司法系统的不同管辖权，即法院和法庭的地理范围：（1）英联邦国家；（2）英国；（3）英格兰和威尔士；（4）北爱尔兰；（5）苏格兰。此外，每个语料库均根据法院和法庭的层次结构划分为不同的子语料库。大多数法院和法庭是根据其所属的法律分支（例如刑法、家庭法、商法、知识产权法等）进行组织和划分的。该语料库对于研究者分析法律类型的专业词汇、语言特征和文本语篇具有重要的意义和价值。

上述语料库资源较为全面地为我们提供了代表 ESP 不同专业场景的语言交际特征的语料，是非常有价值的 ESP 教学资源，可以应用于语法词汇特征的检索、教学内容和课堂活动的设计，也可用于对目标场景下真实语料的分析，进而了解某一特定专业领域的语言交际特征，帮助教师和学生熟悉目标交际情景和相关的专业知识。上述语料库一般提供了操作便捷的在线检索页面，部分语料库（如 BAWE 和 BASE）还可以免费下载。20 世纪 90 年代以后，语料库分析已经成为 ESP 教学和研究领域的高频热点词，也是当前 ESP 教学不可缺少的得力助手。

4.10.3　自建语料库

专门用途英语教学和研究具有其鲜明的专业性和针对性，现有大型语料库有时难以满足一些具体教学对学科、专业、体裁等的需要，尤其是数据驱动的高层次 ESP 课程。在此情况下，ESP 教师往往要根据自己的教学目的和学生需求，建立具体的、针对性强的小型 ESP 语料库。ESP 学生也可能需要自己建立一个满足自身学科或专业特点的小型语料库。本节将简要介绍自建语料库的原则、语料库建库的步骤方法以及选材的要求。

根据 Friginal（2018），小型专用语料库在建库之前需要考虑以下四个方面的问题：第一，建库的目标和用途，只有明确目标和用途才能确定语料选择的范围、选样的方法以及语料库的大小；第二，建库的可行性以及学术规范和伦理方面的要求，即主要考察语料收集需要投入的人力、时间，以及是否需要征得语料创作者和版权所有方的同意；第三，样本的代表性、平衡性和取样标准，这个环节一般需要咨询相关学科或职场的专业人员；第五，技术方面的准备，即确定语料收集的方法，如录音、转述或是简单的复制、数据的清理等。

样本的代表性决定着检索结果的可靠性。Biber（1993）和 Atkins（1992）指出语料库的代表性主要指文本题材和体裁能否反映目标语言的使用特征。语料库是否具有代表性直接关系到在语料库基础上所做出的研究及其结论的可靠性和普遍性。有代表性的语料库可以真实地反映目标场景的语言使用特征，提高学生所学内容的针对性及其在目标场景的应用性。为确保 ESP 语料库的代表性，语料的样本选取需要结合建库目的，通过咨询学科专家或者进行文献查阅等方式，确保所选取的语料可以代表 ESP 学科领域和目标场景的使用特征和范围。

平衡性指一个语料库所包含的文本应尽可能地包含语料库所代表的文本范围或体裁类型。平衡性是语料库建库的一个重要原则。例如 HKFSC 涵盖年度报告、宣传册、通函、资金说明、公司公告、基金报告等香港金融服务行业常见的工作场所专业体裁，且代表这些体裁的文本数量按照合适的比例收入，因而具有较高的平衡性。在 ESP 语料库的创建过程中，为体现平衡性的原则，需要考虑所收集语料库的范围，并根据工作场所的语篇使用特征确定不同类型的语料在语料库中所占的比例，以保证语料库的平衡性。

语料库建设需要考虑的另一个原则是语料库的大小。语料库大小的确定一般取决于语料库旨在解决的问题和建库的目的。一般情况下，语料库的样本越大就越能够体现语言使用的特征，更有利于学习和研究该语料库所代表的语言使用特征。但是，一般来说，语料库越大，建库所需要的时间和精力也就越多。对于自建语料库，应根据具体的研究目的来设计。只要设计合理，小型语料库同样可以满足研究者的语言使用和检索分析需求。

语料库的标注也是语料库建设中需要重点考虑的一个环节。详尽的语料标注有利于使用者从不同维度、不同视角对语料进行分析。例如，MICUSP 语料库按照学科、年级、文本的类型、学生的基本信息（例如学生的年龄、性别、是否本族语等）进行了详细的元信息标注，便于研究者从多角度多层面对文本进行详细的分类和研究。除以上元信息标注以外，常见的文本标注还有词性标注。关于语料库建库的语料抽样、采集和加工等具体方法，可以参考梁茂成等（2010）编写的《语料库应用教程》。该书对语料库的建库原则、检索技术和使用方法等方面都有详尽的介绍。

4.10.4　国内精品课程

本节主要以国内本科精品开放课程工作网中的数据为分析对象，对 2017 年以来专门用途英语国家级一流课程进行检索和分析。以"英语"为检索词，共发现 57 门国家级一流课程，其中 22 门为专门用途英语课程，约占总数的 38.6%，且三年间专门用途英语课程数量呈现逐年上升的趋势（2017 年：3 门；2018 年：9 门；2019 年：10 门），说明专门用途英语精品课程逐渐受到国内教育领域的重视。

为了更直观地显示国家精品课程的发展概况，我们从课程涉及领域角度对检索结果进行分析，对检索到的专门用途英语的课程名称生成词云图（去除关键词"英语"），并对剩余关键词进行分类归纳，得到如

图4-8所示的词云图。

图4-8　国家精品课程名称词云图

统计结果显示，学术英语作为专门用途英语的重要分支，是各高校关注的重点，"学术"也是专门用途英语课程名称中出现次数最多的关键词。我国专门用途英语教学从正式提出到今天，已经走过了20年时间（蔡基刚，2015），以国家级一流课程设置来看，我国的精品课程主要是从视听说多角度培养学生英语学习能力，但所涉及的学科门类仍然较少。目前学术英语和商务英语为其主要课程，其他方向的专门用途英语则主要以高校特色专业为依托进行设计，如警务英语（江苏警官学院）、师范英语口语（浙江师范学院）。

现阶段我国一流学术英语课程主要聚焦三类主题，即国际学术会议介绍、学术论文的阅读技能以及多角度听说读写学术英语能力。其中，学术会议类型的课程多以真实场景的模拟为主要授课方式。以2019年哈尔滨工业大学王松的"国际学术交流英语"课程为例，该课程以国际学术交流为主线，旨在培养学生运用英语进行学术演讲、即席答辩以及参与多种形式学术讨论的能力。教学内容主要包括学术场合自我介绍、学术场合社交策略、英语口语与书面语体的差别、准备学术报告、发表学术演讲、进行海报交流等。

学术论文类课程以阅读论文作为课程主要内容，以提供论文阅读技

第 4 章　专门用途英语的教学实践

巧为单元主线，结合论文原文与配套练习进行讲解。如南京大学王海啸的"大学英语学术阅读"课程的主要教学目标是提高学生英语学术阅读的各项技巧和提升大学生专业学习和学术研究所需的英语阅读技能。该课程的单元设计包括"学术阅读技能介绍"与"学术阅读技能练习"两部分，有利于学生将所学理论知识及时运用到实际阅读中，加深对理论的理解。

学术英语课程的另一特色是注重听说读写多个角度的英语学术能力培养。例如，华南理工大学韩金龙的"学术英语"课程分为听、说、读、写、译五个部分。课程的组织以技巧方法为主线，搭配练习，以保证学生习得技能的有效性。其中，"听"的目标为锻炼学生在学术讲座过程中对发言人讲述内容的总结记录，主要从理清发言逻辑顺序和不熟悉单词，以及笔记记录方式等角度提升学生的听、说、读、写学术能力。

检索结果显示，商务英语的课程数量排名第二（4门）。其中，仅有1门课程以教授专门商务电函为教学目标，即中南财经政法大学袁奇开发的"商务英语"课程。该课程以基本的商业行为为主线，从企业的开始创建到经营管理，系统培养学习者对各种商业情境的认知和理解，训练其从事相关商务活动的基本能力。该课程的主要教学目标为让学生通晓国际商务知识、了解国际商务规则、提高英语水平，培养学生参与国际竞争的能力。教学内容主要包括商务理论知识，如商业环境、企业家精神、发现商机、创建企业、组织结构、员工招聘与培训、员工激励、企业文化、生产与产品、市场营销、财务管理、企业融资、企业社会责任、进入国际市场、电子商务等。该课程一方面教授学生未来工作所需要的基本商务知识和技能，为其进一步深入学习商务知识打下基础；另一方面帮助学生扩展商务词汇，在商务的语境下自由而充分地运用英语进行交流。

ESP领域专业性较强的英语课程一般以所属院校的特色专业为依托，如西安电子科技大学的"科技英语语法"课程、江西农业大学的"英语话农史—华夏篇"课程、大连海事大学的"航海英语听力与会话"课程等。以江苏警官学院"警务英语"课程为例，根据英语语言交际功能和警察职业岗位特点，该课程教学内容涵盖110接处警、社区警务、治安管理、刑事侦查、交通管理、出入境管理、安全保卫、监所管理、国际警务合作等方面。课程以英语语言实践为平台、警务工作内容为依托、警务工作流程为主线、跨文化交际能力培养为重点，搭建英语语言教学与警察职业能力培养互通的桥梁，致力于实现英语语言训练与警务工作实践的有效对接，帮助警务人员以英语为工作语言有效开展涉外警务工作和国际警务合作，同时提升民众安全意识与安全防范能力。

慕课作为一种开放的、共享的、不受时空限制的信息化时代教学方式，非常适合 ESP 教学需求面广且多样化的特点，尤其是专业性强、面向职场人士的 ESP 课程。一般情况下，这类 ESP 课程的开发需要英语教师和相关学科专家的合作，将这类课程制作成慕课，可以节约培训人力、避免重复、提高课程的受益面和利用率。因此，ESP 领域应加强慕课课程的设计和投入，使之成为提高课堂教学效果的有力补充，成为发展职业教育和终身教育的重要平台。

4.11 本章小结

本章在对 ESP 教学研究现状进行定量分析和解读的基础上，以 ESP 的教学设计流程为线索，综述了需求分析和课程设计的重要研究并探讨了 ESP 主要分支，即学术英语、商务英语、法律英语、医学英语和高职英语教学在教学理念、教学设计和教学方法上的探索和创新。通过对基于英文文献的国外研究和基于中文文献的国内研究的比较，我们发现，近年来国外需求分析研究在探索目标交际场景真实英语语言运用需求方面成果较多，且有多项研究在需求分析的方法上有所创新。在课程设计的研究方面，国内近年来不乏对新理念的教学应用性探讨，但具体实施新理念的研究较少，国外研究则呈现出从需求分析到课程设计各环节全覆盖的贯通模式。在 ESP 各主要分支领域的教学上，国内研究在讨论信息技术的应用上比较领先，在结合所涉及专业领域的教学方法上进行了一些有益的尝试。本章最后系统介绍了可供 ESP 教学使用的一些资源，包括已有的语料库、自建语料库的原则与步骤以及国内 ESP 精品课，以期为 ESP 教学研究与实践提供较为系统的参考和借鉴。

第 5 章
专门用途英语的评估与测试

随着 ESP 教学规模的不断扩大和社会对专门化人才需求的不断提高，ESP 评估与测试已经引起语言学界和教育学界的广泛关注。根据 Douglas（2010）的界定，ESP 测试方法和内容来源于对 ESP 目的使用场景的具体分析，ESP 测试的任务和内容是 ESP 真实使用的反映。但是相对于 ESP 教学的其他方面，如课程设计、教学法、需求分析等，相关的和测试较少。本章首先系统概述 ESP 的评估与测试，随后详细介绍 ESP 测试的主要原则、维度、内容、测试方法和评判标准。在此基础上，本章还对 ESP 写作、阅读、听力和口语测试的主要代表性研究进行评述。

5.1 基于 CiteSpace 的文献计量视角

5.1.1 国外相关研究概述

本节分析了国外 ESP 评估与测试的发展趋势，在设置检索词时，由于专门用途英语涵盖多个学科和领域，因此我们使用 Web of Science 核心合集数据库的高级检索功能，以 *The Handbook of English for Specific Purposes*（Paltridge & Starfield，2016）中列举的与 ESP 相关的所有关键词（见 4.1.1 节）为检索条件一，以"testing"和"assessment"为检索条件二，检索范围均设定为"主题"，检索同时满足以上两个条件的文献。具体检索式为 TS=（English for medical purposes OR English for nursing OR Thesis dissertation writing OR English for research publication purposes OR English for academic purposes OR English for science technology OR English in the workplace OR Business English OR Legal English OR Aviation English OR Professional English OR English for specific purposes OR ESP) AND TS=(testing OR assessment),共筛选出1943篇文献。

为了更好地反映语言学领域内ESP评估与测试的研究现状和趋势,我们将检索类别设定为语言学,对文本进行筛选后共得到相关论文398篇。图5-1为近10年ESP测试研究的总体发展趋势。由图可见,国外ESP测试相关研究的发文量总体呈波动上升趋势,并在2019年达到了近10年发文量的峰值(61篇)。

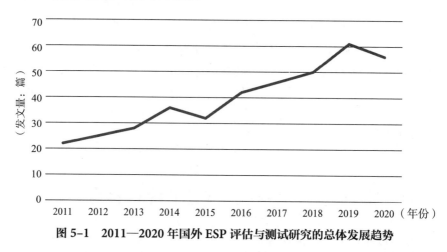

图5-1 2011—2020年国外ESP评估与测试研究的总体发展趋势

图5-2是使用CiteSpace对检索到的ESP测试论文进行关键词共现分析得到的研究热点图谱。由该图可见,近10年ESP测试研究话题丰富,以"English"和"language"为核心,同时也关注"acquisition"和"assessment"等主题。

第 5 章　专门用途英语的评估与测试

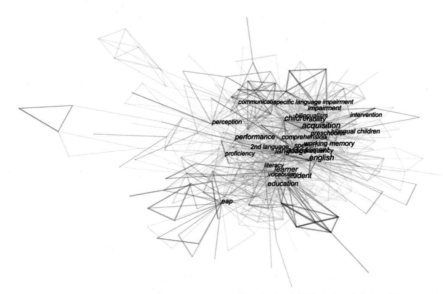

图 5-2　2011—2020 年国外 ESP 评估与测试研究关键词共现图谱

表 5-1 展示了国外 ESP 评估与测试领域的热点话题。由表可见，国外近 10 年 ESP 研究关注的热点话题的中心值前四位的分别是"English"、"acquisition"、"performance"和"language"。由于本研究范围为英语语言，故不对"English"和"language"进行讨论。排序第二和第三的"acquisition"和"performance"，其中心值和频数分别为 32、0.23 和 25、0.18，表明学习者语言习得过程中的语言运用情况是 ESP 评估与测试领域关注的重点。该主题特征与 ESP 关注特定学习者需求和特定情景下的交际能力培养相一致。然而，"assessment"与"testing"却未以高频主题词的形式出现，这体现出 ESP 测试与一般通用英语水平测试的不同，因为 ESP 更关注学术或职业交际情景下考核任务的真实性。该领域的相关研究还表现出对"student"、"learner"以及"education"、"proficiency"和"communication"等主题的重视。

表 5-1 2011—2020 年国外 ESP 评估与测试研究热点汇总

序号	关键词	频次	中心值
1	English	70	0.38
2	acquisition	32	0.23
3	performance	25	0.18
4	language	39	0.17
5	student	28	0.16
6	learner	18	0.13
7	education	22	0.10
8	proficiency	19	0.09
9	communication	14	0.09
10	speech	17	0.07

表 5-2 展示了近 10 年 ESP 评估与测试发文量排名前 10 的国家和地区（论文有多位作者的，仅统计第一作者的所在国家和地区）。由表可见，发文量最高的是美国（125 篇），其中心值为 0.56，表明美国的 ESP 评估与测试研究具有较高的影响力。发文量次之的是澳大利亚和英国，其中心值分别为 0.15 和 0.22。在 ESP 测试领域，我国近 10 年的相关发文量也较高（共 50 篇），其中中国大陆有 3749 篇、中国台湾地区的有 13 篇，但是中心值都不高。发文量紧随其后的是加拿大和西班牙，分别为 33 篇和 24 篇。新西兰和韩国的发文量均为 10 篇，其后的是日本（9 篇）。需要指出的是，东亚国家和地区的中心值相对较低，表明其 ESP 测试研究的国际影响力还有待加强。

表 5-2 2011—2020 年 Web of Science 数据库中 ESP 测试发文量排名前 10 的国家和地区

序号	国家和地区	发文量（篇）	中心值
1	United States	125	0.56
2	Australia	59	0.15
3	United Kingdom	49	0.22
4	Chinese mainland	37	0.01
5	Canada	33	0.12
6	Spain	24	0.00
7	Taiwan (China)	13	0.00

第 5 章 专门用途英语的评估与测试

（续表）

序号	国家和地区	发文量（篇）	中心值
8	New Zealand	10	0.02
9	South Korea	10	0.00
10	Japan	9	0.08

5.1.2 国内相关研究概述

我们利用 CNKI 的高级检索功能，检索发表于 2011—2020 年的核心期刊和 CSSCI 期刊，主题包括：专门用途英语、ESP、医学英语、护理英语、学术英语、研究出版英语、科技英语、职业英语、商务英语、法律英语、航空英语、职业英语、职场英语、专业英语、专用英语和测试、评估。在人工剔除不相关数据后，共获得文献 200 篇。图 5-3 为近 10 年我国 ESP 评估与测试研究的总体发展趋势。

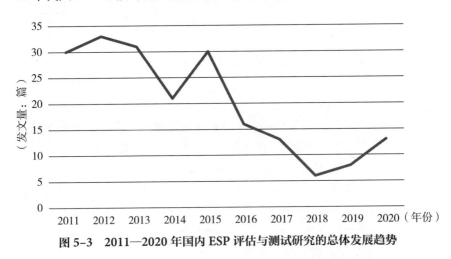

图 5-3　2011—2020 年国内 ESP 评估与测试研究的总体发展趋势

由图 5-3 可见，近 10 年国内 ESP 评估与测试研究总体呈波动发展趋势。首先，从 2011 年到 2015 年，该类研究发文量呈现总体较高且相对稳定的趋势，并在 2012 年达到近 10 年发文量的最高值（33 篇）；虽然 2014 年的发文量有所下降，但 2015 年即快速回升。2015 年后，研究发文量呈持续下降趋势，并在 2018 年降至近 10 年发文量最低点

（6篇）。而在2018年后，相关发文量呈现上升趋势。总体来看，国内ESP评估与测试的发文量仍相对较少，存在很大的上升空间。

为更深入地探究近10年国内ESP评估与测试相关研究的主要特点和趋势，我们使用CiteSpace软件对所选文章进行关键词共现分析，得到图5-4所示的近10年国内ESP评估与测试研究热点图谱和表5-3呈现的热点汇总表。图5-4呈现出近10年国内ESP评估与测试研究多样的发展态势，以"学术英语"为核心热点，同时也出现了对"专门用途英语""商务英语"和教学类主题词的关注。

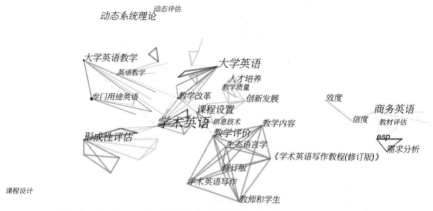

图5-4　2011—2020年国内ESP评估与测试研究关键词共现图谱

由表5-3可见，近10年我国ESP评估与测试研究中出现的热点话题包括"学术英语""专门用途英语""商务英语""教学改革""大学英语"等。其中"学术英语"关键词的中心值最高，表现出较高的影响力。其主要原因为学术英语的教学范围广，学习者多，对学术英语评估与测试的相关研究也就比较丰富。近10年相关研究所呈现的另外一个显著特点是对教学类话题的关注，涉及表5-3内"英语教学""大学英语教学""课程设置"等关键词，这与"形成性评估""教学评价"等关键词相呼应，表明我国ESP评估与测试研究的核心主题与ESP教学评估高度相关，而非测试。这一特征与国际ESP评估与测试研究的主要特征是一致的。

表 5-3　2011—2020 年国内 ESP 评估与测试研究前沿热点汇总表

序号	关键词	频次	中心值
1	学术英语	11	0.10
2	教学改革	8	0.04
3	大学英语	7	0.04
4	大学英语教学	6	0.03
5	形成性评估	3	0.03
6	教学评价	3	0.03
7	商务英语	9	0.02
8	英语教学	7	0.02
9	专门用途英语	9	0.01
10	交际能力	4	0.01

5.2　评估与测试研究的质性解读

在以上 ESP 评估与测试研究的定量分析中，虽然学科英语测试因教学规模小、关注频次和中心值均比较低而未进入热点话题之列。但我们认为，这些以选拔满足目标场景需求的专门化人才为目的的学科英语测试却是 ESP 的核心特色之一，故不能因其关注度较低而忽略。下文将对近 10 年一些主要的学科英语测试研究进行简要的评述。

近 10 年，国内外 ESP 英语测试研究呈现出的一个主要特点是结合测试的原理和 ESP 的具体学科特点提出了专门性强的测试方法。徐溢芳（2011）结合 ESP 测试的基本特点和设计原理，分析了现有航海英语测试中存在的问题并提出了改革建议。该研究指出当前航海英语测试中存在以下问题：对测试目的的认识存在误区，测试的内容不合理，题型不科学且形式单一。目前的航海英语测试以考查学生记忆能力的选择题为主，而缺少对学生综合分析能力的考查，难以全面评估学生真实的英语水平；测试重视笔试和基础知识的掌握，忽视口语和写作等能力的培养，缺少情景模拟现场答辩和面试等模拟航海英语使用真实场景的题型。综合上述问题，徐溢芳（2011）建议航海英语测试应结合 ESP 的测试原理围绕以下几方面进行改革：第一，综合考虑航海英语的专业性，确定航海英语测试的目的,通过航海英语专业知识和英语能力相结合的方式评估考生运用英语处理专业信息的能力;第二,征求航海英语专家、航海从业人员的意见和建议,确定航海英语测试的具体要求,并根据行业发展动态需求确定考试任务;第三,了解航海英语受试者的特征,通过访谈、观察、问卷和自我报告等方式收集测试者的相关信息;第四,确定航海英语测试的形式,提高专业测试的真实性;第五,在确定测试形式时应结合真实的情景,选择合适的测试形式,例如航海日志测试(提供学生某一事件发生的背景材料)、航海仪器测试(让学生了解雷达观测仪器控制面板,将构造和不同草图画下来,并标注其功能)、事故报告测试(学生通过案例分析的形式寻找网络资源,探究案例的原因和过程)等。

  同时,近10年ESP测试研究表现出对ESP具体的语言能力和语言使用标准的关注和重视。高云峰(2015)讨论了民航英语的测试标准和测试公平性。该研究指出民航英语测试中的语言能力由三部分组成:无线电陆空通话能力、ESP语言能力和EGP语言能力。EGP语言能力是英语应用能力基础,ESP语言能力是民航英语综合应用能力基础,无线电陆空通话能力是民航英语综合应用能力的表现(高云峰,2015)。研究对这三种能力所包含的内容和特征进行了较为详细的论述并指出测试设计中应遵循的任务真实性、内容真实性、情景真实性和教学真实性的原则。此外,研究还提出现有民航英语测试在语言能力标准和评分标准方面存在的问题,以及测试设计时应考虑的公平性问题。

  ESP测试研究的另一个重要方面是对考核标准的调查和分析。例如,Elder & McNamara(2016)探讨了理疗工作场所进行交流评估中的具体行业标准,并强调专业从业人员的观点和建议是制定ESP语言能力评估标准的一个重要考虑因素。该研究对三个不同场所收集的专家反馈进行了比较。其中两处反馈是针对在工作场所接受理疗训练的学生的沟通技巧,他们定期收到该工作场所在职专家的反馈;第三个场所是工作坊,在该场所,两组专家观看学生和患者或模拟患者(即演员扮演患者)之间的训练视频,并对其内容进行评定。结果显示,专家很少提及学生语言能力方面的内容,而更多是按照行业标准进行评定。Luo(2019)探讨了真实性原则在医学英语口语测试中的应用。研究强调,在医学英语口语测试中应平衡语言学家和行业专家之间的评分标准,同时强调真实性原则在 ESP 测试中的重要性。

通过以上分析可以看出，ESP 测试具有很强的实践性，既要考查学生的语言能力，也要考查学生对专业 ESP 知识的掌握和应用能力。因此，研究者在测试的设计和开展过程中，需要与不同学科的专家合作，既要考虑语言方面的要求，也要考虑专业领域的具体实践需求。在 ESP 测试的设计过程中，有必要征求专业领域专家的意见和观点以确定目标场景的工作需求、测试标准、测试内容和方式。在测试的开展和评价过程中也有必要融入专业领域专家的意见和观点，以更公平、有效地选拔出满足目标场景需求的专门化人才。

5.3 ESP 测试

以上针对 ESP 评估与测试的定量分析和质性解读显示 ESP 测试仍是 ESP 研究领域内一个相对较新的方向。根据 Douglas（2000：19）的界定，ESP 测试指"测试内容和测试方法均来自对特定语言使用情况的分析，测试任务和内容真实地代表目标情景下交际任务的测试形式；该测试可以实现考生的语言能力和特定目的的内容知识之间的交互，也可以实现考生的语言能力和考试任务之间的交互。该种测试可以帮助我们推断应试者在特定目的领域使用语言的能力"。

Douglas（2000）同时指出，ESP 测试和普通语言测试在背景和具体目标语言方面有着本质区别，主要表现为两个方面：首先，由于应试者语言表现的语境和测试任务不同，因此对应试者语言能力的解释应根据其在具体目标语言使用场景的表现；同时，为准确衡量和解读应试者的语言技能，考试所依据的材料应以目标语言的使用情况为依据进行选取。其次，由于具体的目的语言也有所不同，ESP 交际中所使用的词汇、语义、句法，甚至语音等会根据场景的不同而有所差异，因此，在 ESP 测试中有必要开展针对性强的、与专业结合紧密的测试任务，以科学衡量考生在特定职业、专业或学术领域内使用语言的能力。

目前国内关于 ESP 测试的研究主要集中在引介国外相关理论方面，对 ESP 测试深入细致的描述性研究还较少。本节将结合语言测试的特点，对 ESP 的测试原则、能力维度和测试标准进行详细的探讨。

5.3.1 ESP 测试原则

由于 ESP 具有较强的专门性特征,因此在 ESP 测试原则的制定过程中需要结合目标语言的特点,在需求分析的基础上,较为全面合理地考察特定领域的测试目的并进行测试设计。本节将围绕测试的一些普适性原则,结合 ESP 测试的具体特点,探讨 ESP 测试的效度、信度和真实性原则。

1. 效度

测试效度主要是指一份测试在多大程度上能准确地检测到其需测量的内容(Hughes,2003)。效度是确保应试者的测试成绩能够有效反映其语言能力的一项重要指标(Bachman,1990)。一般而言,效度越高,测量的准确度就越高,反之准确度就越低。ESP 试卷的设计过程一般需要结合测试的表面效度(face validity)、内容效度(content validity)、构念效度(construct validity)和经验效度(empirical validity)四个维度进行设计。

1)表面效度

表面效度指测量结果和人们印象中的共识相吻合的程度,吻合程度越高,表面效度就越高。如果主要以书面形式来测试学生在 ESP 口语交流中的表达能力,表面效度可能较差;同理,如果只通过阅读理解的方式来检测商务英语谈判能力的测试,则试卷的表面效度也比较差。根据 Alderson(1995),一套测试只有满足表面效度时才能促使考生在测试中发挥正常水平。Harrison(1983)指出,可以采用访谈或问卷等方式调查考生或教师对测试的态度和观点,以获取测试的表面效度。

2)内容效度

内容效度指测试内容在多大程度上能代表被试的预期语言能力,即一份测试涵盖的"考点"是否代表所要测量的全部能力维度。测试的内容效度一般可以根据测试的具体指标和测试内容进行评估。例如,在航空英语的测试设计中,需要全面调查航空英语对从业者的语言能力要求,在测试的设计过程中可通过调查和需求分析,检测航空英语从业者

第 5 章　专门用途英语的评估与测试

语言能力的要求，进而进行题目设计。同样，如果某一套 ESP 的口语考试仅考查学生语音、重读、语调或音素等方面的知识，而不考查学生针对目标领域英语语言使用的能力，或在评分时不考虑学生专业方面的语言使用，则该测试的内容效度就较低。

3）构念效度

构念效度是 1954 年由美国心理学会在 *Technical Recommendations for Psychological Tests and Diagnostic Techniques* 中首次提出。构念效度指一份测试在多大程度上解释测试的分数（Bachman & Palmer，1996）。构念效度反映测试设计者的预期目的与被测试者实际完成任务之间的关系（贺莉，2012）。在 ESP 测试中，如果一份测试仅体现部分语言能力而未全面、真实地反映目标场景中受试者的能力，那么该测试的构念效度就比较差。例如，在医学英语的测试中，如果只考查考生的口语交际能力，而未检测考生转院介绍信等的书面表达能力，则该测试的构念效度较低。因此，在 ESP 测试的设计中，有必要综合考查目标场景中的各种能力要求。

4）经验效度

经验效度是一种衡量测试效度的量度，通过把一次测试与一个或多个标准尺度相对照而得出。经验效度可分为两种：一是共时效度（concurrent validity），即将一次测试的结果同另一次时间相近的测试的结果相比较，或与不同教师的鉴定相比较而得出经验效度的系数；二是预测效度（predictive validity），即将受试者某次测试的结果与其将来的语言能力相比较，或与不同教师对受试者的评估相比较而得出效度系数。在对 ESP 测试的经验效度进行检验时，有必要根据教学大纲以及目标场景对 ESP 试卷的内容进行比对。还有一种测量方法是将一份测试与另一套测试目标相同且已得到认可的、能够反映学生水平的试卷进行对比，以确定其效度系数。

2. 信度

测试的信度指测试的可靠性，即测试能否反映受试者的语言水平。如果测试的信度高，则说明测试结果能够真实地反映受试者的水平。如果同一套测试在受试者本身没有太大变化的情况下,受试者的分数忽高忽低,则说明该测试信度较低。测试的信度主要涉及试题本身的可靠性和评分的可靠性两方面。试题本身是否可靠主要取决于试题的范围、数量和试题的区分度等因素;评分是否可靠则要看评分标准的客观性和准确性。

测试的信度通常用相关系数(即两个数之间的比例)来表示,相关系数越大,信度越高。当系数为 1.00 时,说明测试的可靠性达到最高程度;系数是 0.00 时,则测试的可靠性最低。对信度系数的要求因测试类别而异,标准化测试的信度系数通常要在 0.90 以上,如托福(Test of English as a Foreign Language,TOEFL)考试的信度大致为 0.95,而课堂测试的信度系数在 0.70—0.80 之间即被认为是可接受。为确保 ESP 考试的信度,需要从测试的方法层面保证测试内容与目标场景的要求相一致,科学设定考试材料和题型等。

3. 真实性

真实性原则指根据真实的学习场景和工作任务需求,制定测试任务、建立测试评估指标(Douglas,2010)。真实性并非要求所设置的测试内容与目标情景完全一致,而是指在 ESP 测试中所涉及的语言能力和任务项目需尽可能地反映目标语言的特征,即测试中语言设计需与目标场景语言交际需求相吻合。同时,测试的内容和测试的方法应尽可能符合目标场景的真实交际情景,以满足目标场景对学生语言和交际能力的需求。准确评估学生在未来学习或工作场景中处理真实任务的能力是 ESP 测试的重要基础。

在 ESP 测试任务设计的过程中,除了要遵循测试任务的真实性原则以外,还要考虑测试形式的真实性,并根据目标场景语言的真实性需求进行测试设计。例如,护士英语对护士与患者进行交流的能力有较高的要求,因此护士专业 ESP 测试中应融入护士与患者的口语交流,以考查受试者能否满足目标任务的语言要求。同样,导游英语的测试应体现从业者与游客的英语口语交流方式,以确保测试任务与目标场景需求的一致性。

5.3.2 ESP 能力维度

ESP 能力主要指特定目的的背景知识和语言能力的融合与应用，是一种特定目的的语言能力或交际语言能力（Douglas，2000）。ESP 在实践过程中可能涉及多种能力维度，但在真实的测试过程中，由于各种限制，很难评估真实场景需要的各种能力，因而 ESP 测试对能力的需求比一般测试所体现的能力需求更加丰富且复杂。根据 Douglas（2000）的观点，交际语言能力是语言知识和策略能力的叠加，主要包含语言知识、策略能力和背景知识，其具体组成维度和要素详见表 5-4。

表 5-4 ESP 测试具体能力维度的组成要素（Douglas，2000：134）

	语法知识	词汇知识
语言知识	语篇知识	形态和语法知识
		语音学知识
		连贯知识
	功能知识	修辞或对话组织知识
		概念功能知识
		管理功能知识
		启发式功能知识
		预测功能知识
	社会语言知识	方言/变体知识
		语域知识
		习惯用语知识
		文化参考知识
策略能力	评估能力	评估测试任务或交际场景
		评估回应的正确性或适当性
	目标设定	确定如何以及是否对交际情景进行应对
	规划	确定达到既定目标需要的语言知识和背景知识
	执行控制	检索和组织适当的语言知识要素以执行该计划
背景知识		基于过去经验的参考框架
		基于当前输入对即将发生的事情做出预测的知识

其中，语言知识维度主要以 Bachman et al.（1996）关于语言知识组成部分的表述为基础。Douglas（2000）提出语言知识包括语法知识（词汇、形态、语法和语音学知识）、语篇知识（如何将语言组织成更大

单位的知识、修辞组织以及如何标记这种组织)、功能性知识(对语言的概念性、操纵性、启发性和想象性功能的了解)和社会语言知识(对方言、语气、自然性和文化参照物以及修辞格的敏感性)。

语言策略能力是 ESP 测试的核心维度,主要包含语言学习者根据自己的背景知识评估语言情景使用特征、选择适合具体场景的交际行为及效果的能力。策略能力包括评估(评估交流情况和参与话语领域,对上下文的认知解释)、目标设定(确定是否能够以及如何应对目标情况)、规划(确定哪些语言和背景知识是必需的)以及对执行过程的控制(组织执行计划所需的元素)。

背景知识也是 ESP 测试的一个重要能力维度,一般情况下受试者需要根据测试目的调用特定的背景知识。但如果受试者是专业人员,其对特定领域的背景知识或对测试的目的(如医疗资格测试)已经有所了解,则没有必要开展关于背景知识的专门测试。相反,对于面向初级学习者的 ESP 测试,相关背景知识可以作为一个测试内容和维度,体现在 ESP 测试中。该英语能力框架为测试的设计者提供了较为全面、细致的参考,但由于 ESP 所特有的专业性和行业性需求,在具体的测试设计中,还应根据行业需求进行针对性的调整。例如,航空英语测试设计既要体现航空英语的实践性特征,又要体现航空英语的口语交际需要;商务英语测试的设计则既要体现书面的交际能力,又要体现在企业目标情景下的口头表达和交际能力。

总之,ESP 测试能力维度的设定应以充分的需求分析和对学科和行业特点的考查为基础,结合具体英语交际需求进行设定,并对维度中的具体内容和指标进行深入的考量和界定,从而为考生和 ESP 测试的设计者和考试结果的使用者提供切实可行的参考依据。ESP 测试的研发执行过程中也应尽可能的融合目标领域的专家意见,从而准确合理地考查受试者的 ESP 能力。

5.3.3 ESP 评估原则与方法

ESP 教学的个性化决定了很多情况下形成性评估是一种行之有效的

考核评价方式。关于近 10 年 ESP 测试与评估热点话题的分析显示，"评估"是国内外发表的高水平论文中的高频热点词，体现其较高的重要性和关注度。ESP 教学中的考核评估应兼顾专业要求与语言能力要求。语言能力的界定要结合需求分析，全面充分地了解目标场景对学生语言能力的具体要求。同时，ESP 评估的方法应与具体的教学目标相匹配，结合 ESP 的教学内容进行。ESP 评估的设计一般包含以下几方面的步骤：明确评估目的，确定和描述评估任务，描述语言使用者或受试者的特征，定义需要评估的内容，界定英语理解和表达专业信息的能力，制订评估计划，资源分配和管理。本节将介绍主要的评估方法及其适用情况。

1. 小组会议评估法

小组会议评估法是 ESP 领域中常用的一种评估方法，该方法需要小组组员间协作完成，有利于促进组员之间的动态互动。在小组评估中，学生可以比较放松，因为小组讨论能够为学生提供更加轻松和真实的语言交际场景，但是该种方法存在的不足是难以确定对小组成员的具体评价。此外，小组讨论带来的复杂性可能会使学生，尤其是水平相对较低的学生不知所措，难以发挥出自己的正常水平。因此，小组会议评估法需要和其他的评估方法相结合，不适合单独使用。

2. 形成性评估

形成性评价主要是对学生日常学习过程中的表现、所取得的成绩以及所反映出的情感、态度、策略等方面的评价。其目的是帮助学生有效调控自己的学习过程，使学生获得成就感，增强自信心，并培养合作精神。该方法是 ESP 课堂教学中常用的评估方法，也是了解学生学习过程的行之有效的评估手段和反馈方式。研究表明形成性评估有利于培养学生的自主学习能力和提高教学效果（李清华，2012；沈梅英，2010）。但是，形成性评估一般耗时较长，不适合作为大规模测试的方法。

3. 档案袋管理方法

档案袋管理方法（portfolio）是 ESP 课程评估的一种常用方法，该方法主要是指有目的地、有选择地收集学生的作品，通过学生的作品了解与评价学生在特定维度的进步与成绩。档案袋的内容一般包括学生的学习行为、学习过程中的反思、完成的各种学习项目、参与的教学活动和实践活动的多模态记录等（Snadden & Thomas，1998）。该方法不仅能客观、动态地反映学生的学习情况和进步情况，而且可以让学生通过参与建立自己的学习档案，培养责任感，积极主动地组织和反思自己的学习行为和过程。

该方法已经在国外 ESP 教学和学习效果的评估中广泛应用。根据 Moya & O'Malley（1994），ESP 评估档案袋方法具有以下特点：（1）全面性，全面深入地反映学生的目标语言学习情况；（2）预设和系统性，具有系统的规划管理；（3）信息丰富，对教师、学生及其将来从事行业领域工作具有指导意义；（4）有针对性，任务的设置和评估的目的相关；（5）真实性，学生所做的档案管理的内容既源自课堂，又真实地反映相关行业需求。在创建学生档案袋管理方法使用前，应具有明确的目标、详尽的考核过程、评价标准以及明晰的可操作过程。

在使用档案袋管理的方法作为评估手段时，需要注意以下几个问题：首先，教师应注意档案袋管理的效度，确保该方法能有效地反映学生的个体差异和进步，以及使用统一有效的标准对学生的进步情况以及 ESP 的学习情况进行有效的评估；其次，档案袋的方法可以为学习者提供较为全面的学习进程的文档记录，但正因如此，其评估过程较为耗时耗力，不适合大规模 ESP 测试。

4. ESP 等级量表评价方法

ESP 等级量表评价是 ESP 测试领域内一种用于检测学生相关语言水平的方法。Douglas（2000）提出的语言能力维度建议在语言知识、策略能力和背景知识上体现 ESP 具体能力要求，确保测试结果在目标语言、目的使用情景中的可推广性。现有的能力指标，包括策略能力、背景知识和语言能力。由于策略能力和背景知识等非语言能力描述在现有的语言能力量表中尚未体现，因此在确定非语言类描述参数时，有必要对各个维度进行界定，并考虑描述维度的可操作性（朱正才，2015）。同时，ESP 量表评价的构建，不仅要体现 ESP 目标语言在词汇、篇章、语法方面的特点，还要结合语言能力与理论模型所构建的量表框架，凸显 ESP 的专门化特点，提高 ESP 测评的操作性。同时，ESP 目标场景中常用的实践活动应以相关行业具体应用为导向，既要涵盖理论模型所提炼出来的常见通用英语的参数指标，又要体现 ESP 的具体语言需求。因此，在 ESP 活动的量表制定过程中，应考虑活动的实用性、分级可描述性以及可推广性。

5.3.4　ESP 测试评判标准

公平公正是语言测试的一个重要准则，杨惠中（1999，2000）指出语言测试工作者的一个主要社会责任是保证考试的科学性、客观性和公正性。评判的标准直接影响着 ESP 考试的效度和分数的可解释性。根据 Bachman（1990），评判标准不仅影响对考生能力的恰当评价，同时也影响学生的测试行为和学习效果。由于 ESP 测试具有很强的专业性，因而在 ESP 测试标准制定过程中，既要考虑测试本身的特点，也要结合所测试学科的特征和目标场景的具体要求。行业领域的专家在评估特定专业背景下的受试者时，往往会针对不同目标情景的要求，采用不同的评估标准，并结合 ESP 测试的标准和原则进行。范劲松和金艳（2010）概括了当前语言测试领域中 10 项有影响力的标准，如表 5-5 所示，可为 ESP 测试提供参考。

表 5-5　普通语言测试领域制定颁布的 10 项标准（范劲松、金艳，2010：84）

序号	标准名	颁布机构	颁布时间	主要内容
1	ETS 质量和公平标准（ETS Standards Of Quality and Fairness）	ETS	1981，2002	ETS 非评估类产品和服务，ETS 评估类产品和服务
2	教育与心理测试标准（Standards for Educational and Psychological Testing）	AERA，APA，NCME	1985，1999	测试的制作、评估和文件存档，测试的公平性，测试的使用
3	教育领域公平测试行为准则（Code of Fair Testing Practices in Education）	JCTP	1988，2004	考试的开发与选择，施考和评分，考试成绩的报道和解释，向考生传递信息

（续表）

序号	标准名	颁布机构	颁布时间	主要内容
4	欧洲语言测试者协会行为准则（ALTE Code of Practice）	ALTE	1994	考试开发，考试结果的解释，追求考试公平，向考生传递信息
5	教育测量中的专业责任准则（Code Of Professional Responsibilities in Educational Measurement）	NCME	1995	教育测量各个步骤相关人员（如测试开发人员、营销推广人员、施考人员、评分员等）的责任
6	考生的权利和责任：准则及期望（Rights and Responsibilities of Test Takers: Guidelines and Expectations）	JCTP	1998	考生在考试全过程中的责任和权利
7	考试使用者资质工作小组报告（Report of Task Force on Test User Specifications）	APA	2000	考试使用者应具备的核心知识和技能，在特定环境下考试使用者的资质
8	国际语言测试协会道德准则（Code Of Ethics for ILTA）	ILTA	2000	测试全过程中测试者的道德准则
9	标准化考试使用者的责任（Responsibilities of Users of Standardized Tests）	AACE	2003	考试使用者的资质、专业知识以及在考试选择、施考、评分、分数解释及报道等方面的责任
10	欧洲语言测试和评估协会良好测试和评估行为准则（EALTA Guidelines of Good Practice in Language Testing and Assessment）	EALTA	2006	课堂测试与评估行为准则，教师培训行为准则，大型考试机构的考试开发行为准则

注：ETS—Educational Testing Service；AERA—American Educational Research Association; APA—American Psychological Association; NCME—National Council on Measurement in Education; JCTP—Joint Committee on Testing Practices; ALTE—Association of Language Testers in Europe; ILTA—International Language Testing Association; AACE—Association for Assessment in Counseling and Education; EALTA—European Association for Language Testing and Assessment

第5章 专门用途英语的评估与测试

本土评估标准（indigenous assessment criteria）是 ESP 测试领域评估学业和职业领域新手的较有影响的标准，由 Jacoby（1998）在其博士论文中首次提出。在该研究中，Jacoby 描述了物理学家的本土评估标准，并通过调查分析发现物理学家在评估中很少以评估对象的语言是否标准和语言表达中是否存在错误为评估依据。相反，物理学家评估时主要考虑语言之外的问题，并使用大量公认的评估标准，如 Jacoby & McNamara（1999）提出的物理会议演示评估标准（如表 5-6 所示）。可以看出，物理学家用来评判语言表现的标准主要是语言的运用能力，而非语言形式指标。

表 5-6 物理会议演示评估标准（Jacoby & McNamara，1999：229）

序号	评估项
1	整体表现的质量
2	遵守时间
3	阐明汇报主题的专业意义
4	设计视觉对象，并配合连贯和清晰的谈话
5	清楚地陈述论点并标记视觉对象
6	明确、全面地陈述信息、论点和修辞步骤
7	避免冗余表达
8	提出有效、令人信服的论据
9	内容准确
10	提供技术上高质量的表现（在体积、速率、视觉对象管理等方面）

该评估标准自提出后便引起学者的广泛关注。例如，Douglas（2001）对本土评估标准进行了详细论证，并建议使用 Jacoby（1998）提出的本土评估标准的概念。本土评估标准主要涉及学科专家在评估学术、专业和职业领域的新手和同事的交流时所使用的标准。文章同时提出了从目标语言使用情况的分析中得出评估标准的步骤，并推荐运用"弱"本土评估的方法，即使用本土评估标准补充语言评估标准，并将其用以指导特定目的测试中对语言表现的解释。本土评估标准另一个重要探索为 Douglas & Myers（2000）。该研究比较了应用语言学家和兽医专业人士对本专业学生交际水平的评估，发现前者更注重测量语篇的框架结构和语言特点等方面的内容，而行业专家更关注学生的知识积累以及与客户

关系的专业性。另外，Pill（2016）在本土评估标准的框架下，以医疗卫生培训学员和患者之间的医疗咨询会话（healthcare consultation）为例，结合教育工作者和导师对这些会话中学员表现的反馈，分析了职业英语考试（Occupational English Test）的口语测验标准。研究发现，专家在职业英语考试的口试中，除了使用现有本土标准之外，还经常使用临床医生参与（clinician engagement）和会话管理（management of interaction）两个评分标准。该研究不仅补充了现有的本土评估标准，而且为特定目的语言评估和标准设定提供了思路和框架。

5.3.5　ESP 商业化测试介绍

本节主要以常见的大型 ESP 测试为例，详细介绍具体测试内容和测试题型设计等信息，以期为 ESP 测试设计和研究提供参考。

1. 剑桥商务英语考试

剑桥商务英语考试（Business English Certificate，BEC）是剑桥考试中心为学习者提供的国际商务英语资格证书考试。该考试的主要目的是考查考生在真实工作环境中运用商务英语进行交流的能力。考试分为初级、中级和高级三个级别，测试内容包括阅读、写作、听力和口语交际等方面。其中，阅读主要包括短篇消息、广告、论文、报告等不同体裁的语篇，题型包含多项选择、配对任务、填空题、改错题等；写作主要涉及短篇消息和报告；听力是根据所听材料填充题目中所缺内容，对摘录和相应的主题或要点进行匹配，或根据采访对话或报告回答多项选择形式的理解题；口试部分主要涉及建立和保持商务联络、谈论工作、制订计划、安排会议等方面的内容。针对考生建立和保持商务联络能力的测试包括以下内容：问候、自我介绍、询问对方身份特征、表达自己的喜好、邀请、感谢、欣赏、请求或提供帮助、谈论工作任务、公司情况介绍、比较不同产品、发表自己的观点、接受或拒绝建议、表达需要和需求等。

2. 托业考试

托业考试（Test of English for International Communication，TOEIC）是由美国教育考试服务中心研发的针对国际工作环境中英语能力的测评，主要测试考生的商务或职业英语能力。托业考试内容由听力和阅读两大部分组成，共 200 道试题，其中听力和笔试各 100 道。托业考试内容以职场情景的口语和写作语言样本为基础，具体测试内容涵盖日常交流和商务活动中常见的主题：商务会见、合同、谈判、市场营销、产品销售、企划、会议、工厂管理、装配线、质量控制、金融、预算、银行、投资、税收、会计、账目、研究、产品研发、董事会议、电话会议、传真与电子邮件、办公室程序、求职、采订购、航运、发票、实验室、技术规格、旅行、酒店、外出就餐、宴会、客户沟通等。该考试涉及场景范围较广，但并未对考生的具体语言维度和水平提出要求。

3. 博思考试

博思考试（Business Language Testing Service，BULATS）是由剑桥大学考试委员会和欧洲语言测试者协会成员机构共同开发的一种语言考试，由英国文化教育协会负责考试质量监督。测试内容涉及工作岗位说明、公司或产品介绍、旅游、管理与市场营销、客户服务、制订业务计划、电话留言、业务报告、函电与演示等。测试包括听力、阅读、写作、口语四部分：听力部分要求理解短句、记录电话留言、理解篇幅较长的文章等；阅读理解部分主要考查考生对通知、留言、时间表、广告、宣传手册、图表等内容的理解；写作部分主要考查考生在实际工作中所需的写作技能，包括留言、短信、通知和一篇简短的报告；口语部分主要测试工作场景中的交流，包括对话、专题演讲、信息交流与讨论等。

4. 职业英语考试

职业英语考试（Occupational English Test，OET）是医疗保健专业人员的英语考试，主要通过听、说、读、写四个维度评估注册和实习医疗保健专业人员的英语交流能力。听力部分涉及咨询摘要、简短的工作场所摘要和演示摘录等主题，主要考查考生三方面的能力：（1）在咨询期间识别医疗专业人员咨询记录中特定信息的能力；（2）识别医疗场所节选内容（如团队会议、交接或卫生专业人士与患者的对话）的详细信息、要旨、观点或目的的能力；（3）对一系列可访问的医疗保健主题进行记录或访谈的能力。口语部分为两个患者和与家属的场景对话，主要评估考生沟通的效率、清晰度、流利性、准确性、语法和表达的运用；该部分同样针对特定专业的工作情况以及该行业的需求。阅读部分主要考查考生获取信息、了解信息、获取主旨大意、获取具体信息以及了解言外之意的能力，具体包括：（1）快速有效地从四篇短医疗保健类短文中定位具体信息的能力；（2）识别医疗保健工作场所中的六篇短文（包括政策文件、医院指南、手册或内部通讯（如电子邮件或备忘录）的摘录）的细节或要点的能力；（3）在关于医疗保健专业人员感兴趣的主题的两个文本（每个 800 字）中识别详细含义和观点的能力。写作部分为书信撰写，主要涉及转院、出院信、告知患者、护理人员或推荐信，以及对投诉的书面答复；该部分针对特定专业的工作场所情况以及该行业的需求，设置有个性化的写作任务。

总之，ESP 测试的一个主要要求是真实目标场景的需求和特征，因而在设计 ESP 测试任务和测试内容过程中，需要了解目标场景、掌握分析目标场景的常用方法，把目标场景的语言特征、、任务特征转换为测试任务，通过执行一系列 ESP 英语测试技巧和规范来开展。

5.4 ESP 测试个案研究介绍

专门用途英语测试是 ESP 教学和实践的重要内容，也是当前较为前沿的应用和研究领域。本节将详细评介 Knoch（2014）的 ESP 口语测试量表验证研究，以期为其他量表的设计、验证和应用提供参考。该研究以民航领域的国际民航组织评定量表为例，对国际民航组织的英语能力评定量表进行效度验证，并提出一个可将从业人员的意见纳入评定量表并进行验证的模型。该研究首先介绍了现有的国际民航组织评定量表，该量表共分为六个不同等级，其中四级及以上为英语能力可满足实

第5章 专门用途英语的评估与测试

用要求。为验证该量表,研究邀请民航领域的专业从业飞行员对同行英语口语能力进行分析,主要回答以下两个问题:(1)飞行员在评估其他飞行员的语音样本有效性时使用何种标准?(2)受过语言培训的评估员和飞行员是否对运营飞行所规定的适当熟练度达成共识?研究受试者包括10名民航领域专业飞行员,每名飞行员需要听8个录音片段,这些片段选自三种航空英语测试录音:半直接口语测试、结构化面试和口语水平面试(每个片段时长为3分钟到4.5分钟)。这三种不同的测试类型基本涵盖了航空英语测试中常见的口语表现类型。飞行员在听录音时,需要完成一份简短的问卷,来对录音中同行的英语水平进行评估。研究还结合问卷内容,对飞行员进行访谈,访谈录音由研究助理转录并反馈给研究者进行准确性复核。随后研究结合评定量表的反馈及飞行员自身认知综合确定数据的类别汇总方式,对数据及结果进行分析,以表格和文字形式呈现最终实验结果。

针对问题一,研究发现在评估其他飞行员的语言样本时,飞行员常使用的标准包括以下11个维度:(1)发音;(2)结构;(3)词汇;(4)流畅程度;(5)理解程度;(6)互动性;(7)飞行员的专业知识、经验及接受的训练等级;(8)对于口语表述的整体等级评估;(9)从专业标准性措辞到常用普通语言表述的过渡能力;(10)非语言表达;(11)回答的准确性。针对问题二,研究对大部分应试者的表现及相应的飞行员反馈进行了详细的分析及阐述。研究表明,飞行员认同语言专家提出的国际民航组织的分数设定标准,但是行业专家和语言专家在对语音样本评估中所使用的标准仍略有不同。考虑到语言专家可能缺少对目标语言使用场景的了解和掌握,因此在ESP评级标准的制定和验证过程中实现语言测试专家和行业专家之间的密切合作至关重要。

研究最后建议ESP测试中应该在以下几方面注意融入行业专家的观点:(1)在测试的概念阶段,帮助洞察目标语言使用情况和测试任务的真实性;(2)在评级量表的最初制定过程中,提出可能适合纳入该量表的标准;(3)作为接受ESL培训的专业人员之外的第二评价者;(4)在量表的事后验证阶段,验证所使用的标准并设置适合行业的分数。总体而言,该研究建立了将飞行员的观点纳入ESP评定量表基准分析的模型,在一定程度上补充了ICAO效力验证研究,对后续研究有一定的借鉴意义。但是，该个案分析研究的样本数量过少，且大多参与实验的飞行员的背景相似，因而实验可能存在一定的偶然性及局限性。

5.5 本章小结

　　本章通过 CiteSpace 文献计量方法分析了近 10 年国内外 ESP 评估与测试研究的概貌，包括其发展趋势、研究热点等。值得关注的是，"评估"在近 10 年的国内外相关文献中均为高中心度的热点词，而"测试"却不是。这说明在 ESP 评估与测试研究领域，评估或形成性评估受到了更多的重视，这符合 ESP 教学规模小、个性化强的特征。但是，职业标准要求严格的航海、航空、医学等领域也需要 ESP 测试。此类涉及特定专业入职标准的测试离不开本领域专家的参与，但本领域专家评价的标准通常是具体情境下交际任务的完成情况而非单纯的语言形式，因此 ESP 测试的评判标准需要本领域专家和语言专家的共同协商。此外，本章还结合 ESP 的特点讨论了 ESP 测试中的测试原则、能力维度、测试规范、测试评分标准。在此基础上，本章探讨了国内外有影响力的 ESP 商业化测试并通过对一项具体研究的案例分析，介绍如何在量表验证中引入从业人员的观点和意见。由于"专门性"是 ESP 测试的特色，因此该案例分析对如何在测试中融入专业人员的意见具有一定的借鉴意义。

第 6 章
专门用途英语的教师发展

近年来，随着《国家中长期教育改革和发展规划纲要（2010—2020）》的相关目标在大学英语教学改革中的落实，多类旨在培养学生参与国际学术交流和职场专业交流的 ESP 课程已经在许多学校得以实施。我国英语教学领域对 ESP 的关注度也日益提高，许多大学的 ESP 教学已经开始成为 EGP 教学的并列和延续，许多大学英语教师也相继转型教授 ESP 课程。然而，与国外 ESP 教师发展的研究与实践相比，我国的相关研究仍处于起步阶段，大多数 ESP 教师还处于"自我培训"状态（高战荣，2012）。蔡基刚（2018）指出：在国内 ESP 发展面临的挑战中，ESP 教师的素质提升成为首要挑战。为了解 ESP 教师发展领域的研究现状，本章将通过文献计量学方法，借助 CiteSpace 可视化分析软件梳理总结国际期刊发表的 ESP 教师发展研究的概况，并结合国内 ESP 教师发展的研究现状及问题探讨我国 ESP 教师发展的路径。

6.1 ESP 教师发展研究定量分析与评述

本研究利用 CiteSpace 软件（5.6.R5 版本）对国际期刊发表的 ESP 教师发展研究情况进行可视化分析，所分析数据均来源于 Web of Science 核心合集，时间范围设置为 2011—2020 年，语种限定为 English，文献类型设置为 Article OR Proceedings Paper，索引为 SCI-Expanded，SSCI，A & HCI，CPCI-S，ESCI，CCR-Expanded 和 IC。我们使用 Web of Science 数据库的高级检索功能，以 *The Handbook of English for Specific*

Purposes(Paltridge & Starfield, 2016)中列举的与 ESP 相关的所有关键词（见 4.1.1 节）为检索条件一，以"teacher development"为检索条件二，检索范围均设定为"主题"，文献需要同时满足以上两个条件。检索式为 TS=（English for medical purposes OR English for nursing OR Thesis dissertation writing OR English for research publication purposes OR English for academic purposes OR English for science technology OR English in the workplace OR Business English OR Legal English OR Aviation English OR Professional English OR English for specific purposes OR ESP）AND TS=teacher development，共筛选出 1425 篇文献。人工剔除不相关的文献后共获得 1404 篇关于 ESP 教师发展的有效文献。下文将基于有效文献分别汇报 ESP 教师发展研究论文的期刊分布、年度变化、学科分布、地域分布、知识基础和经典文献。

6.1.1 期刊分布

ESP 教师发展涉及各行各业，对研究论文刊发载体的分析有助于更好地了解哪些国际刊物比较关注该方面的研究及其不同倾向，同时也可为研究者未来发表论文提供参考。图 6-1 列出了刊载相关论文篇数 15 篇及以上的期刊，共 15 种。期刊可以大致分为以下几个类别：

（1）一般教育教学类：*Teaching and Teacher Education*、*Teachers College Record*、*Language Teaching Research*、*Journal of Education for Teaching* 和 *EDULEARN Proceedings*。这些期刊广泛研究教育理论、教学实践和语言教学法等。*EDULEARN Proceedings* 是世界教育教学论坛的会议论文集，在一定程度上代表全球教育教学领域的研究前沿。

（2）英语教学实践类：*English Teaching Practice and Critique*、*Journal of Teaching English for Specific and Academic Purposes*、*TESOL Journal*、*TESOL Quarterly*。其中，前两者分别侧重英语教学实践的反思与批判和特殊用途与学术用途英语的教学；后两者均属于对外英语教学类。

（3）多语种教学与实践类：*System*。该期刊关注所有第二语言或外语语种的学习和教学，对理论基础和应用价值有较高的追求。

第6章 专门用途英语的教师发展

（4）跨学科理论与反思类：*Reflective Practice*。该期刊探索反思性实践研究，关注个人和集体活动的实践，包括个人认识和转变、集体再生和政治能动性、反思和声音、价值观、协商意义、身份和社区等；同时也关注不同类型的反思实践及其服务的目的，反思和特定专业知识的生成，有意义地教授和学习反思的方式，以及从国际和多学科视角论述反思、知识生成、实践和政策之间的联系等。

（5）区域教学服务类：*RELC Journal*、*Arab World English Journal*。前者侧重提高东南亚地区教学理论和实践知识的研究，并报告对语言教学具有明确教学意义的发现；后者主要关注与阿拉伯世界的英语教学有直接或间接关联的教育研究。

（6）特定群体导向类：*Professional Development in Education*、*Journal of Adolescence and Adult Literacy*。前者主要关注教育领域内的职业发展；后者重点关注12岁及以上青少年读写能力的培养和提升，鼓励同行评审的、有创新的、基于理论的实践。

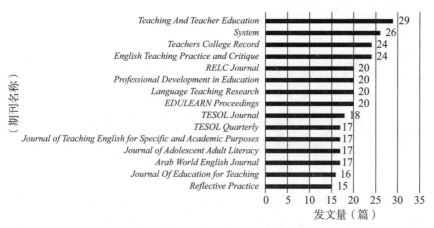

图 6-1　2011—2020 年发表 15 篇及以上 ESP 教师发展研究论文的国际期刊

以上期刊分类信息可帮助 ESP 教师了解教师发展类研究的文献来源。值得注意的是，虽然对外英语教学的两个期刊，*TESOL Journal* 和 *TESOL Quarterly* 的发文量都处于中位，但二者其实可以看作一个期刊，相加后的发文总量位列榜首。这说明，向非英语母语人士教授英语，尤其是专业英语，是很多国家 ESP 教师面临的主要任务和挑战。

6.1.2 年度分布

衡量学科领域发展趋势的一个重要指标，就是相关学术论文发表量的变化。因此，将该领域发文量作历史的、全面的统计，并绘制相应的分布曲线，对于评价其所处的阶段，预测其动态发展趋势具有重要意义（邱均平等，2012）。图6-2为近10年国际期刊上EPS教师发展研究发文量的年度统计，如图所示，近10年国际ESP教师发展研究的发文量可明显划为三个阶段：第一阶段是2011—2014年，各年的相关文献都在50—70篇左右，是ESP教师发展研究的平稳期；第二阶段是2014—2016年，发文量有爆发式的增长，两年间发文量从53篇跃升至193篇，是ESP教师发展研究的快速发展期；第三阶段是从2017年开始，年度发表量均达到200篇以上，国际ESP教师发展研究进入了全面繁荣期。需要注意的是，由于检索日期的限制，2020年的数据只统计到11月20日，但我们有理由推测，2020年的实际发文量应该也会超过200篇。

整体来看，近10年来国际ESP教师发展研究发文量虽然在前期有小幅波动，但很快迎来一轮井喷式增长，并保持发展势头。这表明，从2014年开始，ESP教师发展引起了国际社会越来越多的关注，相关的研究也越来越丰富。有趣的是，这也刚好和大数据、云计算的出现以及4G网络在全球范围内陆续商用的时间点不谋而合。一方面，信息时代下的产业分化和变革加速，各行各业对ESP的需求不断增加，传统英语课堂的改革迫在眉睫；另一方面，网络也加速了信息的传播，更多的声音和诉求被听到，促进了全球范围内的学术交流与合作。这些都很可能促进研究的快速发展。我们预测，在未来几年，随着新一轮信息革命的到来、5G网络及相关行业的催生和崛起（尤其是在中国），全球各行业都亟需更多的专业英语人才，英语教学实践中对ESP教师的需求将会持续加大。因此，相关研究论文数量还会进一步增长，甚至会掀起新的研究热潮。

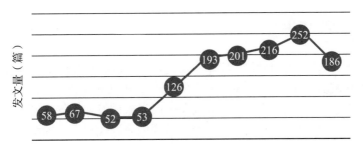

图 6-2　2011—2020 年国际期刊上 ESP 教师发展研究年度发文量

6.1.3　学科分布

表 6-1 列出了近 10 年国际 ESP 教师发展研究中关于某一学科的发文量在 15 篇及以上的学科门类，可以看到，绝大部分 ESP 教师发展的相关研究都属于教育和教学研究、语言学的学科范畴（约占总发文量的 87.75%），这与我们的预期差距不大。此外，还有 61 篇（占总发文量的 3.68%）的文章是关于心理学学科，数量虽然不多，但也足以引起我们关注，这或许暗示成功的教学实践离不开对学生相关心理因素的考查，如学习动机、学习策略、内省反思、认知建构等方面。通过数据比对，我们发现所有学科文献相加之和（1657 篇）大于 Web of Science 自动检索获得的原始数据量（1425 篇），这说明 ESP 教师发展研究也广泛和其他学科融合，尤其是计算机科学（54 篇）。究其原因，这或许是由于传统教育教学语言学学科近年来越来越需要使用计算机辅助手段进行量化研究，相关的软件、算法、语料库等也纷纷出现。

表 6-1　2011—2020 年国际期刊发表的 ESP 教师发展研究的学科分布

序号	研究学科	发文量（篇）	所占比例（%）
1	教育和教学研究	1115	67.29
2	语言学	339	20.46
3	心理学	61	3.68
4	计算机科学	54	3.26
5	社会科学其他专题	49	2.96
6	工程学	24	1.45
7	商业经济学	15	0.91

6.1.4 地域分布

在 CiteSpace 软件中对相关参数进行合理设置后,我们得到近 10 年国际期刊发表的 ESP 教师发展研究第一作者的地域分布可视化网络,如图 6-3 所示。在合作网络中,节点大小代表相关发文量的高低,每条连线都代表一次合作关系,连线的粗细和颜色分别代表合作的强度和第一次合作的年份。年环颜色代表相应节点的发文历史,年环厚度与相应时间分区内发文量成正比。

此外,很多节点边缘带有紫色圈,表明它们的中心值大于 0.1,这在意味着它们通常是链接其他节点的重要平台,同时在促成其附属节点之间的合作中发挥了较大的作用。很明显,美国和英国周围"四通八达",研究呈现相当程度的繁荣景象。中国大陆虽然发文量位居第三,但主要发文机构仅有几所,说明国内研究的地域分布相对集中。在合作层面上,很多机构之间都存在两两连线,有些机构甚至成为国家之间合作的桥梁,而且很多交叉合作都是近两三年出现的,这表明 ESP 教师发展研究的国际合作已经开展并在一定程度上逐步加强。

图 6-3　2011—2020 年国际期刊发表的 ESP 教师发展研究的地域分布

根据 CiteSpace 分析的数据,近 10 年国际期刊上 ESP 教师发展的文献的第一作者来自 55 个国家和地区。表 6-2 呈现了发文量排前 8 位的国家和地区，其中英国、美国和中国（大陆）发文量约占总发文量的50%以上。其他发表ESP教师发展论文较多的国家和地区包括澳大利亚、土耳其、中国台湾、伊朗和加拿大。

表6-2　2011—2020年国际期刊发表的ESP教师发展研究的地域分布

序号	国家和地区	发文量（篇）	所占比例（%）
1	美国	412	39.81
2	英国	165	15.94
3	中国大陆	163	15.75
4	澳大利亚	78	7.54
5	土耳其	74	7.15
6	中国台湾	50	4.83
7	伊朗	49	4.73
8	加拿大	44	4.25

图6-4展现了地域分布网络经过聚类后的图谱，共有17个主要聚类，从大到小在图中标记为"#0—#16"。图6-4通过聚类标签在一定程度上反映了不同地区的研究主题差异。如图所示，以英国和美国为中心的两个最大的聚类分别着眼于"English medium instruction"和"professional development"，说明在国际ESP教师发展研究中，教学和职业发展依然是最核心的议题。其他聚类的主要议题在图6-4中均有展现，此处不再逐一枚举。这些地域分布的聚类有助于我们更好地了解不同国家和地区的研究重点和研究关切。

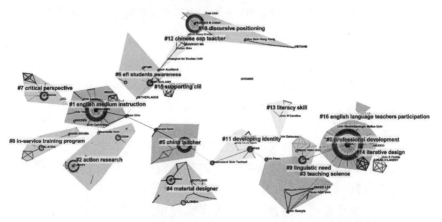

图6-4　2011—2020年国际期刊发表的ESP教师发展研究的地域分布聚类

6.1.5 知识基础

知识基础是学者们在某一研究领域内反复引用的科学文献的集合，是某一领域的经典科学文献（李杰、陈超美，2017）。所有研究者首先要获取、理解和吸收知识基础，才能对相关主题进行更深入的研究（崔晓玲、李潮，2019）。我们在 CiteSpace 中设置合理参数后运行软件，生成了近 10 年国际 ESP 教师发展研究的文献共被引图谱，如图 6-5 所示。

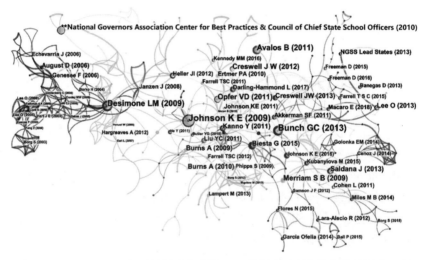

图 6-5　2011—2020 年国际期刊发表的 ESP 教师发展研究的文献共被引图谱

6.1.6 经典文献

1. 高被引文献

文献的被引频率在一定程度上反映了文献的影响度（刘则渊等，2008）。表 6-3 列举了近 10 年国际 ESP 教师发展研究按被引频次排序的前 15 篇高被引文献。通过进一步分析数据，我们发现在 15 项高被引文献中，有 8 本是专著，而且其中绝大多数都是关于研究方法的著作（序

第 6 章 专门用途英语的教师发展

号 7、8、9、13、14），尤其是质性研究方法，这或许表明国际 ESP 教师发展领域已经形成了一定的规范，研究方法的合理选择和设计在一定程度上是高水平研究的基础。因而在教师发展研究的共被引文献中，研究方法类著作，尤其是质性研究方法，成为高频被引文献。另外一类高被引文献聚焦英语第二语言教师（序号 11、13、14）。除了聚焦教师身份转换和信念的文献（序号 11、12）以外，其他均为综合性教师教育研究的著作或文章。在这 15 项高被引文献中，未发现专门聚焦 ESP 教师发展、探讨 ESP 教师所面临的独特问题的文献，这或许是因为主题范围较宽泛的文献更易成为高被引文献。

表 6-3 2011—2020 年国际 ESP 教师发展研究高被引文献

序号	文献	被引频次
1	Johnson, K. E. 2009. *Second Language Teacher Education: A Sociocultural Perspective*. London & New York: Routledge.	30
2	Bunch, G. C. 2013. Pedagogical language knowledge: Preparing mainstream teachers for English learners in the new standards era. *Review of research in education*, 37(1): 298–341.	26
3	Desimone, L. M. 2009. Improving impact studies of teachers' professional development: Toward better conceptualizations and measures. *Educational Researcher*, 38(3): 181–199.	22
4	Avalos, B. 2011. Teacher professional development in teaching and teacher education over ten years. *Teacher and Teaching Education*, 27(1): 10–20.	20
5	National Governors Association Center for Best Practices & Council of Chief State School Officers. 2010. *Common Core State Standards for English Language Arts*. Washington, DC: National Governors Association Center for Best Practices, Council of Chief State School Officers.	19
6	Opfer V. D. & Pedder, D. 2011. Conceptualizing Teacher Professional Learning. *Review of Educational Research*, 81(3): 376–407.	17

（续表）

序号	文献	被引频次
7	Creswell, J. W. & Clark, V. L. P. 2006. *Designing and Conducting Mixed Methods Research*. Los Angeles: Sage.	14
8	Merriam, S. B. 2009. *Qualitative research: A guide to design and implementation*. San Francisco: Jossey-Bass.	14
9	Saldana, J. 2013. *The Coding Manual for Qualitative Researchers*. London: Sage.	13
10	Lee, O., Quinn, H. & Valdés, D. 2013. Science and language for English language learners in relation to Next Generation Science Standards and with implications for Common Core State Standards for English language arts and mathematics. *Educational Researcher*, 42(4): 223–233.	12
11	Kanno, Y. & Stuart, C. 2011. Learning to Become a Second Language Teacher: Identities-in-Practice. *Modern Language Journal*, 95(2): 236–252.	12
12	Biesta, G., Priestley, M. & Robinson, S. 2015. The role of beliefs in teacher agency. *Teachers and Teaching*, 21(6): 624–640.	11
13	Burns, A. & Richards, J. C. (Eds.). 2009. *The Cambridge Guide to Second Language Teacher Education*. New York: Cambridge University Press.	11
14	Burns, A. 2010. *Doing Action Research in English Language Teaching: A Guide for Practitioners*. London & New York: Routledge.	11
15	Creswell, J. W. 2013. *Qualitative Inquiry And Research Design: Choosing Among Five Approaches (3rd ed.)*. London: Sage.	11

2. 转折点文献

任何一门学科的发展和演变都不可避免地会经历一些具有重大意义的过渡点，对这些转折点进行标记，对于科学地把握学科演进的总体脉络至关重要（冯佳等，2014）。中介中心性高的节点即关键点或转折点，这些节点在知识图谱中呈紫色外圈圆环。中介中心性越高，其节点

第6章 专门用途英语的教师发展

外圈的紫色年轮越厚（Chen，2006）。表6-4呈现了近10年国际ESP研究按其中心值排序的前10篇具有关键意义的文献。这些文献既是高被引文献，又是转折点文献，包括Desimone（2009）、Kanno（2011）、Johnson（2009）、Biesta（2015）、Bunch（2013）和Saldana（2013）等。作为中心值最高的转折点文献，Desimone（2009）是一篇关于测量教师发展项目实施效果的理论模型。该模型以项目是否带来教师变化和学生学业进步为核心，包括项目应具备的核心特征以及效果评价应关注的三方面内容。这些核心特征包括：内容聚焦、主动学习、连贯性、延续性和集体参与；评价的三方面内容包括：教师知识、技能、信念和态度、授课技能和学生学习效果。中心值第二的转折点文献报告了两位新手教师如何在为期一个学期的教学实践中逐渐构建教师身份的过程。虽然这些文献没有直接针对ESP教师发展，但其把学生是否进步作为教师发展效果评估的出发点，且其对教师成长过程的动态描写对ESP教师发展具有重要的借鉴意义。因此，对这些重要文献的研读对把握近年来该领域的历史渊源和研究脉络至关重要。

表6-4 2011—2020年国际ESP教师发展研究转折点文献

序号	文献名称	中心值
1	Desimone, L. M. 2009. Improving impact studies of teachers' professional development: Toward better conceptualizations and measures. *Educational Researcher*, 38(3): 181–199.	0.53
2	Kanno, Y. & Stuart, C. 2011. Learning to become a second language teacher: Identities-in-practice. *Modern Language Journal*, 95(2): 236–252.	0.37
3	Heller, J. I., Daehler, K. R., Wong, N., Shinohara, M. & Miratrix, L. W. 2012. Differential effects of three professional development models on teacher knowledge and student achievement in elementary science. *Journal of Research in Science Teaching*, 49(3): 333–362.	0.37
4	Johnson, K. E. & Karen, E. 2016. *Mindful L2 Teacher Education: A Sociocultural Perspective on Cultivating Teachers' Professional Development*. London & New York: Routledge.	0.35

（续表）

序号	文献名称	中心值
5	He, Y., Prater, K. & Steed, T. 2011. Moving beyond "just good teaching": ESL professional development for all teachers. *Professional Development in Education, 37*(1): 7–18.	0.26
6	Darling-Hammond, L., Hyler, M. E. & Gardner, M. 2017. Effective teacher professional development. *Learning Policy Institute*, June.	0.23
7	Johnson, K. E. 2009. *Second Language Teacher Education: A Sociocultural Perspective*. London & New York: Routledge.	0.22
8	Biesta, G., Priestley, M. & Robinson, S. 2015. The role of beliefs in teacher agency. *Teachers and Teaching, 21*(6): 624–640.	0.22
9	Bunch, G. C. 2013. Pedagogical language knowledge: Preparing mainstream teachers for English learners in the new standards era. *Review of Research in Education, 37*(1): 298–341.	0.18
10	Saldaña, J. 2013. *The Coding Manual for Qualitative Researchers*. London: Sage.	0.16

3. 研究热点

虽然上文的转折点文献能在一定程度上能够反映研究热点的变化，但要更直观地了解研究热点，还需要通过关键词知识图谱。研究热点是指某一领域的学者共同关注的一个或多个话题（李杰、陈超美，2017）。它们是指学术界众多成员所讨论和聚焦的热点科学问题，在一定的时间间隔内通过一定数量的相关论文表现出来。由于关键词是文献核心内容的浓缩和提取，是作者的高度概括和凝练，因此，对文章的关键词进行分析，频次高的关键词常能反映该研究领域的热点问题（金胜昔、林正军，2016）。通过检索文献元数据，对 CiteSpace 相关参数进行合理设置后运行软件，手动优化各节点位置后得到图 6-6 所示的国际 ESP 教师发展研究中共现关键词的映射知识域。这些关键词代表近 10 年国际 ESP 教师发展领域的研究热点。

第 6 章　专门用途英语的教师发展

图 6-6　2011—2020 年国际期刊发表的 ESP 教师发展研究关键词共现图谱

图中共有 180 个节点和 738 条连线，每个节点代表一个关键词，十字的大小反映其出现的频率。十字由内到外的颜色分层厚度代表其时间上由远及近的出现次数。从图中节点之间的连线可以直观地看出关键词之间共现关系，连线越粗则共现关系越强。对数据的综合分析并对相似语义词汇进行整合后，我们得出了国际 ESP 教师发展研究中出现频次最高的 10 个关键词，以及经常与之搭配出现的高频共现关键词列表，如表 6-5 所示。

表 6-5 2011—2020 年国际 ESP 教师发展研究高频关键词及其共现关系

序号	关键词	频次	中心值	高频共现关键词
1	professional development	408	0.11	teacher education, English teacher, language teacher
2	education	217	0.14	school, knowledge, inquiry, initial teacher education, further education
3	English	202	0.09	teacher education, acquisition, interactive whiteboard, further education
4	teacher	147	0.04	school, second language acquisition, physical education
5	student	124	0.14	knowledge, mathematics, model, reader
6	teacher education	122	0.36	professional development, policy, English, preservice, science, childhood, in-service
7	knowledge	118	0.23	education, student, technology, skill, perception, context, computer
8	language	118	0.09	language learner, childhood, in-service, strategy, learner policy, implementation, tesol, culture
9	English language learner	110	0.07	teacher, language learner, challenge, academic language, English for speakers of other language
10	impact	83	0.35	reflection, model, reform, teacher belief, teacher learning, discourse analysis

由表 6-5 可以看出,"professional development"是中心度最高的节点,其次是"education"和"English",这表明教师发展研究领域主

第 6 章　专门用途英语的教师发展

要针对的是英语教育问题。此外，"teacher education"是另一个重要的节点，且其频次和节点中心度相当高。除了前 10 位高频关键词以外，表 6-5 还呈现了这些词的高频共现关键词，可以让我们了解更多热点话题的具体信息，比如"professional development"的三个高频共现关键词分别"teacher education"、"English teacher"、"language teacher"，说明该领域的职业发展主要指英语或语言教师的教师教育。同理，位列第 10 的热点词"impact"的高频共现词有"reflection"、"model"、"reform"、"teacher belief"、"teacher learning"、"discourse analysis"，说明有大量研究关注这些教师教育的方法和理念。此外，"knowledge"的高频共现词有"education"、"student"、"technology"、"skill"、"perception"、"context"、"computer"，说明国际 ESP 教师发展研究所关注的知识基础的具体方面。

上述有关国际 ESP 教师发展的文献计量分析呈现出一个主题丰富且复杂的画面，其重点要素包括关于教师发展的研究方法，教师知识基础、态度、身份、信念，教学方法、授课技能、授课效果等。鉴于本章关注焦点是 ESP 教师发展，而国内的相关研究还处于起步阶段，文献数量有限，故未专门进行定量分析。下节将根据对相关文献的解读，聚焦国内 ESP 教学面临的挑战，重点论述从大学 EGP 教师向 ESP 教师转型中可能遇到的教师发展问题。

6.2　ESP 教师能力框架

随着 2018 年颁布的《中国英语能力等级量表》对大学高年级学生、研究生及英语专业教学指导作用的逐步显现，七级以上高层次英语应用能力指标中的 ESP 要素将会进一步推动 ESP 教学规模的扩大和深化，其对英语专业人才培养的重要性也将进一步提升。然而，目前存在的高素质 ESP 教师匮乏以及能力不足的问题影响着 ESP 教学的效果。蔡继刚（2019）指出如何提升 ESP 教师的素质是当前开展 ESP 教学面临的最重要的挑战之一。

目前，关于 ESP 教师应具备的素质或综合能力的研究较少。事实上，在我们统计的 2000—2019 年国外和国内 ESP 研究的前 30 个高频话题中，并未出现教师发展或教师教育的主题。根据张维君（2011）对 *ESPJ* 在 1980—2010 年间发表的论文的统计，关于 ESP 教师教育或培训的论文数量仅占该期刊 30 年来发文总量的 4.86%。本书第 1 章基于 2000—2019 年发表在 CSSCI 期刊上的中文学术论文提取的高频话题和显著增长的话题中，ESP 教师发展或教师教育均未出现。可见，无论中外，ESP 教师发展或教师教育在整个领域中得到的关注都比较有限。

英国学术英语讲师学会于 2008 年建构了一个学术英语教师知识和能力框架，该框架包括学术知识能力、学习者需求分析能力、课程开发能力和教学能力。徐小舒和蔡基刚（2019）在深入研究相关文献的基础上，使用结构式访谈和问卷调查的混合研究方法构建了 ESP 教师能力框架，如表 6-6 所示。该能力框架包括知识、技能和态度三个维度，共 15 个因子，是系统描述 ESP 教师能力的重要尝试，对职前 ESP 教师的培养具有重要的指导作用。我国目前正在承担或将要承担 ESP 教学的教师一般已经具有较长时间的 EGP 教学经验，他们需要在已有语言学、语言习得和教学法以及信息技术应用知识的基础上重点聚焦 ESP 的核心特征及其要求的独特的知识和能力。我们认为许多 EGP 教学的相关知识和技能是可以迁移到 ESP 教学中的，故对于已有相当 EGP 教学积累的教师设计 ESP 教师发展课程时，应重点突出 ESP 的核心特征及其面临的核心关切。

EGP 教师转型到 ESP 教师的困难之一是教学内容所涉及的专业知识。根据付大安（2016）对三所地方本科院校的问卷调查，大多数 EGP 教师意识到 ESP 教学的重要性和迫切性，且已经有了从事 ESP 教学的心理准备。但是，有 60% 的受访者对承担 ESP 课程最大的担忧是学科知识难度，20% 的受访者担忧可能要经常更换教学专业。此外，ESP 教学是以学习者为中心的教学，教师需要根据学习者的需求调整自己的角色、教学方法和策略等。我们将围绕 ESP 的学科特性，探讨 EGP 教师转型在知识基础、态度角色和教学技能等方面可能面临的挑战及其解决路径。

第6章 专门用途英语的教师发展

表6-6 ESP 教师能力框架（徐小舒、蔡基刚，2019：72—73）

维度	因子	具体内容（教师能够……）
知识	技术知识	1. 作为信息和媒体的用户，交互地识别、定位、获取、评价和组织知识和信息资源 2. 熟悉基本的信息科技、工具和资源 3. 学习新的技能、解决基本的技术困难
	内容知识	4. 熟悉 ESP，包括 ESP 的起源、定义及 ESP 教学的发展 5. 熟悉 ESP 相关学科的基础知识，包括学科基本概念、学科文化、思维、信念、研究范式及话语传统和规约
	教学知识	6. 使用 ESP 教学策略 7. 清晰地认识 ESP 教师的角色，并能由 EGP 教师向 ESP 教师转变 8. 明确 ESP 教学的目的、价值及目标，并能在 ESP 教学中运用新的教学方法、教学策略和工具，如基于内容的教学及语料库辅助教学等
	教学内容知识	9. 掌控课堂管理，包括设定各项任务的目标、创造良好的课堂环境及提供恰当的反馈 10. 熟悉 ESP 语境知识，包括通过需求分析获得的学习者知识、机构及学科知识、工作领域的要求和社会环境知识 11. 进行 ESP 学习评价 12. 熟悉普通语言学学习的方法和经验，如教师自身的 ESP 学习经验、目标语言文化意识、语言学研究和语言分析经验
	技术内容知识	13. 使用远程技术与各种利益相关者合作 14. 熟悉使用多媒体表达观点 15. 使用多媒体支持语言学习 16. 使用技术设计 ESP 教材
	技术教学知识	17. 使用技术实践 ESP 教学设计和教学策略 18. 使用技术满足 ESP 学习者的不同需求 19. 引导学生建立使用技术的伦理道德
	技术教学内容知识	20. 熟悉并实践 ESP 项目操作，包括设定和调整目标、管理资源、监控进程和实施评价 21. 理解和使用数字检索和语料库，进行 ESP 语类分析、语篇分析、语言学分析及语域分析

（续表）

维度	因子	具体内容（教师能够……）
技能	需求分析	1. 开展包括各种利益相关者的需求分析
	课程设计	2. 理解并开展基本类型的课程设计，包括教学大纲及教学进度表的设计 3. 激发学习者热情并发展其积极情感
	评价	4. 与不同的利益相关者进行协商并建立良好的互动，包括ESP教师在课程设计、教学及评价中的角色和责任 5. 选择不同类型的ESP评价模式，设计并评鉴用于形成性评价及终结性评价的工具 6. 采用不同类型的评鉴手段进行ESP课程设计及ESP教材的评价
	知识迁移	7. 将跨学科的经验迁移到ESP教学 8. 帮助学习者将所学的知识和技能迁移到其他的学科和语境 9. 选择、设计和评价培养学习者跨文化意识的活动
	教学行动	10. 将跨学科的学术工作与其他领域的生活相结合 11. 激活学习者已知的学科内容知识、语言学知识及文化背景知识，促进ESP教学 12. 理解不同的文化情景，包括不同的价值观、过程和任务，并能游刃有余 13. 提出睿智的问题，选择和设计活动及任务以展示特定学科领域的文化和语言特征 14. 积累和运用不同学科的实践知识
态度	情感范畴	1. 对各个学科的范式持开放的心态，包括科学的思维方式和价值观 2. 对所教的ESP学科持有浓郁的兴趣和开放的心态
	行为范畴	3. 愿意通过设计和开展活动培养学习者的批判思维能力 4. 愿意积极面对并创新地处理ESP教学中面临的变化和挑战 5. 愿意通过布置任务及互动，加强学习者自主学习的能力
	认知范畴	6. 意识到ESP教学与科研并进的重要性并积极实践 7. 意识到ESP教学的意义，并对ESP教学充满信息和热情

6.2.1 ESP 教师的知识基础

在讨论知识基础之前，我们需要对 ESP 教学内容的特性达成共识。在本书第一章关于 ESP 的定义与核心特征的讨论中，我们已经明确 ESP 教学与传统的专业英语教学或当前的全英文专业课教学是不同的（蔡基刚，2015）。ESP 的教学内容虽然涉及不同专业学科或不同行业的知识和活动，但是，ESP 教学的核心却是这些不同情境下的语言运用，而不是知识本身。蔡基刚（2019）指出 ESP 教学的重点是特定学科或行业的语篇结构、语言特征和交流方式。徐小舒和蔡基刚（2019）所提出的 ESP 教师能力框架中关于学科基础的内容，即 ESP 的起源、定义及 ESP 教学的发展、基本概念、学科核心价值、研究话题和研究范式、话语传统与规约等应构成 ESP 教师的理论知识基础。在此理论知识基础下，新手 ESP 教师的话语和体裁分析理论、研究方法及设计与实施具体研究项目的能力需要加强和提高。语言学与应用语言学背景的 EGP 教师一般具备话语分析的基础知识，但往往缺乏对话语与交际语境、受众之间互动关系的关注。

Swales（1990）将体裁的概念引入应用语言学并赋予其新的含义，使其成为承载人类重要交际活动或交际事件的载体。在人类社会生活中，凡是重要的交际事件，总会重复出现；只要重复出现，就会发展出一定的模式；具有相同或相近交际目的的重要交际事件就构成一类体裁，如生日庆祝、结婚典礼等。虽然同一体裁的个例会表现出一定的差异，但其在信息组织、语言表达、文体和风格上存在诸多共性。这种体裁层面的语言使用规律为 ESP 教学提供坚实的理论基础。无论是不同学科的学术体裁，如实验报告、学术论文、会议发言，还是行业和职场交际中的公司年报、项目提案、会议纪要等，都会在语言使用上表现出一定的规律。这些语言使用规律是交际目标、语境、受众等多因素互动的结果。此外，同一领域的不同体裁之间也相互联系和影响，如学术论文和会议发言之间可能在内容上有诸多共性，但因传播媒介的不同，又会表现出一定的差异。我们认为，掌握体裁分析理论和体裁研究方法是 EGP 教师转型为 ESP 教师必备的理论基础。本书第三章对体裁分析和批评体裁分析有简要的介绍。

另外一个 ESP 教师必备的知识基础是语料库语言学。众所周知，ESP 教学所面对的学习者需要掌握的学科或行业语篇和体裁并不是语言学和应用语言学长期以来关注的重点，ESP 教师往往需要自己去探索未知课题，通过分析研究，了解和把握学生需要的 ESP 语言知识。这些探索可在本书第一章 ESP 发展的萌芽时期了解到一些。事实上，ESP 学者一直在拓宽语言研究的边界。语料库及语料库的研究方法是 ESP 学者探索发现特定语域或体裁语言使用规律的利器，同时也是培养学生独立发现与自己的专业相关的语言运用规律的利器。本书第三章介绍了语料库研究在 ESP 领域的应用。

上述知识基础对大学 EGP 教师来说也许并不完全陌生，只是他们长期承担日常交际环境下人文社科主题的英语教学内容，转型为 ESP 教师后需要通过学习一些教师教育课程，了解 ESP 的学科历史、基础理论、研究视角和方法，并将已有的应用语言学知识迁移到 ESP 教学中去。至于一些 EGP 教师担忧的专业知识讲解困难，并不是 ESP 教学的目标。ESP 教学的目标是帮助学生掌握特定交际环境下的语言运用。体裁分析和语料库语言学的理论和方法是帮助教师获取相关专业语言运用知识的有效路径。

6.2.2　ESP 教师的态度与身份

转型的 EGP 教师在重新构建 ESP 教师知识基础过程中，还需要反思自己以往所持有的英语教学的目标、价值和教师的角色。ESP 教学的目标是实际应用，而非 EGP 教学通常指向的素质教育和听说读写技能训练。素质教育目标比较宏大和宽泛，难以测量，听说读写技能通常与考试相关联，因而许大学英语教师的教学目标就是帮助学生通过四、六级考试。对于许多大学生来说，通过考试以后，英语学习也就告一段落了。在这个教学过程中，因为教学目标是通过考试，因此教师在很大程度上可以把控教学内容，也可较好预测学生可能有的问题。然而，ESP 的教学目标是最大限度地满足学习者当前或未来开展学术或职业交际活动的需求。满足学生目标需求这一个核心特征意味着学生在英语教学内

第6章 专门用途英语的教师发展

容和材料设计中占据中心地位,而由于学生目标需求的个性化和专业化性质或教师对目标需求的认知不足,导致教师的把控感降低,EGP教师所拥有的熟悉的领地变成了充满风险的领地。Campion(2016)在研究英国EGP教师转型成为EAP教师所遇到的挑战时发现,学生需求所涉及的学科知识和EAP基础理论知识是这些教师遇到的主要挑战。

面对这样的变化,教师首先要清楚ESP的教学核心是目标语境下的语言使用。然而,因为语言使用与其承载的内容无法分离,ESP教师对学科文化、认知基础和常用语篇体裁的认知是必需的(Ferguson,1997),但这并不意味着ESP教师需要用学科专业教师对学科内容的掌握程度要求自己,也不需要把自己装扮成专业知识的内行(Robinson,1991)。此外,认识到ESP教学在帮助学生成长上的意义和价值,ESP教师要以开放的心态面对其他学科知识和行业知识,努力了解目标领域以语言为媒介的主要交际事件和相关实践活动,并通过多种途径和方式主动学习。Campion(2016)研究中的教师通过正式和非正式的学习,利用先前EGP教学的经验、攻读硕士及以上学位、参加EAP教师培训和学习专门为EAP教师设计的专业学科资料等,克服了学科知识不足带来的挑战。Li(2017)通过混合研究方法对上海市2014年参与EAP教学改革的四位EGP教师的转型经历进行了深度描写。这四位教师对转型为EAP教师持非常肯定的态度。他们认为转型鼓励了他们的自我成长,激励他们成为研究者,使他们拥有了国际视野,走出了职业发展的危机。关于专业知识不足引起的问题,这些教师认为大学应该协调资源,设计专业教师与ESP教师的合作教学。

ESP教学所涉及的专业知识问题并不是一个新问题。Hyland(2006)就曾指出:如果专业教师教授EAP课程,他们会对语言习得和使用熟视无睹;如果语言教师教授EAP课程,他们则会因专业知识不足而无法判断学生对专业知识掌握的情况。最理想的情况是ESP教师既了解目标学科,又具有应用语言学知识,如Feak & Reinhart(2002)所描写的具有应用语言学和法律或医学知识的ESP教师。但是,同时具备两个学科专业知识的教师数量很少,实现起来的难度也很大(Belcher,2006)。Dudley-Evans(1997)提倡向学生学习或者与学生一起学习,即带领学生一起探索影响语篇的相关知识。Li(2017)指出可以给研究生提供由专业教师和语言教师组成的合作指导,以满足其写作过程中的专业和语言需要。我们认为 Swales(2019)和 Dudley-Evans(1997)所倡导的与学生结成学习共同体的思路更加可行和高效。该方法不仅有利于探索专业知识与语言运用的关系,而且通过让不同专业的研究生讨论同一个问题在他们各自学科内的选择偏好,也有利于学生和教师了解学科之间的差异。ESP 教师应该学习如何向他们的学生学习专业知识,如何带领学生共同探索语言在学科或职业领域的使用规律。要实现这样一个转变,教师首先需要转换身份,从知识拥有者和传授者的身份转换为学生学习的辅助者和学习共同体的组织者、共建者。简言之,EGP 教师的成功转型,其态度应该是积极、开放、探索的,其身份应该是促进学生学习的辅助者和 ESP 学习共同体的组织者、共建者。

6.2.3　ESP 教师的教学技能与策略

表 6–6 所示的 ESP 教师能力框架中的技能维度,包括需求分析、课程设计、评价、知识迁移和教学行动 5 个因子。对于已有大学英语教学经验的 EGP 教师来说,在该部分应当重点关注的是需求分析以及如何根据需求分析的结果设计 ESP 课程,然后根据课程目标决定评估与测试方案。以上内容的相关研究在本书第四和第五章已有论述。关于该部分的教学行动,研究表明如何在课堂上处理与应对意料之外的与专业知识有关的问题(Wu & Badger,2009),并利用此类机会引导与激发学生的探究精神是非常重要的技能(Horváthová & Naďová,2021)。

Wu & Badger(2009)研究了 ESP 教师在课堂上意外遇到自己不熟悉的专业问题时的应对策略以及影响他们决策的因素。研究方法包括课堂教学录音、刺激回忆法和半结构性访谈。参加该研究的三位教师均毕业于我国外国语言文学专业,一位硕士毕业生,两位本科毕业;其中两位老师在教 ESP 课程之前已经有 6 至 8 年的 EGP 教学经验,一位教师没有 EGP 教学经验。三位教师的 ESP 教学经验分别是 1 年、3 年和 6 年。研究者随堂观察这三位教师共 6 节课的上课情况,对比分析他们的教案和录音(每节课录音长度约为 45 分钟)。为保证任课教师课堂行为

第6章 专门用途英语的教师发展

没有受到听课观察的影响,研究者在课后单独询问学生他们刚上过的课与平时有什么不同,学生回答基本一样。该研究结果发现,在回应预料之外的专业词汇问题时,教师采用的策略包括忽略学生的问题并进入下一个知识点、汉语直译、将学生注意力引向构词法或语法点或让学生自己逐词翻译。他们基本没有正面解答学生提出的问题。在访谈中,针对研究者发现的5个意外问题,教师3次采用了回避策略,2次承认自己不知道。在向研究者解释自己采取的回避策略时,"不失面子"在5次意外问题情况下均被提及,"保证课堂正常进行"被提及了三次。该研究指出,这三位教师在应对 ESP 课堂上的专业问题时采用的策略非常少,并没有引导学生进行主动探索,培养学生独立解决问题的能力。其中"不失面子"的解释也显示出三位老师还持有"知识权威"这样的传统身份。

我们认为,ESP 教学内容中的专业知识是所有 ESP 教师需要面对的挑战。ESP 教师应尽可能地熟悉相关专业文化、重要事件和实践活动,但也必须从思想上明确 ESP 的教学重点不是专业知识的传授,而是培养学生在专业领域的交际能力。当遇到 Wu & Badger(2009)中提到的意外专业问题时,ESP 教师首先不需要感到"丢面子",而要引导学生根据语境自主探索,或指导学生使用外部资源进行探索。此外,该研究中提到的教学内容仍然以词汇和句法为主,未来相关研究应该探索语言使用与交际、修辞目的之间的互动关系。

Swales & Christine(1994)是为研究生教学编写的学术英语写作教材,该书前言中指出:来自不同学科学生构成的班级比单一学科学生构成的班级更有利于把学生的注意力引向语言运用,包括交际目的、读者期待等,而不是专业内容。这些不同专业的学生构成的班级更容易形成良好的互动气氛,因为不存在竞争,也无从辨别知识点表达是否准确。此外,在该书中,教师在讲解过某一体裁语篇特征之后,让学生自己选择各自专业的文章,通过对比研讨让学生认识到学科和专业对体裁的影响。本书的三位作者之一,曾于 2006—2007 年在密歇根大学主校区访学时旁听过 Christine Feak 讲授的学术英语写作课。该课程的学生也来自不同的专业,教师在讲授学术写作不同层面之共性的基础上,通过任务设计引导学生主动学习、主动探索并开展合作学习。

当然，Christine Feak 有着非常丰富的 ESP 研究积累和教学经验。毫无疑问，对 ESP 教学内涵的深刻理解、丰富的教学和科研经验可以帮助教师形成自信的教学态度和合理的身份定位，在此基础上方能有效预测学生可能存在的问题，并且区分哪些问题是 ESP 课堂上能够解答的。在遇到意料之外且无法解答的专业问题时，教师可冷静处理并引导学生课下探索。针对 ESP 教师面临的此类特殊问题，目前相关研究非常少。事实上，我国 ESP 教师教学技能和策略的实证研究也非常缺乏，未来还有待充分探索。

6.3　ESP 教师的发展路径

　　转型初期的教师对 ESP 或 EAP 的认识一般比较模糊（Campion, 2016），或仍停留于相关政策性文件中的定义解读（Li, 2017），而对学科发展的背景、核心理论等缺乏系统的认识。掌握 ESP 的知识基础是 ESP 教师构建自我身份、发展教学技能和策略的基础。EGP 教师一般已经具有交际法教学、任务教学法或案例教学法的基本知识（Li, 2017），但如何应对 ESP 课堂可能出现的专业内容问题却是他们已有教学积累和经验中缺乏的。ESP 知识基础的学习可以采取主题讲座和工作坊的形式来进行。Li（2017）研究中的教师参与者是上海市高校的四位 EAP 教师，他们均具有较浓厚的科研兴趣和较强的科研能力。这或许是他们成功转型并在转型后获得成就感的关键因素。因此，ESP 教师教育课程中需要包括科研方法，以及针对教学中突出问题的行动研究方法。基于以上对 ESP 教师知识、态度和身份以及教学技能的文献分析，我们认为给 EGP 教师提供多种形式（如线上慕课、线下专题研修班）的关于 ESP 学科发展历史、核心理论和研究方法的理论课程非常必要。然而，这种线上课程或短期研修班的教师发展模式虽有利于快速普及相关知识，却不容易与教师具体的教学环境和需要解决的实践性问题相联系。此外，因研修班时间短，故其效果也不容易保持（文秋芳，2021）。

　　ESP 教师发展的另外一个路径是建立 ESP 教师专业学习共同体或教师发展共同体。根据国内外多位学者的研究，教师专业学习共同体不

第 6 章 专门用途英语的教师发展

仅可以提升参与者教学和教学行动研究能力，还可以增强其合作意识，提高教师责任意识和积极情感（Bolam et al.，2006；Hardar & Brody，2010；文秋芳，2017，2021；张虹 & 文秋芳，2020）。成功的教师专业学习共同体需要具备四类核心要素：成员、目标、中介和机制。成员由领导人员和共同体成员组成：领导人员要具备专业水平高，组织、协调和决策能力强两项重要素质，还需要有奉献精神；共同体成员需要共享核心目标，该目标要具体、可测量，抽象的目标可以具化为其包含的特征。例如，如果将提高 ESP 教学行动研究能力设定为一个 ESP 教师共同体的核心目标，这个目标就过于抽象、难以测量。我们可以将该目标具化为：（1）每人录制自己的一堂课；（2）对照该堂课的教学目标，撰写反思日志供集体研讨；（3）阅读文献并集体研讨 ESP 教学技能和策略；（4）每人设计一个行动研究计划；（5）实施计划并撰写行动研究报告等。这样，原本抽象的目标就具化为可操作、可测量的步骤。这些目标可以是共同体领导预先设计的或由全体成员共同商定的。在明确建设目标以后，下一步需要确定实现目标的中介。这里的"中介"指载体，可包括抽象中介和具体中介。"抽象中介指的是团队成员经过讨论、协商，提炼出的问题、议题或研究焦点；具体中介指哪些看得见、摸得着的物件，如教学录像、反思日志、学习材料、论文草稿等（文秋芳，2017：6）。最后，要保证共同体的有效运行，还需要协商制定基本的活动形式和管理制度，以建立成员间的信任和积极情感。

　　基于网络的 ESP 虚拟学习共同体也是 ESP 教师发展的一个路径。"随着信息技术在外语教育领域的不断深入，基于互联网技术支持的虚拟实践共同体已逐渐成为外语教师发展的重要平台"（王琦、富争，2011：28）。一方面，虚拟学习共同体可帮助有共同兴趣但不在同一物理空间的 ESP 教师通过合作学习达到共同进步的目的；另一方面，虚拟学习共同体意味着在网络云端会有丰富的学习资源供共同体成员探讨研究。但是，基于网络的虚拟共同体不能开展面对面的交流，真正的互动很难发生，也难以产生直接的情感联系，学习效果难以保证（文秋芳，2021）。对于已经正常运行的、成员之间已经建立了信任的学习共同体，网络虚拟平台可以用来开展一些活动并提供成员之间即时的交流。因此，构建线下和线上混合模式的 ESP 学习共同体是值得尝试的教师发展路径。我国的专门用途英语专业委员会可为计划转型或转型初期的 EGP 教师设计 2—3 天的短期专题研修班，以快速提高教师的 ESP 知识基础。此外，学校相关机构应鼓励并支持构建线下线上混合的 ESP 教师学习共同体，动员有长期 ESP 教学经验和丰富科研积累的教师担任领导核心。最后，鉴于 ESP 教学涉及"专门性"知识，相关机构应推动多层次的 ESP 教师与学科教师间的合作，教师与相关行业专家在 ESP 需求分析、课程设计以及评估领域的合作。

6.4　本章小结

兴国必先强师。目前国内各行业均缺乏高层次外语人才，即在学术、经贸、外交、国际法、医学等各领域具备专业外语交流能力的高级人才。这些人才的培养离不开专门用途英语这个学科的参与，离不开高素质的 ESP 教师队伍。本章首先综述了近 10 年国外 ESP 教师发展研究的趋势和前沿热点，随后讨论了对 ESP 教师发展具有重要指导意义的能力框架，最后针对从 EGP 教师转型为 ESP 教师这一核心问题，指出 ESP 基础知识短训班和有组织的线下和线上学习共同体相结合的 ESP 教师发展路径。

第 7 章
专门用途英语的未来发展方向

　　要系统认识一个学科领域，成为其语篇社团的一员，离不开对该学科的发展历史及发展动因、主要理论视角和主要研究方法的了解。本书第一部分（第1、第2、第3章）较为系统地论述了 ESP 领域的发展历史、基本理论视角和主流研究方法。第1章在讨论了 ESP 的定义、特征和其概念中最具争议性的"专门性"问题之后，概述了其产生的历史背景、发展的三个阶段以及每个阶段的特征。随后以定量分析数据为基础，勾勒了 2000—2019 年国内外 ESP 的研究热点、高频被引论文、高被引学者、不同国家地区和机构的研究贡献度，并对比讨论了国内外的研究特点。在综述整体发展概貌的基础上，第2章评述了 ESP 研究的主要理论视角，包括 ESP 发展初期的语域分析、20 世纪 80 年代发展起来的语篇修辞分析以及 20 世纪 90 年代成熟的体裁分析、语料库研究、批评体裁分析和跨文化修辞分析等。第3章针对 ESP 的主要关切，如学科发展概况、学习者学习过程、话语分析等，概述了其主流研究方法及相关研究。

　　本书第二部分（第4、第5、第6章）面向我国 ESP 教学和教师发展的需要，以教学为中心，系统深入地论述了教学理论与实践及评估与测试研究，探讨了教师发展研究以及当前我国 EGP 教师转型为 ESP 教师所面临的能力发展问题。第4章教学理论与实践以 ESP 教学设计流程为主线，系统阐述了包括需求分析、课程设计、ESP 主要分支以及各类教学资源。第5章介绍了 ESP 评估与测试，包括其发展趋势、热点话题，测试的维度、原则和标准以及评估与测试的个案研究。第6章从综述国外教师发展研究的概况出发，探讨了我国 ESP 教师发展面临的主要问题及解决路径。

根据本书第 1 章对国内外 ESP 近 20 年研究现状的比较，总体来说，国内 ESP 仍然处于起步阶段，其特征是研究话题较为宽泛、研究方法以质性讨论为主。而国外 ESP 研究在话题和方法上都更加具体和精细，其研究结果为 ESP 教学提供的参考信息也更丰富一些。随着 2018 年颁布的《中国英语能力等级量表》的贯彻落实，国内 ESP 教学规模将会进一步扩大，将会需要更多的相关研究反哺本土 ESP 教学。根据本书对国内外 ESP 领域研究现状的分析和比较，以及对 ESP 教学、测试和教师发展方面的探讨，我们总结了 ESP 研究未来的主要发展方向。

7.1 体裁语言特征与语境和交际功能的多维度互动关系研究

自从 Swales（1990）开创应用语言学领域的体裁分析理论以来，体裁和体裁分析就成为 ESP 研究的中心话题之一。体裁分析研究或聚焦从功能角度描写语篇结构（如 Brett，1994；Dudley-Evans，1986；Kwan，2006；Lin & Evans，2012；Samraj，2005；Swales，1981，1990；Yang & Allison，2003，2004），从使用者角度研究阅读与写作过程（如 Ariffin，2014；Berkenkotter & Huckin，1995；Cheng，2006），从外部语境的视角研究学科文化和历史因素对体裁的影响（如 Bazerman，1988，1994；）；或聚焦某一体裁的词汇、语块（如 Ädel & Erman，2012；Chen & Ge，2007；Cortes，2004；Coxhead，2000；Hyland，2008a，2008b）和句法特征（如 Ai & Lu，2013；Lu，2010；Lu & Ai，2015）。这些研究虽然为揭示体裁的语篇和语言特征做出了巨大贡献，但要更充分地解释复杂的体裁，我们需要探索语篇、语境和语言特征之间的互动关系，如在语篇层面的 move/step 具有怎样的语言特征，某些语言特征是否与某些功能有较强的相关性，因为以体裁分析为基础的写作教学既需要包括以 move/step 为单位的语篇知识，也需要词汇语法层面的语言应用知识。Cortes（2013）除了揭示英文学术论文引言部分的特有语块以外，还将语块与 move/step 联系了起来，即某些语块只出现在 Move 1–Step 1，如 a great deal of、as one of the、one of the most、play an important role in the、the importance of the。Swales（2019）也指出语言形式与其修辞和交际功能相结合的分析将是解释学术语篇的词汇和语法选择动机的必然路径，比如英语学术论文中被动语态的选择涉及作者的交际意图、态度、文体风格、语篇衔接需要等多个因素，必须结合语境和功能进行深度分析才能具有较好的解释力。此外，这种关于功能与形式相关性的研究，对写作质量评估，尤其是写作质量自动评估也具有重要的意义。然而，目前这种将交际功能与其词汇或语法特征结合起来考察的体裁分析研究还比较少，是今后体裁分析研究可以进一步探讨的方向之一。

7.2 ESP 体裁的自动分析和写作质量评估与反馈研究

写作质量评估与反馈是写作教学的重要环节，是连接语言输入和输出的桥梁，也是刺激学习者注意力、加强工作记忆（Macky，2006；Macky et al.，2000），促进写作准确性的重要手段（Ferris，2011）。反馈的适时性、频率及反馈内容的具体和清晰，对实现有效反馈非常重要（严明，2014）。传统的写作反馈研究大多针对英语短文写作，且反馈内容多以词汇和语法错误为主，均有一定的滞后性。为提高反馈的适时性和反馈的频率并节约人力成本，自21世纪以来，自动写作评价（automated writing evaluation，AWE）逐步从大规模考试评分进入写作反馈领域。美国教育考试中心基于其 E-Rater 引擎，开发了 Criterion 作文评阅/反馈系统，CBT/McCrow 开发了 Writing Roadmap 2.0。这两个系统兼有评分与反馈的双重功能。2010年后，国内也相继出现了北京词网科技有限公司开发的句酷批改网、外语教学与研究出版社开发的 iWrite 等针对中国学生英语短文写作的评分与反馈系统。

但是，针对学术英语体裁，如英语学术论文的写作质量评估与反馈仍是一个急需深入研究的方向。根据 Hyland（2002b，2015）、Kaufhold & McGrath（2019）和 Samraj（2008）等研究，学科或学术社团对学术语篇的结构和语言特征均有重要的影响，因此关于学术体裁的质量评估和反馈研究必须考虑学科差异，其基础研究是对学术体裁或体裁的构成部分进行自动分析。已有研究对英语学术论文的自动分析主要集中于摘要（Anthony & Lashkia，2003；Dayrell et al.，2012；王立非、刘霞，2017）。Anthony & Lashkia（2003）共同开发了一款软件（AntMover），该软件可以分析学生上传的英语学术论文摘要，帮助学生快速了解其中的 move 和 step，对学生理解摘要的交际意图及其语言实现方式具有一定意义。Dayrell et al.（2012）开发了一款可以自动分析英文摘要的多标签分析器（Multi-label Argumentative Zoning for English Abstracts，MAZEA）。该分析器也可以自动对标准英文摘要的语轮进行分析。该软件分析的最高准确率是 69%。国内学者王立非和刘霞（2017）在总结已有研究经验的基础上，构建了基于统计和基于规则相结合的模型。该模型的训练和测试语料为应用语言学期刊中 1993—2014 年发表的 440 篇标准论文摘要。该模型分析的平均准确率为78.19%，远高于 Anthony & Lashkia（2003）的一次分析准确率（68%）和 Dayrell et al.（2012）报告的准确率（69%）。

目前已经把自动分析结果与写作反馈结合起来的研究有美国爱荷华州立大学开发的英语学术论文引言的自动分析和反馈系统——Research Writing Tutor（Cotos，2014；Pendar & Cotos，2008），其最终分析的准确率为 72%。该系统包括分析、反馈和教学三个模块。学生进入分析模块之后，首先需要选择自己的学科及论文的不同部分，即引言、文献综述、研究方法、研究结果、讨论和结论，然后上传自己的习作就可获得系统对习作的 move 和 step 的分析结果。分析结果的呈现方式是学生习作所包含的 move 和 step 与其所选学科专家数据的对比。该系统的教学模块可为学生提供针对英文学术论文写作的短视频。该系统在美国爱荷华州立大学进行了试用，90% 的学生认为系统的反馈对他们学习引言的结构和语言特点有相当大的帮助。

CALL（Computer Assisted Language Learning），即计算机辅助语言学习，是 2000—2019 年 ESP 领域的高频话题之一（见表 1-2）。虽然在表 1-2 内处于前 30 个高频话题的第 29 位，但随着深度学习技术的进步，基于体裁知识的自动分析与反馈发展潜力巨大，其在 ESP 教学中的应用前景也非常广阔。

7.3 学科/职场文化及其实践活动的研究

ESP 教育的初心是满足不同学习群体在学业或职业发展环境下的英语应用需求，而不同的学业和职业领域也各自有一些文化上的特性，这些特性在其相关体裁和语言特征上会打上不同的烙印（Hyland, 2002b; Kaufhold & McGrath, 2019）。比如，英语学术论文这个体裁是当代知识体系所拥有的几乎每个学科知识创新的载体，其实现的普遍的交际目标是承载新知识、传播新知识。虽然，不同学科的学术论文存在着共性特征，但也有其不可忽视的个性特征（Lin & Evans, 2012; Samraj, 2008）。Hyland（2002b）指出，"专门性"是 ESP 概念的核心，也是实现 ESP 教学目标的关键。学术论文中作者的身份，即立场和态度，以及语言选择，受其学科文化、交际对象和交际社团偏好的影响（Hyland, 2015），论文撰写也受期刊编辑偏好的影响（Kaufhold & McGrath, 2019）。虽然，对学科文化和其实践活动的研究始于 Bazerman（1988）和 Berkenkotter & Huckin（1995），但近 20 年来该方向的研究与基于语篇的描写性研究相比，要少得多。为更好地实现 ESP 的教学目标，我们需要使用混合研究方法或多模态的研究方法，更多的开展学科/职场文化及其实践活动与语篇特征的研究，为 ESP 需求分析、课程设计、学习任务设计提供更坚实的知识基础。

7.4 ESP 语境下相关口语体裁的多模态研究

英语是国际上发表学术研究成果的首选语言，也是国际学术会议中应用最为广泛的通用语言。虽然学术会议发言也非常重要，但或许由于其语料获取的困难，因此与针对学术论文的研究相比，对学术会议发言这一体裁的研究仍然非常有限。Hood & Forey（2005）以系统功能语法为基础对 5 篇学术会议发言引言部分的人际意义进行了多模态分析，包括发言的步骤、评价语言和手势的使用。Ventola et al.（2002）汇集了多个关于学术会议发言的研究，其中包括与学术会议有关的系列体裁语篇结构的综述、基于案例的会议发言过程中发言者在幻灯片和讲话之间的切换、幽默在学术发言中的作用、代词在发言开头部分的功能等。

Hu & Liu（2018）分析了三分钟科研演讲的语步结构。虽然上述研究具有开拓性的意义，但却缺乏对学术会议发言整体的分析，也缺乏对非语言模态以及语言与其他模态之间互动关系的研究。因此，为给学术英语口语教学提供有力的支撑，有必要开展英文国际会议发言和学术报告的语言使用特征和非语言模态使用特征的相关研究。

7.5 针对中国学习者的 ESP 教学和学习过程研究

根据本书对 ESP 各分支及教学、测试等多方面的定量分析，针对中国学习者的词汇、句法发展情况有一些研究（如 Chen，2019；Lei & Yang，2020；Lu & Deng，2019；Zheng，2016），但由于国内 ESP 教学类研究，包括学术英语、商务英语、法律英语、医学英语教学等均比较宏观，且以思辨性为主，无法深入认识教学和学习过程中可能存在的问题，因此未来有必要对中国学习者 ESP 教学和学习过程中的具体问题进行深入研究，如教学任务设计及其效果研究，教学目标、教学内容、教学活动及评估考试的相关性研究，教学目标与学生应用能力的评估研究，不同教学策略的评估研究等。总之，满足不同学生群体的个性化英语学习需求是 ESP 追求的目标，停留于宏观层面的教学研究是不能满足发展变化的教学和学习需要的。Wu & Badger（2009）关于三位 ESP 教师在回应意料之外专业问题时采取的教学策略是一个很好的实证研究的例子。目前，国内 EAP 教学规模发展较快，迫切需要更多对中国学习者的教学过程和学习过程的实证研究。

7.6 中国 ESP 教师的发展研究

根据徐小舒和蔡基刚（2019），我国 ESP 教学的发展仍处于起步阶段，教师教育研究还很缺乏。在本书第 1 章关于国内 ESP 研究高频话题的定量分析中，有关教师的话题数量有限，且多为比较宏观的话题，

第7章　专门用途英语的未来发展方向

比如"大学英语教师"和"商务英语教师"。文秋芳（2021）指出我国高等学校教师发展，包括外语教师发展，长期未得到充分重视，更不用说处于起步阶段的 ESP 教师教育了。

然而，教师是"实现一切教育目标的根本依靠，……教师能力的发展则是根本之根本"（孙有中等，2018：4）。目前我国高校正在开展的 ESP、EAP 教学改革，迫切需要高素质的 ESP 教师队伍。为尽快改善目前的教师队伍现状，我们认为开展较大规模的、采用混合研究方法的国内 ESP 教师需求分析是非常必要的。同时，研究者也需要走进 ESP 课堂，深入研究教师教学过程中需要提高的具体方面的知识、技能，如 ESP 语料库资源的检索和使用方法、教学行动研究的方法、交际任务的设计或提问类型以及学生学习效果等。

7.7　总结

ESP 教学与研究，其面向学生需求的独特属性决定了该领域的复杂性。这是因为"学生需求"本身就是一个复杂系统，其要素是多元的、跨学科或跨领域的，并始终处于动态变化中。因此 ESP 研究也是跨学科的、随需求变化、开放的研究空间。这意味着任何对 ESP 领域及其研究的概述都必然是简化了的。我们希望本书在时间允许的条件下，尽可能地为读者呈现一个较为全面的 ESP 研究领域，尤其是近 20 年的研究概况，但仍难免留有许多不足之处，比如本书对 ESP 学科分支相关研究的覆盖较少，对教师发展研究的讨论也比较粗略。

尽管近年国内 ESP 教学发展迅速，许多接触 ESP 不久的英语教师迫切需要系统了解 ESP 的学科历史、核心特征、国内外发展概况等，但国内至今却没有一本从国内实际教学需要出发、以比较的视角系统论述 ESP 历史及其核心关切的导论性质的 ESP 著作。在此情况下，本书立足本土、放眼国际，融合定量与定性的研究方法，通过分析与比较，既从宏观视角呈现了 21 世纪以来国内外 ESP 研究的发展概况，又从微观视角探讨了近 10 年国内外 ESP 的教学实践、评估与测试和教师发展研究。希望本书能对我国 ESP 研究和教学的发展，以及高层次、应用型英语人才的培养有一定的参考意义。

参考文献

蔡基刚，陈宁阳. 2013. 高等教育国际化背景下的专门用途英语需求分析. 外语电化教学，（5）：3–9.
蔡基刚，廖雷朝. 2010. 学术英语还是专业英语——我国大学 ESP 教学重新定位思考. 外语教学，（06）：47–50.
蔡基刚. 2004. ESP 与我国大学英语教学发展方向. 外语界，（2）：22–28.
蔡基刚. 2010. 关于我国大学英语教学重新定位的思考. 外语教学与研究，（4）：306–308.
蔡基刚. 2012a. 基于需求分析的大学 ESP 课程模式研究. 外语教学，（3）：47–50.
蔡基刚. 2012b. "学术英语"课程需求分析和教学方法研究. 外语教学理论与实践，（2）：30–35.
蔡基刚. 2013. 解读《上海市大学英语教学参考框架（试行）》. 中国外语，10（2）：4–10.
蔡基刚. 2015. 中国专门用途英语教学发展回顾、问题和任务. 西安外国语大学学报，（23）：68–72.
蔡基刚. 2018. 专门用途英语的信仰与理念的再认识——改革开放 40 周年我国高校外语教育的回顾与反思. 外语研究，（2）：42–47.
蔡基刚. 2019. 外语教育政策的冲突：复合型人才还是英语专业人才培养. 东北师大学报（哲学社会科学版），（4）：1–6.
曹秀平，岳晓龙. 2017. 过程体裁教学法在医学 SCI 学术论文写作教学中的应用. 重庆医学，（03）：422–423.
陈冰冰. 2010. 大学英语需求分析模型的理论构建. 外语学刊，（02）：120–123.
陈海庆，郭霄楠. 2011. 医患语篇的会话模式分析. 实用心脑肺血管病杂志，（01）：115–118.
陈金诗. 2011. 自主学习环境中的交互式专门用途英语阅读教学——基于语料库的语篇信息教学实践. 外语界，（05）：31–39.
陈明瑶. 2000. ESP 与语料库建设. 外语研究，（2）：60–61.
陈新仁. 2014. 语用学视角下的身份研究——关键问题与主要路径. 现代外语，37（5）：702–710.
陈曦蓉. 2019. 基于 CBI 教学理念的混合式教学模式探析——以"商务英语"课程教学为例. 中国电化教育，（12）：129–134.
程强. 2016. 超学科视野下的法律英语教学研究. 理论视野，（02）：72–75.
程晓堂，孙晓慧. 2011. 英语教材分析与设计. 北京：外语教学与研究出版社崔晓玲，李潮. 2019. ESP 研究国际动态及其可视化分析——基于科学知识图谱可视化软件 CiteSpace 的实证分析. 延边大学学报（社会科学版），（1）：111–120.

崔校平，史成周，徐延宝. 2013. 山东大学大学英语 EGP+ESP 课程建设与实践. 中国大学教学，（12）：60–61.

单宇，张振华. 2011. 基于语料库"数据驱动"的非英语专业 ESP 教学模式. 新疆大学学报（哲学·人文社会科学版），（02）：149–152.

范劲松，金艳. 2010. 语言测试标准研究：回顾、反思和启迪. 外语界，（01）：82–91.

冯佳，王克非，刘霞. 2014. 近二十年国际翻译学研究动态的科学知识图谱分析. 外语电化教学，（1）：11–20.

冯正斌，王峰. 2016. 财经英语新闻语料库的建设构想与教学应用. 外语电化教学（02）：54–58.

高君，赵永青. 2019. 英语学习者异议话语的互动能力研究. 现代外语，（06）：779–791.

高生文，何伟. 2015. 系统功能语言学语域思想流变. 外语与外语教学，（03）：48–54.

高云峰. 2015. 民航英语语言能力测试探析. 长春教育学院学报，（03）：101–102.

高战荣. 2012. 国外 ESP 教师教育对我国大学英语教师知识发展的启示. 外国教育研究，（04）：85–91.

郭书法，曹凤龙，严发萍，熊春华，明泽. 2011. 合作学习在医学研究生专业英语教学中的应用. 教育探索，（11）：50–51.

郭文琦. 2019. ESP 视角下高职院校英语教师向"双师型"教师转型探析. 职业技术教育，（40）：55–58.

贺莉. 2012. 语言测试构念效度的性别差. 解放军外国语学院学报，（05）：63–68.

胡志刚，田文灿，孙太安，侯海燕. 2017. 科技论文中学术信息的提取方法综述. 数字图书馆论坛，（10）：39–47.

黄坚. 2018. 回顾与展望：我国 ESP 研究与实践三十六载（1980—2016）. 外语电化教学，（180）：84–90.

黄坚承，陈恒汉. 2018. 大学英语后续选修课程群建构：以 ESP 为例. 湖北函授大学学报，（4）：154–156.

黄萍，郭峰. 2011. 大学英语教学的趋势：EGP 还是 ESP？——国际物流服务话语能力的需求分析实证研究. 外语研究，（5）：22–27.

籍红丽，谷峪. 2018. 基于 QFD 理论探究慕课融入商务英语专业教学的有效模式. 外语学刊，（6）：82–88.

季佩英. 2017. 基于《大学英语教学指南》框架的专门用途英语课程设置. 外语界，（3）：16–21.

季云飞，姜峰. 2020. 国际元话语研究的可视化分析（1990—2019 年）. 中国 ESP 研究，（04）：1–12.

姜峰. 2018. 语料库与学术英语研究. 北京：外语教学与研究出版社.

姜晖，成晓光. 2009. 功能性言语研究阐发. 东北师大学报（哲学社会科学版），（1）：

90–95.

金龚华. 2020. 国际语言测试研究的发展动态、热点及启示——基于文献计量分析（2008—2019 年）. 浙江理工大学学报（社会科学版），（3）：227–235.

金胜昔，林正军. 2016. 国内翻译认知研究的文献计量分析. 外语教学，（5）：96–101.

孔繁霞，王歆. 2015. 基于"6T"路径的 ESP 课程项目任务实践与效果研究. 外语界，（06）：77–84.

兰良平，韩刚. 2013. 教师身份构建——课堂提问遭遇沉默的会话分析. 外语界，（02）：59–68.

李滨，杨跃. 2006. 庭审会话中的言语策略和权力控制——律师-证人庭审会话分析. 榆林学院学报，（1）：80–83.

李凤霞，张法连，徐文彬. 2015. 国家战略视域下的法律英语人才培养. 外国语文，（05）：134–137.

李杰，陈超美. 2017. CiteSpace：科技文本挖掘及可视化. 北京：首都经济贸易大学出版社.

李立，宫明玉. 2018. "法律英语研究可视化分析：发展与展望". 浙江工商大学学报，（4）：66–77.

李清华. 2012. 形成性评估的现状与未来. 外语测试与教学，（03）：1–7，26.

李思静. 2014. 高职院校物流专业英语课程教学现状分析. 物流技术，（21）：493–495.

李思阳，陈悦. 2013. 试论高职院校专门用途英语人才培养模式. 黑龙江高教研究，（08）：102–104.

李勇军. 2007. 高职专门用途英语教学的现状及对策. 教育与职业，（18）：128–129.

李志萍. 2016. 高职公共英语（EGP）与计算机专业融合的 ESP 课程建设探索与实践研究. 外国语文，（03）：153–156.

栗欣. 2016. 理工类院校研究生英语 ESP 课程设置和教学模式探究. 学位与研究生教育，（04）：23–26.

梁茂成，李文中，许家金. 2010. 语料库应用教程. 北京：外语教学与研究出版社.

梁茂成. 2012. 语料库语言学研究的两种范式：渊源、分歧及前景. 外语教学与研究，（44）：323–335.

梁茂成. 2016. 什么是语料库语言学. 上海：上海外语教育出版社.

刘冰. 2016. 医学英语翻转课堂教学模式构建与实践研究. 外语教学，（05）：62–65.

刘菁蓉. 2013. 案例式商务英语写作教学模式探讨. 中国大学教学，（03）：43–45.

刘凌燕，杜珺. 2018. "产出导向法"视域下的研究生专门用途英语教学研究. 学位与研究生教育，（09）：27–31.

刘凌燕. 2014. 非英语专业研究生专门用途英语教学模式研究. 学位与研究生教育，（08）：23–26.

刘萍，刘座雄. 2018. 基于 ESP 语料库的学术英语词汇学习法的有效性研究. 外语研究，（03）：54–60.

刘欣, 司炳月, 杨帆. 2015. 专门用途英语教学多模态框架建构与实证研究. 黑龙江高教研究, (06): 173–176.

刘则渊, 陈悦, 侯海燕. 2008. 科学知识图谱方法与应用. 北京: 人民出版社.

陆小飞, 刘颖颖. 2019. 基于语料库的学术英语程式语研究与教学应用. 外语界, (05): 30–38.

马敬想, 李斐然, 刘磊. 2019. 国内专门用途英语研究现状评述——基于 CiteSpace 的可视化分析. 华北水利水电大学学报(社会科学版), (3): 107–112.

马亚伟, 廖芸. 2017. 试论 ESP 视角下大学英语教学改革与实践. 中国教育学刊, (S1): 110–112.

梅明玉, 朱晓洁. 2019. 基于沉浸式具身学习的商务英语教学研究. 现代教育技术, (11): 80–86.

孟超, 马庆林. 2019. 基于在线语料库的法律英语词汇教学模型实证研究. 外语电化教学, (02): 82–89.

闵小梅. 2018. 国际 ESP 研究现状与研究热点分析——基于 Web of Science 和 CiteSpace 可视化分析. 中国 ESP 研究, (1): 143–156.

牛利. 2019. 医患沟通障碍的会话分析研究. 长春师范大学学报, (01): 98–102.

邱均平, 杨思洛, 宋艳辉. 2012. 知识交流研究现状可视化分析. 中国图书馆学报, (2): 78–89.

屈文生. 2017. 法律英语教学须直面的若干问题. 中国外语, (04): 4–11.

任冰. 2016. 非英语专业研究生专门用途英语教学研究. 黑龙江高教研究, (06): 113–115.

沈梅英. 2010. 形成性评估在学生自主学习能力评价中作用的实证研究. 天津外国语学院学报, (02): 71–76.

束定芳. 2004. 外语教学改革: 问题与对策. 上海: 上海外语教育出版社.

斯琴, 田忠山. 2018. 大学英语分级教学与专门用途英语教学模式构建. 内蒙古师范大学学报(教育科学版), (07): 61–64.

孙耕梅, 孙鹏. 2018. ESP 需求分析研究. 河北北方学院学报(社会科学版), (03): 101–105.

孙有中, 张虹, 张莲. 2018. 《国标》视野下外语类专业教师能力框架. 中国外语, (2): 4–11.

王立非, 李琳. 2011. 商务外语的学科内涵与发展路径分析. 外语界, (6): 6–14.

王立非, 李琳. 2014. 基于可视化技术的国外商务英语研究进展考察(2002—2012). 中国外语, (11): 88–96.

王立非, 刘霞. 2017. 英语学术论文摘要语步结构自动识别模型的构建. 外语电化教学, (02): 45–50.

王立非. 2019. 王立非谈语料库与 ESP 研究. 语料库语言学, (02): 1–10.

王丽娟. 2016. 专门用途英语教学的问题和策略探讨. 外语界, (6): 57–63.

王琦, 富争. 2011. 英语教师在线合作行为: 一项基于虚拟实践共同体的案例研究. 外语电化教学, (04): 28–33.

王琴. 2020. 批评体裁分析视角下医学科普话语的新媒体传播. 北京科技大学学报(社会科学版), (5): 17–24.

王守仁. 2011. 关于高校大学英语教学的几点思考. 外语教学理论与实践, (1): 1–6.

王薇. 2015. 基于需求分析的商务英语 CBI 课程实证研究. 外语研究, (05): 61–65.

王馨. 2013. 大学生商务英语阅读测试研究. 教育探索, (9): 61–62.

王奕凯, 刘兵. 2019. 研究生学术英语线上线下混合教学实践研究. 外语与外语教学, (05): 10–19.

王宇, 杜宛宜, 纯岳, 刘辉. 2019. 基于产出导向法的工科 ESP 课程教学设计框架. 外语教育研究前沿, (01): 44–52, 88–89.

王子莹. 2019. 我国会话分析研究综述. 现代交际, (16): 74–75.

文秋芳. 2014. 大学英语教学中通用英语与专用英语之争: 问题与对策. 外语与外语教学, (01): 1–8.

文秋芳. 2017. 大学外语教师专业学习共同体建设的理论框架. 外语教学理论与实践, (3): 1–9.

文秋芳. 2021. 我国高校外语教师三种专业学习模式的比较及其启示. 外语教学理论与实践, (1): 1–8.

吴国玢. 2018. ESP 是我国大学英语教学的必由之路. 上海理工大学学报(社会科学版), (1): 1–7.

徐小舒, 蔡基刚. 2019. 基于三维模型的我国高校专门用途英语教师能力框架研究. 西安外国语大学学报, (03): 69–74.

徐小舒, 孙以琳, 蔡基刚. 2020. 我国高校专门用途英语教师技术教学内容知识能力框架研究. 外语与外语教学, (1): 51–60.

徐溢芳. 2011. 基于 ESP 测试特点及原理改革航海英语测试. 航海教育研究, (02): 108–110.

许群航, 严祺. 2015. 基于"会话分析"的法庭会话的语言特色分析. 商务外语研究, (01): 15–18.

严玲, 李烨辉. 2018. 大数据背景下专门用途英语课程设计. 中国教育学刊, (S1): 97–99.

严明. 2014. 高校学术英语写作能力评价体系建构. 外语学刊, (6): 108–112.

杨惠中. 1999. 语言测试与语言教学. 外语界, (01): 16–25.

杨惠中. 2000. 迎接 21 世纪挑战, 力争我国大学英语教学上一个新台阶. 外语界, (01): 2–4.

叶盛楠, 张法连. 2011. 从法律英语证书全国统一考试看法律英语教学. 中国 ESP 研究, (01): 1–8.

叶云屏. 2013. 理工专业高端学生 EAP 课程设计——以拔尖创新人才培养计划英语

课程为例. 西安外国语大学学报,（04）: 74–77.
殷和素, 严启刚. 2011. 浅谈大学英语通识教育和专门用途英语教学的关系——兼论新一轮大学英语教学改革发展方向. 外语电化教学,（01）: 9–14.
余萍. 2011. 关于高职院校专门用途英语教学的探讨. 外国语文,（S1）: 143–145.
余樟亚. 2012. 行业英语需求状况调查对大学英语教学的启示. 外语界,（5）: 88–96.
袁传有. 2010. "多模态信息认知教－学模式初探"——复合型课程"法律英语"教学改革尝试. 山东外语教学,（04）: 10–18.
张法连. 2018. 新时代法律英语复合型人才培养机制探究. 外语教学,（03）: 44–47.
张法连. 2019. 法律英语学科定位研究. 中国外语,（02）: 4–9.
张法连. 2018. 新时代法律英语复合型人才培养机制探究. 外语教学,（03）: 44–47.
张虹, 文秋芳. 2020. 专业学习共同体对多语种教师发展的影响. 外语界,（2）: 27–34.
张蕾. 2019. 中医院校 ESP 教学模式研究——基于专门用途语料库及 SPOC 平台. 成都师范学院学报,（01）: 24–28.
张琳琳. 2010. 澳大利亚商科课程设计理念在 ESP 教学中的应用. 中国成人教育,（16）: 184.
张清. 2019. 以内容为依托的法律英语教学探究——以美国合同法为例. 中国外语,（02）: 13–17.
张天华. 2011. 高职院校专门用途英语教学的调查与探讨. 外国语文,（S1）: 137–139.
张维君. 2011. 国际学术界 ESP 研究历史与现状：《国际专门用途英语》期刊论文分析. 中国 ESP 研究,（1）: 128–140.
张为民, 张文霞, 刘梅华. 2015. 研究型大学英语教育体系的构建与探索——以清华大学为例. 现代外语,（01）: 93–101.
张艳艳. 2019. 基于需求分析理论的学习需求调查与 ESP 课程设计研究. 教育理论与实践,（15）: 53–55.
赵红州, 蒋国华. 1987. 中国的科学——为"理解自然界"会议而作. 科学学与科学技术管理,（9）: 2–6.
赵珂, 王志军. 2015. 大学英语转型专门用途英语的课程设计与实践研究——以上海财经大学《商务英语沟通》课程建设为例. 外语教学理论与实践,（02）: 67–72, 97.
郑咏滟. 2019. SPOC 混合式教学在英语学术写作课堂中的促学效果研究. 外语电化教学,（05）: 50–55.
周梅. 2010. ESP：研究生公共英语课程的发展方向. 学位与研究生教育,（11）: 67–71.
朱慧芬. 2019. "互联网+"背景下高职商务英语专业课程群"O2O"混合教学模式探究. 教育与职业,（10）: 95–99.
朱午静, 李晓丽. 2013. 概念整合理论对医学英语词汇的教学启示. 内蒙古师范大学学报（教育科学版）,（10）: 136–137.
朱正才. 2015. 关于我国英语能力等级量表描述语库建设的若干问题. 中国考试,

（04）: 11–17.

邹文莉. 2013. 谈台湾高教专业英语教育的实践——以成功大学专业英语课程为例. 外语教学理论与实践, （03）: 12–16.

Adam-Smith, D. E. 1983. ESP teacher-training needs in the Middle East. *The ESP Journal, 2*(1): 37–38.

Ädel, A. & Erman, B. 2012. Recurrent word combinations in academic writing by native and non-native speakers of English: A lexical bundles approach. *English for Specific Purposes,* (31): 81–92.

Ai, H. & Lu, X. 2013. A corpus-based comparison of syntactic complexity in NNS and NS university students' writing. In A. Díaz-Negrillo, N. Ballier & P. Thompson (Eds.), *Automatic Treatment and Analysis of Learner Corpus Data.* Philadelphia: John Benjamins, 249–264.

Alderson, J. C., Clapham, C. & Wall, D. 1995. *Language Test Construction and Evaluation.* Stuttgart: Ernst Klett Sprachen.

Akhtar, H. 1985. Verb form and rhetorical function in science writing: A study of MS theses in biology, chemistry and physics. *The ESP Journal, 4*(1): 49–58.

AlHassan, L. & Wood, D. 2015. The effectiveness of focused instruction of formulaic sequences in augmenting L2 learners' academic writing skills: A quantitative research study. *Journal of English for Academic Purposes, 17*: 51–62.

American Psychological Association. 1954. Technical recommendations for psychological tests and diagnostic techniques. *Psychological Bulletin, 51*(2): 1–38.

Anthony, L. & Lashkia, G. 2003. Mover: A machine learning tool to assist in the reading and writing of technical papers. *IEEE Transactions on Professional Communication,* (46): 185–193.

Antic, Z. & Milosavljevic, N. 2016. Some suggestions for modeling a contemporary medical English course design based on need analysis. *Lingua,* (184): 69–78.

Ariffin, A. 2014. The reading of legal cases by law undergraduates: Some problems and suggestions. *Procedia - Social and Behavioral Sciences,* (134): 109–118.

Atai, M. R. & Fatahi-Majd, M. 2014. Exploring the practices and cognitions of Iranian ELT instructors and subject teachers in teaching EAP reading comprehension. *English for Specific Purposes,* (33): 27–38.

Atkins, S., Clear, J. & Ostler, N. 1992. Corpus design criteria. *Literary and Linguistic Computing, 7*(1): 1–16.

Bachman, L. F. 1990. *Fundamental Considerations in Language Testing.* Oxford: Oxford University Press.

Bachman, L. F. & Palmer, A. S. 1996. *Language Testing in Practice: Designing and Developing Useful Language Tests* (Vol. 1). Oxford: Oxford University Press.

Baffy, M. 2017. Shifting frames to construct a Legal English class. *Journal of English for Academic Purposes, 25*: 58–70.

Bakhtin, M. M. 1986. The problem of speech genres. In V. W. McGee (Trans.), C. Emerson & M. Holquist (Eds.), *Speech Genres and Other Late Essays*. Austin: University of Texas Press, 60–102.

Barber, C. L. 1962. Some measurable characteristics of modern scientific prose. In J. M. Swales (Ed.), *Episodes in ESP: A Source and Reference Book on the Development of English for Science and Technology*. New York: Prentice Hall, 1–16.

Basturkmen, H. 2012. Languages for specific purposes curriculum creation and implementation in Australasia and Europe. *The Modern Language Journal*, (96): 59–70.

Bates, M. & Dudley-Evans, T. 1976. *Nucleus: General Science*. London: Longman.

Bazerman, C. 1988. *Shaping Written Knowledge*. Madison: University of Wisconsin Press.

Bazerman, C. 1994. *Constructing Experience*. Carbondale: Southern Illinois University Press.

Belcher, D. 1994. The apprenticeship approach to advanced academic literacy: Graduate students and their mentors. *English for Specific Purposes, 13*(1): 23–34.

Belcher, D. 2006. English for specific purposes: Teaching for perceived needs and imagined futures in worlds of work, study, and everyday life. *TESOL Quarterly, 40*(1): 133–156.

Belcher, D. 2009. What ESP is and can be: An introduction. In D. Belcher (Ed.), *English for specific purposes in theory and practice*. Ann Arbor: University of Michigan Press, 1–20.

Belcher, D. 2014. What we need and don't need intercultural rhetoric for: A retrospective and prospective look at an evolving research area. *Journal of Second Language Writing*, (25): 59–67.

Berkenkotter, C. & Huckin, T. N. 1995. *Genre Knowledge in Disciplinary Communication: Cognition, Culture, Power*. Hillsdale: Lawrence Erlbaum.

Bhatia, V. K. 1993. *Analysing Genre: Language Use in Professional Settings*. London: Longman.

Bhatia, V. K. 1997. Genre-mixing in academic introductions. *English for Specific Purposes, 16*(3): 181–196.

Bhatia, V. K. 2004. *Worlds of written discourse: A genre-based view*. London: Continuum.

Bhatia, V. K. 2017. *Critical Genre Analysis*. London & New York: Routledge.

Biber, D. 1993. Representativeness in corpus design. *Literary and Linguistic Computing*, 8(4): 243–257.

Biber, D., Johansson, S., Leech, G., Conrad, S. & Finegan, E. 1999. *Longman Grammar of Spoken and Written English*. London: Longman.

Biber, D. 2006. *University Language: A Corpus-based Study of Spoken and Written Registers*. Amsterdam: John Benjamins.

Biber, D & Conrad, S. 2017. *Variation in English: Multi-Dimensional Studies*. London & New York: Routledge.

Biber, D., Conrad, S. & Cortes, V. 2004. If you look at...: Lexical bundles in university teaching and textbook. *Applied Linguistics*, 25(3): 371–405.

Bielski, M. & Bielski, J. 2008. Analyzing medical language: A study of Polish/English abstract translations. In S. Burgess & P. Martin-Martin (Eds.), *English as an Additional Language in Research Publication and Communication*. Bern: Peter Lang, 159–171.

Biesta, G., Priestley, M. & Robinson, S. 2015. The role of beliefs in teacher agency. *Teachers & Teaching*, 21(6): 624–640.

Bolam, L., McMahon, A. Wallace, M. & Thomas, S. 2006. Professional learning communities: A review of the literature. *Journal of Educational Change*, (7): 221–258.

Boswood, T. & Marriott, A. 1994. Ethnography for specific purposes: Teaching and training in parallel. *English for Specific Purposes*, 13(1): 3–21.

Brett, P. 1994. A genre analysis of the Results section of sociology articles. *English for Specific Purposes*, 13(1): 47–59.

Brown, J. 2002. Training needs assessment: A must for developing an effective training program. *Public Personnel Management*, 31(4), 569–578.

Bucholtz, M. & Hall, K. 2010. Locating identity in language. In C. Llamas (Ed.), *Language and Identities*. Edinburgh: Edinburgh University Press, 18–28.

Bunch, G. C. 2013. Pedagogical language knowledge: Preparing mainstream teachers for English learners in the new standards era. *Review of Research in Education*, 37(1): 298–341.

Burt, R. S. 1992. *Structural Holes: The Social Structure of Competition*. Cambridge: Harvard University Press.

Campion, G. C. 2016. "The learning never ends": Exploring teachers' views on the transition from General English to EAP. *Journal of English for Academic Purposes*, 23: 59–70.

Campbell, K. K. & Jamieson, K. H. 1978. Form and genre in rhetorical criticism: An introduction. In K. K. Campbell & K. H. Jamieson (Eds.), *Form and*

Genre: Shaping Rhetorical Action. Falls Church: The Speech Communication Association, 9–32.

Chan, C. S. C. 2017. Investigating a research-informed teaching idea: The use of transcripts of authentic workplace talk in the teaching of spoken business English. *English for Specific Purposes*, (46): 72–89.

Chan, C. S. C. 2018. Proposing and illustrating a research-informed approach to curriculum development for specific topics in business English. *English for Specific Purposes*, (52): 27–46.

Chan, C. S. C. 2019. Long-term workplace communication needs of business professionals: Stories from Hong Kong senior executives and their implications for ESP and higher education. *English for Specific Purposes*, (56): 68–83.

Chen, C. 2006. CiteSpace II: Detecting and visualizing emerging trends and transient patterns in scientific literature. *Journal of the Association for Information Science & Technology*, 57(3): 359–377.

Chen, M. & Flowerdew, J. 2018. Introducing data-driven learning to PhD students for research writing purposes: A territory-wide project in Hong Kong. *English for Specific Purposes*, (50): 97–112.

Chen, Q. & Ge, G. C. 2007. A corpus-based lexical study on frequency and distribution of Coxhead's AWL word families in medical research articles. *English for Specific Purposes*, (26): 502–514.

Chen, Q. 2019. Theme-Rheme structure in Chinese doctoral students' research writing—From the first draft to the published paper. *Journal of English for Academic Purposes*, 37: 154–167.

Cheng, A. 2006. Understanding learners and learning in ESP genre-based writing instruction. *English for Specific Purposes*, 25(1): 76–89.

Cheng, A. 2015. Genre analysis as a pre-instructional, instructional, and teacher development framework. *Journal of English for Academic Purposes*, 19: 125–136.

Chostelidou, D. 2010. A needs analysis approach to ESP syllabus design in Greek tertiary education: A descriptive account of students' needs. *Procedia-Social and Behavioral Sciences*, 2(2): 4507–4512.

Christie, F. 1993. Curriculum genres: Planning for effective teaching. In B. Cope & M. Kalantzis (Eds.), *The Powers of Literacy: A Genre Approach to Teaching Writing*. London: The Falmer Press, 154–178.

Connor, U. 2011. *Intercultural rhetoric in the writing classroom*. Ann Arbor: University of Michigan Press.

Connor, U., Nagelhour, E. & Rozycki, W. (Eds.). 2008. *Contrastive Rhetoric:*

Reaching to Intercultural Rhetoric. Amsterdam: John Benjamins.

Connor, U. 1996. *Contrastive Rhetoric: Cross-Cultural Aspects of Second Language Writing*. Cambridge: Cambridge University Press.

Cortes, V. 2004. Lexical bundles in published and student disciplinary writing: Examples from history and biology. *English for Specific Purposes*, (23): 397–423.

Cortes, V. 2013. The purpose of this study is to: Connecting lexical bundles and moves in research article introductions. *Journal of English for Academic Purposes*, 12(1): 33–43.

Cotos, E. 2014. *Genre-based Automated Writing Evaluation for L2 Research Writing: From Design to Evaluation and Enhancement*. London: Palgrave Macmillan.

Cotos, E., Huffman, S. & Link, S. 2015. Furthering and applying move/step constructs: Technology-driven marshalling of Swalesian genre theory for EAP pedagogy. *Journal of English for Academic Purposes*, 19: 52–72.

Coxhead, A. 2000. A new academic word list. *TESOL Quarterly*, 34(2): 213–238.

Csomay, E. & Petrović, M. 2012. "Yes, your honor!": A corpus-based study of technical vocabulary in discipline-related movies and TV shows. *System*, 40(2): 305–315.

Dahl, T. 2004. Textual metadiscourse in research articles: a marker of national culture or of academic discipline? *Journal of Pragmatics*, (36): 1807–1825.

Dayrell, C., Candido, A., Lima, G., Machado, D., Copestake, A., Feltrim, V., Tagnin, S. & Aluisio, S. 2012. *Rhetorical move detection in English abstracts: Multi-label sentence classifiers and their annotated corpora*. Proceedings of the Eighth International Conference on Language Resources and Evaluation (LREC), Istanbul, Turkey.

Desimone, L. M. 2009. Improving impact studies of teachers' professional development: toward better conceptualizations and measures. *Educational Researcher*, 38(3): 181–199.

Dong, J. & Lu, X. 2020. Promoting discipline-specific genre competence with corpus-based genre analysis activities. *English for Specific Purposes*, (58): 138–154.

Douglas, D. 2000. *Assessing Languages for Specific Purposes*. Stuttgart: Ernst Klett Sprachen.

Douglas, D. 2001. Language for Specific Purposes assessment criteria: where do they come from? *Language Testing*, 18(2): 171–185.

Douglas, D. & Myers, R. 2000. Assessing the communication. In A. J. Kunnan (Ed.), *Fairness and validation in language assessment: Selected papers from the 19th Language Testing Research Colloquium, Orlando, Florida* (Vol. 9). Cambridge: Cambridge University Press, 60.

Drobnic, K. 1980. From the editors. *The ESP Journal*, (1): 7–10.

Dubois, B. L. 1980. The use of slides in biomedical speeches. *English for Specific Purposes*, (1): 45–50.

Dudley-Evans, A. & St. John, M-J. 1998. *Developments in English for Specific Purposes*. Cambridge: Cambridge University Press.

Dudley-Evans, T. 1986. Genre analysis: An investigation of the Introduction and Discussion sections of MSc Dissertations. In M. Coulthard (Ed.), *Talking about Text (Discourse Analysis Monograph No.13, English Language Research)*. Birmingham: University of Birmingham, 129–146.

Dudley-Evans, T. 1997. Five questions for LSP teacher training. In R. Howard & G. Brown (Eds.), *Teacher Education for LSP*. Clevedon: Multilingual Matters, 58–67.

Dudley-Evans, T. 1998. Charles Bazerman on John Swales: An interview with Tony Dudley-Evans. *English for Specific Purposes*, 17(1): 105–112.

Elder, C. & McNamara, T. 2016. The hunt for "indigenous criteria" in assessing communication in the physiotherapy workplace. *Language Testing*, 33(2): 153–174.

Ewer, J. R. & Latorre, G. 1969. *A Course in Basic Scientific English*. London: Longman.

Feak, C. & Reinhart, S. 2002. An ESP program for students of law. In T. Orr (Ed.), *English for Specific Purposes*. Alexandria: TESOL, 7–24.

Ferguson, G. 1997. Teacher education and LSP: The role of specialized knowledge. In R. Howard & G. Brown (Eds.), *Teacher Education for LSP*. Clevedon: Multilingual Matters, 80–89.

Ferris, D. 2011. *Treatment of Error*. Ann Arbor: University of Michigan Press.

Flowerdew, L. 2005. An integration of corpus-based and genre-based approaches to text analysis in EAP/ESP: Countering criticisms against corpus-based methodologies. *English for Specific Purposes*, 24(3): 321–332.

Flowerdew, L. 2015. Corpus-based research and pedagogy in EAP: From lexis to genre. *Language Teaching*, 48(1): 99–116.

Fowler, A. 1982. *Kinds of Literature*. Oxford: Oxford University Press.

Franceschi, D. 2018. Physician-patient communication: An integrated multimodal approach for teaching medical English. *System*, 77: 91–102.

Friginal, E. 2018. *Corpus Linguistics for English Teachers: Tools, Online Resources, and Classroom Activities*. London & New York: Routledge.

Green, C. F., Christopher, E. R. & Mei, L. K. 2000. The incidence and effects on coherence of marked themes in interlanguage texts: A corpus-based enquiry. *English for Specific Purposes*, 19(2): 99–113.

Hall, D. R. 2013. Teacher education for language for specific purposes. In C. A. Chapelle (Ed.), *The Encyclopedia of Applied Linguistics*. Oxford: Wiley-Blackwell, 5537–5542.

Halliday, M. A. K. & Hasan, R. 1976. *Cohesion in English*. London: Longman.

Halliday, M. A. K. 1978. *Language as a Social Semiotic*. London: Edward Arnold.

Halliday, M. A. K. & Hasan, R. 1985. *Language, Context, and Text: Aspects of Language in a Social-semiotic Perspective*. Geolong: Deakin University Press.

Halliday, M. A. K. 1985. *An Introduction to Functional Grammar*. London: Edward Arnold.

Hamp-Lyons, L. & Lumley, T. 2001. Assessing language for specific purposes. *English for Specific Purposes, 21*(3): 294–297.

Hanania, A. S. & Akhtar, K. 1985. Verb form and rhetorical function in science writing: A study of MS theses in biology, chemistry, and physics. *The ESP Journal, 4*(1): 49–58.

Harrison, A. 1983. *A Language Testing Handbook*. London: Macmillan.

Hewings, M. 2002. A history of ESP through "English for Specific Purposes". *English for Specific Purposes World, 1*(3). From English for Specific Purposes World website.

Holliday, A. 1995. Assessing language needs within an institutional context: An ethnographic approach. *English for Specific Purposes, 14*(2): 115–126.

Holmes, R. 1997. Genre analysis and the social sciences: An investigation of the structure of research article discussion sections in three disciplines. *English for Specific Purposes, 16*(4): 321–337.

Hood, S. & Forey, G. 2005. Introducing a conference paper: Getting interpersonal with your audience. *Journal of English for Academic Purposes, 4*(4): 291–306.

Hopkins, A. & Dudley-Evans, T. 1988. A genre-based investigation of the discussion sections in articles and dissertations. *English for Specific Purposes, 7*(2): 113–121.

Horváthová, B. & Naďová, L. 2021. Developing critical thinking in reading comprehension of texts for specific purposes at all levels of Bloom's taxonomy. *The Journal of Teaching English for Specific and Academic Purposes, 9*(1): 1–16.

Hu, G. & Liu, Y. 2018. Three-minute thesis presentations as an academic genre: A cross-disciplinary study of genre moves. *Journal of English for Academic Purposes, 35*: 16–30.

Hughes, A. 2003. *Testing for Language Teachers*. Stuttgart: Ernst Klett Sprachen.

Hutchinson, T. & Waters, A. 1987. *English for Specific Purposes: A Learning-centred*

Approach. Cambridge: Cambridge University Press.

Hyland, K. 2000. Hedges, boosters and lexical invisibility: Noticing modifiers in academic texts. *Language Awareness*, 9(4): 179–197.

Hyland, K. 2002a. Authority and invisibility: Authorial identity in academic writing. *Journal of Pragmatics*, 34(8): 1091–1112.

Hyland, K. 2002b. Specificity revisited: How far should we go now? *English for Specific Purposes*, 21(4): 385–393.

Hyland, K. 2006. *English for Academic Purposes: An Advanced Resource Book*. London & New York: Routledge.

Hyland, K. 2008a. Academic clusters: Text patterning in published and postgraduate writing. *International Journal of Applied Linguistics*, 18(1): 41–62.

Hyland, K. 2008b. As can be seen: Lexical bundles and disciplinary variation. *English for Specific Purposes*, 27(1): 4–21.

Hyland, K. 2013. Writing in the university: education, knowledge and reputation. *Language Teaching*, 46(1): 53–71.

Hyland, K. 2015. Genre, discipline and identity. *Journal of English for Academic Purposes*, 19: 32–43.

Hymes, D. 1972. On communicative competence. In J. B. Pride & J. Holms (Eds.), *Sociolinguistics*. Harmondsworth: Penguin, 1–15.

Hyon, S. 1996. Genre in three traditions: Implications for ESL. *TESOL Quarterly*, 30(4): 693–722.

Ivanič, R. & Camps, D. 2001. I am how I sound: Voice as self-representation in L2 writing. *Journal of Second Language Writing*, 10(1–2): 3–33.

Jacoby, S. W. 1998. *Science as Performance: Socializing Scientific Discourse Through the Conference Talk Rehearsal*. Los Angeles: University of California.

Jacoby, S. & McNamara, T. 1999. Locating competence. *English for Specific Purposes*, 18(3): 213–241.

Jiang, F. K. & Hyland, K. 2018. Nouns and academic interactions: A neglected feature of metadiscourse. *Applied linguistics*, 39(4): 508–531.

Johns, A. 1980. Cohesion in written business discourse: Some contrasts. *The ESP Journal*, 1(1): 35–43.

Johns, A. 1997. *Text, Role and Context: Developing Academic Literacies*. New York: Cambridge University Press.

Johns, A. 2016. The history of English for specific purposes research. In B. Paltridge & S. Starfield (Eds.), *The Handbook of English for Specific Purposes*. Beijing: Tsinghua University Press.

Johns, A. & Dudley-Evans, T. 1991. English for specific purposes: International in scope, specific in purpose. *TESOL Quarterly, 25*(2): 297–314.

Johns, A. & Makalela, L. 2011. Needs analysis, critical ethnography, and context: Perspectives from the client and the consultant. In D. Belcher, A. M. Johns & B. Paltridge (Eds.), *New Directions in English for Specific Purposes Research*. Ann Arbor: The University of Michigan Press, 187–221.

Johnson, K. E. 2009. *Second Language Teacher Education: A Sociocultural Perspective*. London & New York: Routledge.

Kaplan, R. 1966. Cultural thought patterns in intercultural education. *Language Learning, 16*(1): 1–20.

Kassim, H. & Ali, F. 2010. English communicative events and skills needed at the workplace: Feedback from the industry. *English for specific purposes, 29*(3): 168–182.

Kaufhold, K. & McGrath, L. 2019. Revisiting the role of "discipline" in writing for publication in two social sciences. *Journal of English for Academic Purposes, 40*: 115–128.

Kennedy, G. 1998. *An Introduction to Corpus Linguistics*. Essex: Addison Wesley Longman.

Knoch, U. 2014. Using subject specialists to validate an ESP rating scale: The case of the International Civil Aviation Organization (ICAO) rating scale. *English for Specific Purposes, 33*: 77–86.

Kuo, C. H. 1998. The use of personal pronouns: Role relationships in scientific journal articles, *English for Specific Purposes, 18*(2): 121–138.

Kwan, B. S. C. 2006. The schematic structure of literature reviews in doctoral theses of applied linguistics. *English for Specific Purposes, 25*(1): 30–55.

Lackstrom, J., Selinker, L. & Trimble, L. 1972. Grammar and Technical English. English Teaching Forum: X (5). In J. Swales (Ed.), *Episodes in ESP: A Source and Reference Book on the Development of English for Science and Technology*. New York: Prentice Hall, 58–68.

Lado, R. 1957. *Linguistics Across Cultures*. Ann Arbor: University of Michigan Press.

Lambert, C. 2010. A task-based needs analysis: Putting principles into practice. *Language Teaching Research, 14*(1): 99–112.

Lei, L. & Liu, D. 2018. Research trends in applied linguistics from 2005 to 2016: A bibliometric analysis and its implications. *Applied Linguistics, 40*(3): 540–561.

Lei, S. & Yang, R. 2020. Comparative study among advanced Chinese learners of English, English native beginner students and experts. *Journal of English for Academic Purposes, 47*: 1–9.

Li, Y. 2017. *A Phenomenological Ethnographic Study of Chinese College English Teachers'*

Transition from Teaching English for General Purposes to Teaching English for Academic Purposes. Hong Kong: The Education University of Hong Kong.

Liao, S. & Lei, L. 2017. What we talk about when we talk about corpus: A bibliometric analysis of corpus-related research in linguistics (2000—2015). *Glottometrics, 38*: 1–20.

Lillis, T. & Curry, M. J. 2006. Professional academic writing by multilingual scholars: Interactions with literacy brokers in the production of English-medium texts. *Written Communication, 23*(1): 3–35.

Lin, L. & Evans, S. 2012. Structural patterns in empirical research articles: A cross-disciplinary study. *English for Specific Purposes, 31*(3): 150–160.

Lu, X. & Ai, H. 2015. Syntactic complexity in college-level English writing: Differences among writers with diverse L1 backgrounds. *Journal of Second Language Writing, 29*: 16–27.

Lu, X. 2010. Automatic analysis of syntactic complexity in second language writing. *International Journal of Corpus Linguistics, 15*(4): 474–496.

Lu, X. & Deng, J. 2019. With the rapid development: A contrastive analysis of lexical bundles in dissertation abstracts by Chinese and L1 English doctoral students. *Journal of English for Academic Purposes, 39*: 21–36.

Lu, X., Yoon, J. & Kisselev, O. 2018. A phrase-frame list for social science research article introductions. *Journal of English for Academic Purposes, 36*: 76–85.

Luo, L. 2019. Pursuing authenticity in ESP testing the need for interdisciplinary collaboration. *Journal of Teaching English for Specific and Academic Purposes, 7*(2): 159–169.

Macky, A. 2006. Feedback, noticing and instructed second language learning. *Applied Linguistics, 27*(3): 405–430.

Macky, A., Gass, S. & McDonough, K. 2000. How do learners perceive interactional feedback? *Studies in Second Language Acquisition, 22*(4): 471–497.

Macky, R. 1981. Accountability in ESP programs. *The ESP Journal, 1*(2): 107–120.

Malcolm, L. 1987. What rules govern tense usage in scientific articles? *English for Specific Purposes, 6*(1): 31–43.

Mancill, G. 1980. From the Editors. *The ESP Journal. 1*(1): 7–9.

Martin, J. R. 1984. Language, register and genre. In F. Christie (Ed.), *Deakin University Children Course Reader*. Geelong: Deakin University Press, 21–30.

Martin, J. R. 1989. *Factual Writing: Exploring and Challenging Social Reality*. Oxford: Oxford University Press.

Martin, J. R. 1992. *English Text: System and Structure*. Amsterdam: John Benjamins.

Martín, P. M. 2003. A genre analysis of English and Spanish research paper abstracts in experimental social sciences. *English for Specific Purposes*, 22(1): 25–43.

Master, P. 1991. The use of active verbs with inanimate subjects. *English for Specific Purposes*, 10(1): 15–33.

Mauranen, A. 2003. The corpus of English as lingua franca in academic settings. *TESOL Quarterly*, 37(3), 513–527.

Maurenen, A. 2005. English as a lingua franca—An unknown language? In G. Cortese & A. Duszak (Eds.), *Identity, Community, Discourse: English in Intercultural Settings*. Frankfurt am Main: Peter Lang, 269–93.

Maurenen, A. 2011. English as the lingua franca of the academic world. In D. Belcher, A. M. Johns & B. Paltridge (Eds.), *New Directions in English for Specific Purposes Research*. Ann Arbor: University of Michigan Press, 94–117.

McKenna, B. 1997. How engineers write: An empirical study of engineering report writing. *Applied Linguistics*, 18(2): 189–211.

Miller, C. 1984. Genre as social action. *Quarterly Journal of Speech*, 70(2): 151–167.

Molino, A. 2010. Personal and impersonal authorial references: A contrastive study of English and Italian Linguistics research articles. *Journal of English for Academic Purposes*, 9(2): 86–101.

Moreno, A. I. & Suarez, L. 2008. A study of critical attitude across English and Spanish academic book reviews. *Journal of English for Academic Purposes*, 7(1): 15–26.

Moya, S. S. & O'Malley, J. M. 1994. A portfolio assessment model for ESL. *The Journal of Educational Issues of Language Minority Students*, 13(1): 13–36.

Munby, J. 1978. *Communicative Syllabus Design*. Cambridge: Cambridge University Press.

Munby, J. 1981. *Communicative Syllabus Design: A Sociolinguistic Model for Designing the Content of Purpose-specific Language Programmes*. Cambridge: Cambridge University Press.

Mungra, P. 2010. Teaching writing of scientific abstracts in English: CLIL methodology in an integrated English and Medicine course. *Iberica*, 20: 151–165.

Mur-Dueñas, P. 2008. Analysing engagement markers cross-culturally: The case of English and Spanish business management research articles. In S. Burgess & P. Martin-Martin. (Eds.), *English as an Additional Language in Research Publication and Communication*. Bern: Peter Lang, 197–213.

Mur-Dueñas, P. 2011. An intercultural analysis of metadiscourse features in research articles written in English and in Spanish. *Journal of Pragmatics*, 43(12): 3068–3079.

Myers, G. 1989. The pragmatics of politeness in scientific articles. *Applied Linguistics, 10*(1): 1–35.

Myers, G. 1990. *Writing Biology: Texts in the Social Construction of Scientific Knowledge*. Madison: University of Wisconsin Press.

Nesi, H. & Gardner, S. 2012. *Genres across the Disciplines: Student writing in higher education*. Cambridge: Cambridge University Press.

Noguera-Díaz, Y. & Pérez-Paredes, P. 2019. Register analysis and ESP pedagogy: Noun-phrase modification in a corpus of English for military navy submariners. *English for Specific Purposes, 53*: 118–130.

Nwogu, K. N. 1997. The medical research paper: Structure and function. *English for Specific Purposes, 16*(2): 119–138.

Oring, E. 1986. Folk narratives. In E. Oring (Ed.), *Folk groups and folklore genres*. Logan: Utah State University Press, 121–146.

Paltridge, B. & Starfield, S. (Eds.). 2016. *The Handbook of English for Specific Purposes*. Beijing: Tsinghua University Press.

Pedrode, M. 1993. Point-making styles in cross-cultural business negotiation: A microethnographic study. *English for Specific Purposes, 12*(2): 103–120.

Pendar, N. & Cotos, E. 2008. *Automatic identification of discourse moves in scientific article introductions*. Proceedings of the Third Workshop on Innovative Use of NLP for Building Educational Applications, Ohio, United States.

Pill, J. 2016. Drawing on indigenous criteria for more authentic assessment in a specific-purpose language test: Health professionals interacting with patients. *Language Testing, 33*(2), 175–193.

Posteguillo, S. 1999. The semantic structure of computer science research articles. *English for Specific Purposes, 18*(2): 139–160.

Pritchard, A. 1969. Statistical bibliography or bibliometrics? *Journal of Documentation, 25*(4), 348–349.

Richterich, R. & Chancerel, J. L. 1977. *Identifying the Needs of Adults Learning a Foreign Language*. Oxford: Pergamon.

Robinson, P. 1991. *ESP Today: A Practitioner's Guide*. New York: Prentice Hall.

Rodis, O. M. M. & Locsin, R. C. 2019. The implementation of the Japanese Dental English core curriculum: Active learning based on peer-teaching and learning activities. *BMC Medical Education, 19*: 256.

Rodis, O. M. M., Barroga, E., Barron, J. P., Hobbs, J., Jayawardena, J. A., Kageyama, I. & Yoshimoto, K. 2014. A proposed core curriculum for dental English education in Japan. *BMC Medical Education, 14*: 239.

Rymer, J. 1988. Scientific composing process: How eminent scientists write journal articles. In D. A. Jolliffe (Ed.), *Writing in Academic Disciplines*. Norwood: Ablex, 211–250.

Saldana, J. 2013. *The Coding Manual for Qualitative Researchers*. London: Sage.

Samraj, B. 2002. Introductions in research articles: Variations across disciplines. *English for Specific Purposes, 21*(1): 1–17.

Samraj, B. 2005. An exploration of a genre set: Research article abstracts and introductions in two disciplines. *English for Specific Purposes, 24*(2): 141–156.

Samraj, B. 2008. A discourse analysis of master's theses across disciplines with a focus on introductions. *Journal of English for Academic Purposes, 7*(1): 55–67.

Savignon, S. J. 1983. *Communicative Competence: Theory and Classroom Practice*. Reading: Addison-Wesley.

Selinker, L., R. M., Trimble, T. & Trimble L. 1976. Presuppositional rhetorical information in EST discourse. *TESOL Quarterly, 10*(2): 281–290.

Sinclair, J. 1991. *Corpus, Concordance, Collocation*. Oxford: Oxford University Press.

Snadden, D. & Thomas, M. L. 1998. Portfolio learning in general practice vocational training—does it work?. *Medical education, 32*(4): 401–406.

Stevens, V. 1991. Classroom concordancing: Vocabulary materials derived from relevant, authentic text. *English for Specific Purposes, 10*(1): 35–46.

Stuart, Y. K. 2011. Learning to become a second language teacher: Identities-in-Practice. *Modern Language Journal, 95*(2): 236–252.

Swales, J. M. & Christine, F. 1994. *Academic Writing for Graduate Students*. Ann Arbor: The University of Michigan Press.

Swales, J. M. 2004. *Research Genres*. Cambridge: Cambridge University Press.

Swales, J. M. & Feak, C. 1994. *Academic Writing for Graduate Students: A Course for Non-native Speakers of English*. Ann Arbor: The University of Michigan Press.

Swales, J. M. 1971. *Writing Scientific English*. London: Thomas Nelson.

Swales, J. M. 1981. *Aspects of Article Introduction*. Birmingham: University of Aston.

Swales, J. M. 1988. *Episodes in ESP: A Source and Reference Book on the Development of English for Science and Technology*. New York: Prentice Hall.

Swales, J. M. 1990. *Genre Analysis: English in Academic and Research Settings*. Cambridge: Cambridge University Press.

Swales, J. M. 1998. *Other floors, Other Voices: A Textography of A Small University Building*. Mahwan: Lawrence Erlbaum.

Swales, J. M. 2004. *Research Genres: Explorations and Applications*. Cambridge: Cambridge University Press.

Swales, J. M. 2009. *Incidents in an Educational Life*. Ann Arbor: University of Michigan Press.

Swales, J. M. 2019. The futures of EAP genre studies: A personal viewpoint. *Journal of English for Academic Purposes, 38*: 75–82.

Swales, J. M. 2020. ESP serial publications before The ESP Journal/English for Specific Purposes: Recollections and reflections of an old-timer. *English for Specific Purposes, 60*(4): 4–8.

Swales, J. M. & Leeder, C. 2012. A reception study of the articles published in *English for Specific Purposes* from 1990—1999. *English for Specific Purposes, 31*(2): 137–146.

Tarone, E., Dwyer, S., Gillette, S. & Icke, V. 1981. On the use of the passive in two astrophysics journal papers. *The ESP Journal, 1*(2): 123–140.

Lackstrom, J. E., Selinker, L. & Trimble, L. P. 1972. Grammar and technical English. In J. M. Swales (Ed.), *Episodes in ESP: A Source and Reference Book on the Development of English for Science and Technology*. New York: Prentice Hall, 45–57.

Trimble, L. 1985. *English for Science and Technology*. Cambridge: Cambridge University Press.

Van Bonn, S. & Swales, J. M. 2007. English and French journal abstracts in the language sciences: Three exploratory studies. *Journal of English for Academic Purposes, 6*(2): 93–108.

Ventola, E. 2002. Why and what kind of focus on conference presentations? In E. Ventola, C. Shalom & S. Thompson (Eds.), *The Language of Conferencing*. Frankfurt am Main: Peter Lang, 15–50.

Ventola, E., Shalom, C. & Thompson, S. (Eds.). *The Language of Conferencing*. Frankfurt am Main: Peter Lang, 15–50.

Wang, M. & Zhang, Y. 2021. "According to…": The impact of language background and writing expertise on textual priming patterns of multi-word sequences in academic writing. *English for Specific Purposes, 61*(1): 47–59.

Widdowson, H. G. 1998. Communication and community: The pragmatics of ESP. *English for Specific Purposes, 17*(1): 3–14.

Williams, I. A. 1999. Results sections of medical research articles: analysis of rhetorical categories for pedagogical purposes. *English for Specific Purposes, 18*(4): 347–366.

Wingate, U. 2012. Using Academic Literacies and genre-based models for academic writing instruction: A "literacy" journey. *Journal of English for academic purposes, 11*(1): 26–37.

Wood, A. S. 1982. An examination of the rhetorical structures of authentic chemistry texts. *Applied Linguistics, 3*(2): 121–143.

Woodrow, L. 2018. *Introducing course design in English for specific purposes*. London & New York: Routledge.

Wu, H. & Badger, R. G. 2009. In a strange and uncharted land: ESP teachers' strategies for dealing with unpredicted problems in subject knowledge during class. *English for Specific Purposes*, 28 (1): 19–32.

Wyatt, D. H. 1980. Reading and thinking in English. *English for Specific Purposes*, 1(1): 51–56.

Yang, R. Y. & Allison, D. 2003. Research articles in Applied Linguistics: Moving from results to conclusions. *English for Specific Purposes*, 22(4): 365–385.

Yang, R. Y. & Allison, D. 2004. Research articles in Applied Linguistics: Structure from a functional perspective. *English for Specific Purposes*, 23(3): 264–279

Zheng, Y. 2016. The complex, dynamic development of L2 lexical use: A longitudinal study on Chinese learners of English. *System*, 56: 40–53.

术 语 表

奥克兰学术写作语料库	Academic Writing at Auckland, AWA
案例法	case-study approach
本土评估标准	indigenous assessment criteria
必学	necessities
表面效度	face validity
产出导向法	production oriented approach, POA
抽象体裁	secondary genre
抽象言语体裁	secondary speech genre
"创建研究空间"模型	Creating a Research Space Model, The CARS Model
次抽象体裁	semi-primary genre
档案袋管理方法	portfolio
对外英语教学	Teaching English to Speakers of Other Languages
方便取样法	convenience sampling
非参与者观察	non-participant observation
分层随机样本法	stratified random sampling
封闭式和开放式问卷	closed and open-ended questionnaire
共时效度	concurrent validity
构念效度	construct validity
话轮	turn
话轮转换	turn taking
话语范围	field
话语方式	mode
话语基调	tenor
话语空白	gap
话语重叠	overlap
会话管理	management of interaction
会话修正	repair
基础体裁	primary genre
基础言语体裁	primary speech genre
基于问题的教学法	problem-based Learning, PBL
计算机辅助语言学习	Computer Assisted Language Learning, CALL

教师教育	teacher education
结构化和半结构化访谈	structured and semi-structured interview
经验效度	empirical validity
句子主位	theme
课堂讲授	lecture
跨文化修辞分析	intercultural rhetoric research
邻近对	adjacency pair
临床医生参与	clinician engagement
灵活语言习得	Flexible Language Acquisition, Flax
买卖交易对话	sales encounter
美国联邦最高法院判决意见语料库	Corpus of US Supreme Court Opinions
密歇根大学英语学术口语语料库	Michigan Corpus of Academic Spoken English, MICASE
密歇根州高年级学生论文语料库	Michigan Corpus of Upper-level Student Papers, MICUSP
民族方法学会话分析	ethnomethodological conversation analysis
目标情景分析	target situation analysis
目标需求	target needs
目的随机样本法	purposive random sampling
内容效度	content validity
欠缺	lacks
三角测量	triangulation
社会建构理论	Social Constructionism Theory
实验报告	experimental article
双图叠加	dual-map overlay
体裁	genre
体验性学习过程	situated learning
通用英语	English for General Purposes, EGP
突发性检测	frequency burst
图式结构	schematic structure
托福2000口语和书面学术语言语料库	T2K-SWAL
文献计量学	bibliometrics
现场观察	onsite observation
香港财政预算语料库	Hong Kong Budget Corpus
香港测量及建筑工程语料库	Hong Kong Corpus of Surveying and Construction Engineering, HKCSCE

香港反贪污库	Hong Kong Corpus of Corruption Prevention, HKCCP
香港工程语料库	Hong Kong Engineering Corpus, HKEC
香港金融服务语料库	Hong Kong Financial Services Corpus, HKFSC
香港企业管治报告语料库	Hong Kong Corpus of Corporate Governance Reports, HKCCGR
想学	wants
效度	validity
需求分析	need analysis
序列结构	sequential organization
学科内容和语言技能融合	content and language integrated learning
学科写作	disciplinary writing
学术词汇表	academic word list
学习需求	learning needs
寻径算法	pathfinding algorism
医疗咨询会话	healthcare consultation
以内容为依托的教学法	content-based instruction, CBI
引文空间	CiteSpace
英国法律报告语料库	British Law Report Corpus, BLaRC
英国经济及社会研究理事会	Economic and Social Research Council
英国学术口语英语语料库	British Academic Spoken English Corpus, BASE
英国学术书面英语语料库	British Academic Written English Corpus, BAWE
英文媒介教学	English medium instruction
语步	step
语轮	move
语义段落	conceptual paragraph
预测效度	predictive validity
中介中心性	betweenness centrality
专家话语	specialist discourse
专门性	specificity
专门用途英语	English for Specific Purposes, ESP
最小生成树	minimum spanning tree
作者声音	author voice